KB116636

어느
독일인의 삶

어느 독일인의 삶

괴벨스 비서의 이야기는
오늘의 우리에게 무엇을 말해 주고 있는가

브룬힐데 폼젤 지음 · 토레 D. 한젠 엮음
박종대 옮김

사람의집

EIN DEUTSCHES LEBEN
WAS UNS DIE GESCHICHTE VON GOEBBELS SEKRETÄRIN FÜR DIE GEGENWART LEHRT
by BRUNHILDE POMSEL

일러두기

- 인터뷰 과정에서 나올 수밖에 없는 문법상의 오류와 비문은 한국 독자의 이해를 돕기 위해 번역 과정에서 바로잡았음을 밝힌다.
- 전기 부분(1~6장)은 C. 크뢰네스, O. 뮐러, R. 슈로트호퍼, F. 바이겐자머가 촬영한 것을 기반으로 토레 D. 한젠이 삶의 순서에 따라 수정 보완했다.

이 책은 실로 꿰매어 제본하는 정통적인 사철 방식으로 만들어졌습니다.
사철 방식으로 제본된 책은 오랫동안 보관해도 손상되지 않습니다.

이 책의 전기 부분은 블랙박스 필름이 2013년과 2014년 뮌헨에서 촬영한 같은 제목의 다큐멘터리 영화 속 브룬힐데 폼젤의 인터뷰 내용에 기초한다.

차례

서문

토레 D. 한젠

자신이 맡은 일에서 어떻게든 잘해 보려고 노력하는 것이 그렇게 잘못되고 이기적인 일인가요? 그게 설사 남에게 피해를 주는 일이라는 걸 알았더라 하더라도 말이에요. 하지만 그걸 알고서야 누가 그러겠어요? 그 정도까지 생각한 사람은 아무도 없었어요. 우리는 근시안적이었고 무관심했어요.

— 브룬힐데 폼젤, 2013년 뮌헨

『어느 독일인의 삶』은 홀로코스트의 종합적 분석에 무척 의미 있는 작품일 뿐 아니라 현재의 정치적 상황을 고려했을 때 오래전에 나왔어야 할, 현재 세대와 미래 세대에 대한 시대를 초월한 경고이다.

— 다니엘 카노흐, 홀로코스트 생존자

브룬힐데 폼젤은 역사상 최악의 범죄자들 중 한 사람, 즉 나치의 대표적 나팔수 노릇을 한 요제프 괴벨스의 최측근이었다. 그녀는 제국 선전부 소속으로 괴벨스의 속기 타자수 겸 비서로 일했다. 처음엔 아돌프 히틀러가 권력을 잡은 직후 제국 방송국에 취직하려고 NSDAP(국가 사회주의 독일 노동자당, 나치)에 입당했다. 그러다 1942년에 국민 계몽 선전부로 자리를 옮겼고, 1945년 5월 항복 선언 때까지 괴벨스 선전부 장관의 비서실과 국가 사회주의 엘리트 수뇌부에서 일했다. 소련군이 베를린에 진입해서 시가전을 벌이던 전쟁 막바지에도 도주할 생각을 하지 않고 벙커에서 타자를 쳤고, 심지어 히틀러의 공식 항복을 알리는 깃발을 만들었다. 그 후 70년이 넘게 침묵으로 일관했다.

다큐멘터리 영화 「어느 독일인의 삶」을 제작한 크리스티

안 크뢰네스, 올라프 S. 뮐러, 롤란트 슈로트호퍼, 플로리안 바이겐자머는 브룬힐데 폼젤을 카메라 앞으로 불러 놓고 인상적인 흑백 영상 속에서 그녀의 삶을 이야기하게 했다. 뒤늦게나마 그녀가 풀어 놓은 이야기는 낯설면서도 충격적이었다. 이 책은 2013년에 촬영된 그 회상을 토대로 쓰였다. 필자는 이야기를 연대순으로 정리했고, 구어체와 문법 면에서 수정이 필요한 부분은 원뜻을 훼손하지 않는 범위 내에서 일부 조심스럽게 고쳤다.

브룬힐데 폼젤의 이야기는 1911년에 태어나 자란 베를린의 어린 시절부터 시작된다. 내용은 이렇다. 제1차 세계 대전의 발발, 전쟁에 나갔다가 1918년에 러시아에서 무사히 귀환한 말수가 적은 아버지, 남동생만 넷인 집안에서 맏딸로서 겪어야 했고 그녀의 삶에 지속적인 영향을 끼친 엄격한 가정 교육 등. 아버지는 내성적인 사람이었고, 집에서는 정치를 입에 올리는 일이 없었다. 브룬힐데 폼젤은 경제적으로 형편이 나은 동네에 살았다. 독일 전역이 그랬듯이 베를린 사람들도 대부분 물질적으로 굉장히 궁핍했지만 그녀의 가족은 비교적 잘사는 부류에 속했다. 나라 전체가 불안정했고, 거리에서는 극단적으로 정치적 노선이 갈리는 공산주의자와 국가 사회주의자들의 시위가 끊이지 않았으며, 두 진영의 시위는 갈수록 폭력적인 충돌 사태로 격화되어 갔다. 그런데 폼젤이 살던 베를린 쥐트엔데의 빌라촌에서는 그런 시대적 혼란을 느낄 일이 별로 없었다.

브룬힐데 폼젤은 삶을 되돌아보면서 나치의 새로운 활동에 무관심했던 태도가 자신의 출세에 결정적인 역할을 한 것으로 생각하는 듯했다. 그녀는 풋사랑 하인츠를 통해 제1차 세계 대전 때 훈장을 받은 한 장교를 알게 되었다. 젊은 폼젤의 운명을 결정적으로 바꾸어 놓는 만남이었다. 그녀에게 날개를 달아 줄 그 장교는 나중에 방송국의 리포터로 활동한 나치 당원 불프 블라이였다. 1933년 3월 나치의 선거 승리 뒤 나치 엘리트들이 총동원된 횃불 행진을 격정적이면서도 장중한 말로 보도한 바로 그 남자였다. 히틀러가 권력을 장악한 직후 베를린 독일 극장의 연출자가 된 블라이는 브룬힐데 폼젤을 극장으로 불러 함께 일했다. 그런데 작가가 되고 싶었으나 작가가 되지 못했던 그는 연출자로서도 참담한 실패를 맛보았다. 하지만 나치 당원이었던 그에게는 곧 방송국에 또 다른 일자리가 들어왔고, 그는 폼젤을 자신의 비서로 쓰려고 나치에 입당할 것을 권유했다. 방송국은 이미 오래전에 나치에 의해 숙청 작업이 단행되었고, 유대인 간부는 모두 해고되어 직업 활동이 금지된 상태였다.

불과 얼마 지나지 않아 불프 블라이는 다시 다른 곳으로 자리를 옮겼지만, 이 남자와의 만남은 브룬힐데 폼젤에게 권력 핵심부로 이어질 출세가도의 출발점이었다. 즉, 삶의 말년에야 그녀가 입을 열어 놓게 될 범상치 않은 이력의 시작이었다는 말이다.

지난 70년의 세월 동안 많은 기억이 지워졌지만 중요한 사건과 전환점들은 그녀의 기억 속에 생생히 남아 있었다. 그런데 격동적인 삶의 단면들을 비롯해 폼젤이 방송국과 훗날 선전부에서 겪은 일들을 털어놓는 방식과 태도에서는 상당한 모순들이 드러났다. 그녀가 뭔가 숨기고 있다가 나중에 다른 맥락에서 고백하는 대목을 번번이 접하게 되는데, 바로 그것이 그녀의 이야기를 따라가는 데 있어 흥미로운 지점이기도 하다.

우리는 브룬힐데 폼젤의 이야기에서 새로운 역사적 인식을 얻는 게 아니다. 다만 한 나치 협력자의 특성을 가감 없이 들여다보면서 우리 시대의 모든 사람들에게 보내는 경고의 메시지를 읽을 수 있다. 이유는 분명하다. 현재 우리 사회도 당시와 마찬가지로 반민주적인 흐름과 우익 포퓰리즘이 대중 속으로 파고들어 민주적 시스템의 근간을 뒤흔들고 있기 때문이다.

늦어도 2015년 이후에는 정치학과 사회학 쪽에서 유럽과 미국의 극우적 목소리가 점점 커져 나가고, 특정 집단을 희생양으로 몰아 차별하고, 전쟁 난민 같은 소수자들을 공격하는 것이 어떻게 다시 서구 사회에 자리 잡게 되었는지를 두고 분석에 분석을 거듭하고 있다. 도널드 트럼프가 미국의 제45대 대통령으로 선출됨으로써 유럽의 포퓰리스트들은 큰 자극을 받았다. 고도로 복잡한 세계에서 아주 단순한 해결책과 비슷한 구호들로 유권자들을 끌어모아 단숨에 지상 최고의 권력을 손에 넣었으니 어떻게 흥분하지 않겠는가? 물론 미국인의 40퍼센트 이상이 아예 투표장을 찾지 않은 상태에서 벌어진 일이었다.

서구의 많은 나라들에서 강력한 〈지도력〉을 구축해야 한다는 목소리가 다시 높아지고 있다. 포퓰리스트와 파시스트 들은 또다시 민주주의를 몰아내려고 침묵하는 다수를 단순 협력자로 이용할 생각일까?

브룬힐데 폼젤은 정치에 관심이 없었다. 그녀에게는 직장과 물질적 안정, 상관에 대한 의무감, 상층부에 속하고 싶은 욕망이 우선이었다. 그녀는 자신의 인생 역정을 생생하고 솔직하게 묘사했다. 그러면서도 나치의 체계적인 범죄 행위들에 대해서는 자신의 개인적 책임을 인정하지 않았다.

그럼에도 「어느 독일인의 삶」이 이스라엘과 샌프란시스

코에서 개봉되었을 때 폼젤을 경멸하거나 비난하는 목소리는 드물었다. 〈자신은 함께하지 않았다고 확실하게 주장할 수 있는 사람에게 경의를!〉 『프랑크푸르트 룬트샤우』 특파원이 전한 말이다.

다큐멘터리 영화는 브룬힐데 폼젤의 삶에 대한 비난을 불러일으키는 대신 관객들에게 주로 우리 시대를 향해 다음과 같은 질문을 던지게 한다. 이러다 암흑의 1930년대가 반복되는 것은 아닐까? 지금 극우 세력이 활개를 치는 것이 결국 우리의 불안과 무지, 수동적 태도 때문은 아닐까? 우리는 지난 수십 년간 파시즘의 유령을 완전히 퇴치했다고 믿었다. 그러나 브룬힐데 폼젤은 그렇지 않다는 것을 깨닫게 해준다. 다큐멘터리 필름에서는 전시 와중의 천연덕스러운 일상에 대한 놀라울 정도로 꼼꼼한 폼젤의 묘사, 〈비정치적 처녀〉로서의 출세 과정, 현실에 대한 감정적 거리감이 그런 것과는 완전히 달랐던 시대적 현실과 선명한 대조를 이루며 나타난다. 즉, 괴벨스의 발언, 산더미 같은 시체, 강제 수용소에서 해방된 유대인들의 앙상한 모습, 그리고 나치 정권의 선전물을 비롯해 적나라한 다른 추악한 면들이 그녀의 인식이나 기억과 극명한 대비를 이루며 아무런 해설 없이 영사막에 투영된 것이다.

이런 영상을 보며 관객들의 머릿속에 자연스럽게 떠오른

연상 작용 때문에 이 책에서는 폼젤의 경험을 현재 상황과 대비하고 거기서 교훈을 얻는 것을 주제로 삼게 되었다. 역사가 반복될 수도 있다는 우려는 과장된 것일까? 우리는 이미 파시즘이나 권위주의의 진격을 더는 저지할 수 없는 지점에 도달한 것일까? 브룬힐데 폼젤의 이야기는 우리가 개인적 이익의 추구라는 이름 아래 얼마나 사회적 · 정치적 현실에 무관심해질 수 있는지를 보여 주는 것은 아닐까?

브룬힐데 폼젤의 전기를 통해 현재의 문제에 접근하려면 우리의 민주주의적 엘리트들이 현재의 상황 전개에 어떤 책임이 있고, 또 그것이 지난 1930년대와 얼마나 유사한지 따져 보아야 한다.

디지털화, 금융 위기, 난민 물결, 기후 변화, 세계의 네트워크화 같은 것들로 대변되는 현대의 도전들과 그 결과 생겨난 사회적 쇠퇴와 낯선 문화의 범람에 대한 두려움은 일부 시민들을 사적 영역으로의 도주나 극단적인 정치적 입장으로 내몰고 있다. 겉으로 보면 브룬힐데 폼젤은 70년도 훨씬 지난 과거에 우리와 완전히 다른 시대에 살았던 것처럼 보인다. 그녀는 듣는 사람들에게 일견 논리적이고 합리적이고 공감할 수 있을 것처럼 비치는 자신의 자잘한 결정들에 대해 이야기한다. 그러다 어느 지점에 이르면 각 개인은 스스로에게 다음과 같은 질문을 던지게 된다. 그래, 나라도 그런 상황에서는 괴벨스의 비서실에 앉아 있지 않았을까? 우리 각자의 마음속에는 얼마나 많은 폼젤이 숨어 있을까? 아니면 다큐멘터리 개봉 직후 한 편집자가 도발적으로 물은 것처럼, 우리는 어느 정도씩 다들 폼젤인 것은 아닐까?

항상 자기 자신의 성공과 물질적 안정만 생각하고, 사회적 불의와 타인에 대한 차별에는 둔감한 수백만 명의 폼젤은 여론을 조작하는 권위적인 시스템의 견고한 토대다. 그렇기에 이들은 극우 정당들의 과격한 고정 지지자들보다 더 위험할 수 있다. 브룬힐데 폼젤도 결국 자기 나라가 유럽 전 대륙을 파멸에 빠뜨리는 모습을 지켜보아야 했다.

역사가 반복되지 않으려면 과거와 현재 사이의 유사점을 철저히 분석하고 성찰하는 과정이 필요하다. 그러한 과정은 우리 자신에게 도덕적 나침반을 정교하게 조정할 기회를 부여할 뿐 아니라 우리가 언제 명확한 입장을 취해야 할지, 그리고 언제 떨치고 일어나 극단화에 단호하게 대처해야 할지를 알려 준다. 사실 우리는 우리 내면의 도덕적 계측기를 얼마나 경솔하게 다루고 있는가? 우리는 얼마나 원초적이고 근시안적이고 무의미하고 피상적인 목표나 외적인 성공을 위해 이 내면의 척도를 희생하고 있는가? 브룬힐데 폼젤의 이야기가 우리에게 던지는 물음들에 대해 보편

타당한 대답은 있을 수 없고, 앞으로도 없을 것이다. 각 개인이 얼마나 성찰하고 각성하느냐에 달려 있을 뿐이다.

현재 유럽의 많은 나라들을 비롯해 세계 최강국을 자처하는 미국에서는 포퓰리스트들이 득세하고 있다. 또한 폴란드와 헝가리 같은 중부 유럽의 몇몇 국가 지도자들은 이미 오래전부터 민주주의 시스템을 지속적으로 허물고 있다. 특히 법치 국가의 원칙을 저버리고 의견의 자유를 박탈하고, 정부에 비판적인 수만 명의 사람을 자의적으로 체포하고 숙청함으로써 새로운 독재 정권의 전형적인 예를 보여 주는 터키는 말할 것도 없다. 아니, 어쩌면 이조차 끝이 아닐 수 있다.

또한 미국에서는 소수자와 이민자, 사회 주류층에 대한 노골적인 반대의 기치를 내걸고 자국 역사상 가장 더러운 선거전을 치른 도널드 트럼프 현상도 존재한다. 거짓말과 인종주의적 구호의 도움으로 부동산 대부에게 세계 최강의 대통령직을 안겨 준 선거전이었다.

이를 비롯해 유럽에서도 점점 높아 가는 극단적 목소리들은 자유와 민주주의의 근간을 위협하는 독재적 경향들의 새 시대를 알리는 전조들이다. 이러한 배경하에서 브룬힐데 폼젤의 이야기는 독자들에게 현 정치 사건들에 대해 각자 개인의 책임을 다시 한번 돌아보게 하는 감정적 발단이자, 더는 현실을 외면하지 말라는 경고로 작용할 수 있다. 우리 사회는 지금 어디에 서 있고, 우리 개인은 그 사회를 위해 각자 어디에 있는지를 냉철하게 판단해 보는 계기로 삼을 수 있다는 말이다.

이어지는 장들에서 브룬힐데 폼젤은 자신의 어린 시절과 유대인 변호사 사무실에서의 근무, 나치 입당, 제국 방송국 입사, 선전부로의 이직, 종전, 그리고 소련 특별 수용소의 구금과 석방에 대해 이야기한다. 유대인 친구였던 에바 뢰벤탈의 운명도 이야기 과정 중에 밝혀진다. 처음엔 베를린에서 문예란 칼럼니스트로 연명하다가 1943년 마침내 아우슈비츠 강제 수용소로 이송되어 살해된 여성이다.

폼젤의 이야기로 한 가지 중요한 사실이 드러난다. 공감 능력과 연대감의 상실을 수반하는 광범한 시민 계층의 정치적 무관심이 나치의 비상과 성공을 부른 한 원인이었다는 점이다. 비록 그녀 자신은 그 사실을 인식하지 못했고, 인식할 수 없었다고 하더라도 말이다.

브룬힐데 폼젤의 이야기는 우리 모두에게 각자 지금 어디에 서 있고 무엇을 하고 있는지 자문하게 만든다. 폴란드 작가 안드르제이 스타시우크는 이렇게 말한다. 〈우리 유권자들이 불안에 떨수록 우리는 더 큰 겁쟁이들을 뽑게 된다.

그러면 불안을 관리해야 할 이 정치인들은 권력을 유지하기 위해 우리와 우리 나라, 우리의 유럽 대륙을 제물로 삼는다.〉

우리는 이대로 비겁하게 숨을 것인가, 아니면 맞서 싸울 것인가?

2017년 1월

토레 D. 한젠

1
우린 정치에 관심이 없었어요

1930년대 베를린의 한 젊은 여성

1933년 이전에는 누구도 유대인에 대해 깊이 생각하지 않았어요. 순전히 나중에 나치에 의해 만들어진 거죠. 우리는 국가 사회주의를 통해서야 유대인들이 우리와 다른 인간이라고 의식하게 되었어요. 그게 모두 나중에 유대인 말살 프로그램으로 이어졌죠. 우리는 유대인들에 대한 반감이 전혀 없었어요.

— 브룬힐데 폼젤

브룬힐데 폼젤의 회상은 어렴풋이 1914년 8월 제1차 세계 대전의 발발과 함께 시작된다. 그녀의 나이 세 살 때였다. 어머니가 불시에 전보 한 통을 받았는데, 아버지가 징집 대상자에 들어 전쟁에 나가야 한다는 내용이었다. 그들은 아버지를 배웅하려고 급히 마차를 타고 베를린 포츠담 기차역으로 향했다. 아버지는 4년이 지난 1918년 11월에 무사히 돌아왔다.

내 기억은 나한테 아주 중요해요. 기억들이 나를 뒤쫓는 기분이에요. 나를 놓아주지도 않아요. 물론 이름이나 과거 일들은 많이 까먹었어요. 말로는 더 이상 설명이 안 될 정도로요. 하지만 그 밖의 나머지는 두꺼운 백과사전이나 그림책 속의 내용처럼 그대로 남아 있어요. 내가 어떤 아이였는지 떠올라요. 그리고 살아가면서 내 존재만으로 많은 사람들에게 기쁨을 준 사실도 생각나요. 아주 아름다운 기억이죠.

아버지가 전쟁에서 돌아왔을 때 우리가 엄마한테 했던 말이 아직도 생생히 기억나요. 「엄마, 왜 모르는 아저씨가 우리랑 같이 살아?」 전쟁이 끝나자 아주 힘든 시기가 시작되었어요. 굶는 것이 일상이었던 시절이죠. 제1차 세계 대전이 끝나갈 무렵 빈민 급식소가 설치되었어요. 어머니는 늘 우리를 위해 직접 요리를 하고 식사를 준비하셨는데, 한번은 이런 말을 하셨어요. 「우리도 거기 한번 가보자.」 어머니는 우리를 빈민 급식소로 데려갔고, 우리는 거기서 점심을 먹었어요. 그런데 나오자마자 어머니가 말했죠. 「두 번 다시는 안 올 거야.」

집으로 돌아가는 길에 나는 어머니의 귀에다 대고 말했어요. 「엄마, 나도 힌덴부르크에 못 박고 싶어요.」* 쾨니히

* 이는 일명 〈전쟁 못 박기〉라고 하는 것으로 제1차 세계 대전 중에 큰 재산을 기부한 사람을 기리는 의미로 동상을 세워 놓고(대개 목조 형태다) 거기다 못을 박는 것을 가리킨다. 기부받은 돈은 전쟁 희생자와 유족들을 위해 썼다. 베를린에 있는 〈강철의 힌덴부르크〉 동상은 최대 규모의 전쟁 못 박기 인물상으로 1915년에 세워졌다. 제1차 세계 대전 당시 군사령관이었던 힌덴부르크는 나중에 바이마르 공화국의 제2대 대통령(1925~1934년)에 취임했는데, 집권 당시 히틀러를 내각 수상에 임명함으로써 나치 독일의 출현에 길을 터주었다.

스플라츠 광장에는 아직 완성되지 않은 군사령관 힌덴부르크의 거대한 목조 동상이 있었어요. 5페니히를 내면, 당시 베를린 사람들은 5페니히짜리 동전을 젝서Sechser라고 불렀는데, 그 젝서 하나를 내면 망치와 못을 받아 동상 어딘가에, 아마 정해진 곳이 있었을 거예요, 거기다 못을 박을 수 있었죠. 그래요, 그땐…… 그랬어요. 어쨌든 어머니는 저를 기쁘게 해주려고 그 돈을 내주셨죠.

아버지는 운이 좋았어요. 줄곧 러시아에만 있었는데도 죽거나 다치지 않았으니까요. 하지만 전쟁은 다른 식으로 흔적을 남겼어요. 아버지는 예전보다 더 말이 없어졌어요. 우리 집에서 정치 이야기가 나오지 않은 것도 아마 그 때문일 거예요. 나치가 나오기 전까지요. 그러다 나치가 나온 뒤에는 그 얘기를 했어요. 물론 그것도 피상적인 이야기뿐이었지만.

그 시절엔 아이가 많은 가정은 살아가는 게 녹록치 않았어요. 우린 다섯 남매였어요. 딸 하나를 더 낳으려고 했는데 계속 아들이 태어난 거죠. 당시는 그런 일을 조절할 수 없을 때였어요. 그냥 우연에 맡길 수밖에 없었죠. 나는 맏딸인데다 외동딸이었기 때문에 조금 힘들었어요. 남동생들이 잘못하면 모두 내 책임으로 돌아왔으니까요. 부모님은 항상 나한테 이렇게 말했어. 「네가 좀 더 주의했어야지!」 지금의 관점에서 보면 그때의 아이들은 교육을 잘 받지 못했어요. 아이들은 필요한 물건을 받고, 배불리 먹고, 공이나 인형 같은 장난감도 어느 정도는 가질 수 있었지만, 그 이상은 아니었어요. 우리는 매사에 물어봐야 했고 아주 엄하게 자랐어요. 가끔씩 따귀를 맞을 때도 있었죠. 하루도 바람 잘 날이 없었으니까요. 우리는 지극히 평범한 독일 가정이었어요.

맏딸이었던 나는 많은 짐을 떠안았어요. 나중에 좀 더 커서 꿈이니 소망이니 하는 것들이 생겼을 때도 다들 곱게 보지 않았어요. 〈그래, 그래, 뭐는 안 하고 싶겠니?〉 하는 식이었죠. 그저 한 귀로 듣고 한 귀로 흘릴 뿐이었어요.

우리는 무척 검소하게 살았지만, 그래도 밥은 배불리 먹었어요. 굶거나 배가 고팠던 기억은 없어요. 일반적인 상황은 아니었죠. 실업자와 가난한 사람들이 넘치던 시절이었으니까요.

우리 집에서 모든 걸 결정한 건 아버지였어요. 많은 일에서 아버지의 허락을 받아야 했어요. 우리가 졸라도 엄마는 그냥 심드렁하게 〈아빠한테 물어봐!〉 하고 대답하곤 했어요. 나중에는 아버지도 우리와 좋은 친구가 되었지만, 어렸을 때 우리는 아버지 말에 무조건 복종해야 했어요.

우리는 해도 되는 일과 해서는 안 되는 일이 무엇인지 배웠어요. 해서는 안 되는 일을 했을 때는 벌을 받는다는 것도 알게 되었죠. 그런 일은 허다했어요. 예를 들어 간혹 귀한 사과를 사갖고 오는 날이 있었어요. 그럴 때면 어머니는 사과 개수를 정확히 세어서 과일 쟁반 위에 담아 두었어요. 그런데 갑자기 사과 하나가 없어진 거예요. 「누구니, 사과 먹은 사람이? 말 안 해? 좋아, 모두 나와! 너야, 아님 너야?」 그렇게 한 사람씩 돌아가면서 물었고, 우린 모두 나는 아니라고 대답했죠. 「좋아, 아무도 없으면 이제 사과는 아예 못 먹을 줄 알아.」 그러면 꼭 이렇게 말하는 애가 나왔어요. 「게르하르트가 쟁반 옆에서 노는 걸 봤어요.」 이렇게 우리는 서로를 일러바쳤어요.

어머니는 잔돈을 찬장 안의 찻잔에 놓아두는 버릇이 있었어요. 그걸 아는 우리는 몰래 찬장에 손을 넣어 1그로셴이나 20페니히짜리 동전을 꺼내려는 유혹을 받곤 했죠. 실제로 동생들 중 하나가 그렇게 했어요. 그리고 갑자기 커다란 막대 사탕 하나를 죽죽 빨고 돌아다님으로써 범인이 누군지 다 드러나 버렸죠. 아이들이란 게 원래 그렇게 단순하잖아요! 이런 일이 있으면 본보기를 보여 주기 위해서라도 호된 벌을 받았어요. 우리 모두 카펫 터는 막대기로 엉덩이를 맞았어요. 무척 아팠죠. 물론 그로써 집안은 다시 평화로워졌고, 아버지는 자신의 의무를 다한 것을 기뻐했어요. 사실 우리는 아버지한테 맞은 것을 나쁘게 생각하지 않았어요. 다신 그런 짓을 못하게 된 것만 좀 아쉬웠을 뿐이죠.

우리는 집에서 자연스럽게 순종을 배웠어요. 가정 안에서 사랑과 배려 같은 건 부족했죠. 오히려 우리는 순종하는 가운데 서로를 속이고, 거짓말하고, 남에게 책임을 전가하는 일에 익숙해졌어요. 그러니까 이런 일들을 통해 원래 아이들에게는 없던 특성이 우리 속에서 깨어난 거죠.

어쨌든 당시 한집에 사는 사람들 사이에서는 항상 사랑만 있었던 건 아니었어요. 우리는 모두 벌을 받고 컸어요. 나는 여자아이라서 조금 덜 받았고요. 대신 〈넌 제일 크니까 더 잘해야지〉 하는 말을 자주 들었어요. 그러니까 나하고 상관없는 일에 대해서도 꾸지람을 받을 때가 많았죠. 남동생들이 했던 모든 일이 내 책임이었으니까요.

우리는 열 살, 열한 살이 되면서부터 부모님이 선거에서 누구를 뽑았는지 늘 알고 싶어 했어요. 하지만 한 번도 말씀해 주시지 않았어요. 지금까지도 난 그 이유를 모르겠어요. 아무튼 그건 비밀이었어요. 우리 집에서는 정치 이야기를 전혀 하지 않았어요. 다들 거기에 관심도 없었고요. 아버지는 그렇지 않아도 워낙 말수가 적었어요. 청소년 때부터 그랬다고 해요. 아버지는 자식이 많은 집에서 태어났어요. 나는 할아버지가 자살했다는 이야기를 아버지가 돌아가시고 한참 뒤에야 들었어요. 그 뒤 아버지가 다른 형제들과 하나뿐인 여동생과 함께 드레스덴의 한 고아원에서 자랐다는 것도 그때 알았죠. 그게 아마 대략 40년 전이었을 거예요. 그것도 우연히 들었죠. 어머니가 아직 살아 계실 때였어요. 내가 어머니한테 물었죠. 「어머니도 그거 알고 계셨어요?」 그러자 어머니가 대답하셨죠. 「당연하지.」 「근데 왜 우리한테는 말 안 하셨어요?」 「너희 아버지가 원치 않으셨어.」 그러니까 아버지는 그 사실을 자식들이 아는 걸 원하지 않으셨고, 어머니는 그런 아버지의 뜻을 충실히 따랐던 거죠.

할아버지는 작센 왕실의 궁정 정원사를 지냈고, 나중에는 작위까지 받았어요. 딸기를 재배했는데, 그걸로 상을 받고 재산도 꽤 모으셨다고 해요. 그런데 그 뒤 암스테르담 화훼 거래소에 투자를 잘못하는 바람에 정원이 딸린 아름다운 집과 넓은 농장 부지까지 날리고, 드레스덴에서 달려오는 열차에 몸을 던지셨어요. 아내와 다섯 자식을 험한 세상에 남겨 둔 채로요. 할머니도 그 직후 세상을 떠나셨어요. 비극이었죠. 우리 아버지로서는 감당하기 힘들 정도로요. 우린 그 일을 절대 몰라야 했어요. 하지만 아주 오랜 세월이 지나 한 사촌에게서 그 이야기를 들었어요.

나는 집에 돈이 없다는 게 어떤 의미라는 걸 지금도 잘 기억하고 있어요. 인테리어업자였던 아버지는 일거리가 제법 많았어요. 그것만으로도 사치였던 시절이죠. 그래서 우리 집은 웬만큼 풍족한 편이었어요. 제1차 세계 대전에서 패한 뒤 많은 사람들이 굶주렸지만 우린 그런 적이 없었어요. 항상 먹을 것이 있었죠. 소박하고 단순했지만 배불리 먹을 수는 있었어요. 물론 채소 위주였지만. 어머니는 채소로 정말 기막힌 일품요리를 만들 줄 아셨어요. 지금도 가끔 그 맛이 생각나곤 해요. 사보이양배추를 사용하기도 하고, 일반 양배추에다 캐러웨이를 넣거나 아니면 완두콩에 토마토를 넣고 만들기도 했는데, 어쩌다 토마토가 들어가면 진짜 입이 호사를 누렸죠. 물론 토마토가 들어가지 않은 것들도 맛있었어요. 크리스마스에는 가끔 거위 구이가 나오기도 했는데, 그런 날은 정말 특별한 날이었어요. 어쨌든 그 정도는 누릴 형편이 됐어요. 아버지도 맥주 한잔 정도는 하실 수 있었고, 어머니도 부활절이면 특별히 예쁜 옷을 사 입을 수 있었어요.

내가 열네 살 때 친구들은 벌써 여성복이나 외투를 입었어요. 난 그러지 못했어요. 남들이 입던 옷을 받아서 입었죠. 내 몸에 맞게 수선해서요. 그런 데엔 이미 익숙해 있어서 아무렇지도 않았어요. 나는 우리 집이 별로 돈이 없다는 걸 알고 있었어요. 아이들 중 하나가 뭔가를 가지려고 하면 다른 애들도 갖고 싶어 하니까 다들 알아서 자제하는 분위기였어요.

우리는 돈이 없다는 말을 줄곧 들으면서 살았지만 집세는 꼬박꼬박 낼 수 있었어요. 내가 국민학교를 졸업할 무렵 선생님이 「얜 똑똑한 아이니까 꼭 상급 학교에 보내야 합니다.」라고 말했을 때도 그 돈을 낼 수 있었어요. 어머니가 아버지를 어렵게 설득해서 중학교 수업료를 받아 내신 거죠. 학비는 아마 매달 5마르크 정도 됐을 거예요. 그렇게 나는 중학교에 들어갔고, 1년을 다녔어요. 그게 끝이었어요. 대학 입학 자격 시험을 보려면 리체움*에 진학해야 했어요.

가당치도 않은 일이었죠. 대학이라니? 그것도 우리 같은 사람이? 90년 전엔 정말 뛰어난 사람들만 대학에 갔어요. 어쨌든 우린 아니었어요.

학교에 다닐 때 난 오페라 가수나 교사가 되고 싶었어요. 내가 공부를 꽤 잘해서인지 어느 날 한 부잣집 부인이 우리 어머니한테 이런 부탁을 했어요. 「폼젤 부인, 따님이 우리

* 오늘날의 인문계 고등학교인 김나지움에 해당하는 학교로서 당시엔 여학생들만 진학할 수 있었다.

집에 와서 우리 딸과 숙제를 같이하면 안 될까요? 내가 숙제를 도와줄 형편은 안 되고, 그렇다고 딸아이 혼자 잘해내지도 못하는 것 같아서요.」

그 집 딸 일제는 내 친구였어요. 그래서 나는 흔쾌히 그러겠다고 했어요. 일제와 함께 숙제를 하기는 했지만 내 것을 그대로 베끼게 하지는 않았어요. 대신 정말 열심히 설명하면서 스스로 할 수 있게 도와주었죠. 일제는 훨씬 좋아졌어요. 내가 인내심을 갖고 도운 덕이 컸죠. 나도 그 집에 가는 게 좋았어요. 아주 잘사는 집이었기 때문에 커피나 차를 마실 수 있었고, 또 달콤한 군것질거리도 나왔으니까요. 일제 어머니는 이탈리아 사람이었고 전직 오페라 가수였어요. 집에 멋진 피아노가 한 대 있었는데, 일제 어머니는 항상 거기에 앉아 노래를 불렀어요. 우리 앞에서 오페라 아리아를 부르면 우리는 넋을 놓고 노랫소리에 귀를 기울였어요. 정말 아름다운 시간이었죠. 우리 집같이 항상 시끌벅적한 집에 살다 보니 더 그랬을 거예요. 집에서는 도저히 조용히 숙제를 할 수가 없었죠. 어쨌든 그때부터 난 오페라 가수가 되고 싶었어요. 하지만 그만한 재능은 없었던 것 같아요.

우리 중학교에는 집안 살림을 배우는 과정도 있었어요. 하지만 아버지가 말했죠.「이제 충분해. 그것까지 돈을 내진 못 해. 집안 살림은 집에서 배우는 거지 학교에서 배우는 게 아냐. 학교는 이제 그만 다녀.」 결국 나는 1학년을 끝으로 중학교를 그만두어야 했어요.

처음에 난 어머니 곁에서 살림을 도왔어요. 하지만 쉽지 않은 일이더군요. 아니 끔찍했어요. 나는 부엌 일이 정말 싫었어요. 그래서 어머니가 거실 먼지나 닦으라고 부엌에서 내쫓으면 오히려 반가웠죠. 어머니도 부엌일을 엉망으로 하는 내가 달갑지 않았을 거예요. 어머니가 바라셨던 것은 내가 어디 번듯한 직장에서 일을 배우는 것이었어요. 하지만 나는 번듯한 곳이 아니라도 상관없다고 생각했어요. 가능하면 빨리 아무 사무실이나 가서 일을 하고 싶었어요. 어디든 사무실이면 됐어요.

내 눈에는 사무실로 출근하는 부인들이 아주 멋져 보였어요. 비서나 사무원, 또는 보험회사 영업 직원 같은 사람들이었는데, 나도 꼭 그런 사람이 되고 싶었어요.

그래서 당시 벌써 발행 중이던 『베를린 모르겐포스트』지에서 구인 광고를 찾아봤어요. 거기에 이런 광고가 났더군요. 〈2년간 근면 성실한 젊은 여자 수습 직원 구함.〉 난 이 광고를 자세히 살펴봤죠. 사무실은 하우스포크타이플라츠에 있었어요. 당시엔 아주 멋진 동네였죠. 주로 상류층이 거주하는 부자 동네였으니까요. 면접 시간은 오후 1시였어요. 회사 이름은 쿠르트 글래징거였는데, 나는 부리나케 전철을 타고 그리로 달려갔어요. 모렌 거리에 위치한 그 회사는 정말 근사했어요. 붉은 카펫이 깔려 있고 승강기까지 설치된 멋진 건물이었죠. 나는 승강기 대신 푹신한 카펫이 깔린 계단으로 올라갔어요. 우아하고 널찍한 사무실로 들어서니 지배인 베른블룸 씨가 앉아 있었어요. 유대인이었죠. 엄격하지만 진짜 괜찮은 사람이었어요. 사무실엔 다른 부인도 서넛 있었어요. 그 중의 한 명이 일을 그만두게 되어 사람이 필요했던 것 같았어요. 어쨌든 베른블룸 씨는 나를 아주 면밀히 심사했어요. 그런데 이것저것 물어보다가 갑자기 이런 말을 했어요. 「네, 좋아요. 이건 수습 계약서예요. 아직 미성년이니까 부모 중 한 사람한테 사인을 받아 와야 해요. 아버지나 어머니를 모시고 다시 한번 찾아올 수 있겠어요?」

나는 집에 도착하자마자 흥분한 목소리로 가족들한테 그 사실을 알렸어요. 그런데 처음엔 야단을 맞아야 했어요. 「어떻게 물어보지도 않고 네 멋대로 하니? 차비는 어디서 생겼어?」 나중에는 어머니도 화를 풀고 회사로 가서 2년 계약서에 사인을 했어요. 수습 직원으로 매달 25마르크의 봉급을 받는 조건이었죠. 아주 후한 월급이었어요.

나는 쿠르트 글래징거 사에서 타자 일을 비롯해 온갖 잡무를 처리했고, 저녁에는 상업고등학교에 다니면서 부기에 관한 기본 지식을 배웠어요. 그런데 훗날 내가 제국 방송국과 선전부에 들어가는 데 결정적인 도움을 준 속기 능력만큼은 그 회사에서 써먹지 못했어요. 나는 수습 직원으로 일하기 전부터 속기를 아주 잘했어요. 시험을 쳐도 늘 일등이었죠. 내가 그렇게 잘하게 된 건 학교 다닐 때 속기 선생님을 좋아해서였어요. 물론 선생님은 나한테 전혀 그런 감정이 없었지만요.

나는 그 회사에 2년 다녔어요. 가장 좋았던 건 사무실로 가는 출근길이었어요. 나는 쥐트엔데에서 전철을 타고 포츠다머 링반호프까지 가서, 거기서부터는 라이프치거 플라츠 광장까지 걸어 다녔어요. 매번 30분쯤 되는 산책길이었죠. 모렌 거리 대신 라이프치히 거리를 따라 걷다 보면 멋진 상점들이 수없이 나타났어요. 그중에는 눈부시게 아름다운 옷들을 걸어 놓은 화려한 의상실들도 있었어요. 나로선 평생 살 수 없는 옷들이었지만, 그저 속으로 꿈을 꾸는 것만으로도 즐거웠어요.

매일 하는 사무실 일도 무척 재미있었어요. 나는 어떤 일이건 열심히 배웠고, 예의 바른 아가씨라는 소리를 자주 들었어요. 나중에는 전화 업무까지 맡게 됐어요. 얼마 전부터 우리 집에도 전화를 놓았는데, 우리 아이들은 전화를 거는 것이 엄격하게 금지되어 있었어요. 전화기 근처에는 아예 접근조차 못했죠. 사실 우리가 누구한테 전화를 걸겠어요? 전화 걸 사람도 없었죠. 그때는 전화가 있는 집이 드물었으니까요. 그런데 어느 날 베른블룸 씨가 그러는 거예요. 「폼젤 양, 슐체멩게사에 전화 좀 걸어 주겠소?」 지배인이 보는 앞에서 떨리는 손으로 번호를 돌리자 저쪽에서 목소리가 나왔어요. 「쥐트링 교환국입니다.」 그래서 내가 말했죠. 「노르트링 교환국 부탁합니다.」 그러자 다시 누군가 말했어요. 「몇 번으로 돌려 드릴까요?」 나는 전화번호를 말했고, 얼마 뒤 그 회사에서 전화를 받았어요. 나는 다시 한번 말했죠. 아무개 씨를 대신해서 아무개 씨와 통화하고 싶다고요. 전화 업무를 한 번도 안 해본 사람한테는 무척 힘든 일이었어요. 아마 상상도 안 될 거예요. 요즘 노인네들이 핸드폰을 다루는 일처럼 어렵다고 할까요?

어쨌든 난 아주 부지런했어요. 항상 그랬죠. 천성인 것 같아요. 투철한 의무감 같은 프로이센의 피가 내 속에 흐르고 있었어요. 고분고분 잘 따르는 면도 거기에 포함될 것 같아요. 그건 집에서부터 그랬어요. 순응하지 않으면 안 되었으니까요. 그때는 정말 모든 게 엄했어요. 돈이 없었기 때문에 무슨 일이건 물어봐야 했죠. 그때는 용돈이라는 것도 없었어요. 지금처럼 아이들이 일정한 나이가 되기만 하면 용돈을 주는 그런 일은 없었죠. 다만 우리는 조금 받았어요. 예를 들어 나는 매일 점심 우리 대가족이 식사하고 난 그릇을 설거지했는데, 그 때문에 돈을 좀 받았어요. 예전에는 물을 틀어서 그릇을 씻는 일이 그리 간단치 않았어요. 설거지를 하려면 우선 주전자에 물을 끓여야 했어요. 개수대는 두 개였는데, 하나에서는 소다수를 넣고 그릇을 씻었고, 다른 하나에서는 그릇을 헹구었어요. 그러고 나면 그릇을 찬장 안에 차곡차곡 정리해 넣었죠. 손이 많이 가는 일이었어요. 아무튼 나는 그 대가로 용돈을 받았어요. 매달 2마르크였던 것으로 기억해요. 그러다 보니 수습 직원으로 처음 돈을 번 건 내게 굉장히 소중하고 대단한 일이었어요.

나는 베른블룸 씨 사무실에서 2년 동안 일했어요. 물론 그 뒤에도 계속 일을 해보지 않겠느냐는 제안이 들어왔어요. 월급도 90마르크로 올려 주겠다면서요. 나는 그때도 아직 스물한 살이 아니어서 일단 부모님과 의논해야 했어요. 그랬더니 아버지가 그러시더군요. 「90마르크는 너무 적어. 100마르크를 달라고 해!」

다음 날 나는 베른블룸 씨에게 아버지가 100마르크를 달라고 하신다고 전했어요. 그러자 그분은 안타깝지만 계약을 해지할 수밖에 없다고 했어요. 그러고는 나를 해고했어요. 아버지가 말했죠. 「괜찮아, 다른 일자리를 찾으면 돼.」

나는 처음으로 노동청에 가서 실업자 등록을 했고, 내가 일할 만한 곳들의 주소를 받았어요. 그렇게 해서 잠시 한 서점에서 일하게 되었죠. 나는 책 읽는 걸 엄청나게 좋아했어요. 많이 읽지는 못했지만 독서는 정말 멋진 일이었어요. 게다가 서점에서는 월급으로 선뜻 100마르크를 제안했어요. 그때는 유난히 추운 1929년 겨울이었고, 나는 그사이 열여덟 살이 되었어요. 그런데 끔찍한 직장이었어요. 실내가 아주 추웠거든요. 난방은 한참 지나서야 시작됐어요. 어쨌든 다른 직원들은 하나같이 무식하고 무뚝뚝했어요. 그래서 서점 생활은 무척 재미가 없었죠.

그러던 어느 날 아버지가 길에서 한 이웃을 만났어요. 유대인 보험 중개상 후고 골트베르크 씨였어요. 그는 아버지와 근황을 주고받으면서 일은 잘 되는지, 아이들은 어떻게 지내는지 물었어요. 그 과정에서 아버지가 이렇게 말했다고 해요. 「네, 힐데는 이제 다 커서 직장에 다니고 있습니다.」「그래요, 무슨 일을 하는데요?」 아버지의 대답을 들은 골트베르크 씨가 말했어요. 「제 비서가 곧 결혼을 해서 일을 그만두기로 했는데, 따님을 저한테 한번 보내 보세요. 아주 영리한 아가씨잖아요.」

나는 이튿날 바로 이웃집으로 찾아가서 골트베르크 씨한테 인사를 드렸어요. 아직 성년이 안 됐는데도 성년이라고 소개하면서요. 그전에는 한 번도 본 적이 없는 어른이라 무릎을 굽히며 인사를 했죠. 골트베르크 씨가 나를 알고 있었다는 건 전혀 몰랐어요. 그분이 말했어요.「우리 한번 잘 해 봅시다. 보험 일은 아주 재미있답니다. 당장은 모든 게 낯설겠지만 금방 배우게 될 거요.」이렇게 해서 나는 1929년 중반부터 골트베르크 씨 사무실에서 일을 시작하게 됐어요.

그 뒤로는 평화롭고 아름다운 시간이 이어졌어요. 처음 2년 동안 골트베르크 씨 집에서는 파티가 자주 열렸어요. 손님들은 모두 돈 많은 사람들이었죠. 골트베르크 씨는 고급 빌라의 한 층을 통째로 썼어요. 나는 골트베르크 부인의 50회 생일 파티가 있던 날을 지금도 잊지 못해요. 집 전체를 중세처럼 꾸며 놓고 파티를 열었거든요. 장식 하나하나 골트베르크 씨가 일일이 지시했어요. 일부 인테리어 공사는 우리 아버지에게 도움을 청했어요. 아버지가 큰 도움이 되셨죠. 준비가 끝나갈 즈음 골트베르크 씨가 아버지한테 말했어요.「따님도 제화 견습공으로 분장해서 파티에 참석하면 좋을 것 같습니다.」나는 골트베르크 씨의 친구와 지인들을 전화 통화로 많이 알고 있는 상태였어요. 아버지가 내 의향을 물었을 때 나는 즉시 그러겠다고 대답했어요. 그래서 나는 제화 견습공으로 파티 자리에 등장했어요. 손님들은 모두 골트베르크 씨의 유대인 친구들이었어요. 그분의 아이디어는 정말 끊이지 않고 계속 쏟아졌어요. 파티는 오후 늦게 시작해서 밤새 이어졌고, 나는 다음 날 아침까지 거기 있었어요. 짧은 바지에 깃을 꽂은 재킷을 입고, 어깨에는 장화를 걸친 채로요. 정말 멋진 날이었죠.

시간이 가면서 나는 보험업에 관해 많은 걸 알게 됐어요. 가만 살펴보니 속임수도 많은 일이더군요. 그래서 그런지 떨어지는 돈이 많았어요. 콩고물은 나한테도 떨어졌죠. 처음에 난 일을 시작하면서 90마르크를 받았어요. 당시 사무실 여직원이 받는 평균 월급이었죠. 그런데 거기서 일한 지 4년이 지나자, 그러니까 근무 마지막 해인 1932년에는 월급이 120마르크까지 올랐어요. 그러다 1932년 말에 골트베르크 씨는 내 근무 시간을 반으로 줄였어요. 사업이 예전처럼 잘 돌아가지 않았기 때문이죠. 나는 그때 이미 골트베르크 씨가 사무실뿐 아니라 독일 집까지 날리게 될 거라고 예감하고 있었어요.

그때부터는 오전 여덟 시부터 오후 한 시까지만 일했어요. 그만큼 월급도 적어져서 돈 부족에 시달렸죠.

당시 난 남자 친구가 있었어요. 하인츠라고 하이델베르크 출신의 대학생이었죠. 진지한 사랑은 아니었지만 어쨌든 첫 남자 친구였어요. 친구들이 다리를 놔줘서 만났죠.

내 친구들은 모두 만나는 남자가 있었고, 나만 아직 없을 때였어요. 어느 날 댄스파티가 있다고 해서 갔는데, 그 자리에 친구들이 하인츠를 데려왔고, 우린 그렇게 맺어졌어요. 하인츠는 빈털터리나 다름없었어요. 가업을 이어받지 않고 대학을 선택한 아들에게 아버지가 경제적 지원을 완전히 끊어 버린 거죠. 그렇다고 내가 돈이 풍족한 것도 아니었어요. 쥐꼬리만 한 월급에서 생활비조로 집에 조금 떼어 주고 나면, 물론 5마르크밖에 안 되는 돈이었지만 어쨌든 그거라도 주고 나면 수중엔 정말 돈이 얼마 안 남았어요. 그래서 하인츠와 나는 거의 산책만 했어요. 영화관 한 번 가지 못했죠. 그러려면 하인츠가 영화비를 지불해야 했는데, 그 사람에게는 그럴 여유가 없었어요. 그렇다고 내가 돈을 내겠다고 할 수도 없었어요. 그때는 그랬어요. 남자가 계산하는 게 자연스러운 시절이었죠. 커피를 마셔도 남자가 돈을 냈어요. 아마 그때 내가 나서서 계산을 하면 그 사람은 자존심이 상했을 거예요. 그래서 여자들은 남자 대신 돈을 낼 생각조차 하지 않았어요. 밥을 먹건 커피를 마시건, 아니면 다른 무엇을 하건 계산은 무조건 남자가 했어요. 일해서 번 돈이건 집에서 받은 돈이건 그런 건 상관없었어요. 지금 생각하면 참 웃기는 일이죠, 하지만 그때는 다들 그걸 아무렇지도 않게 받아들였어요.

그러다 1933년 이전의 어느 날이었어요. 하인츠가 어디서 구했는지 베를린 체육관 입장권을 두 장 가져왔어요. 항상 뭔가 볼 만한 행사가 열리는 곳이었죠. 예를 들어 권투 경기를 할 때도 있었고, 아름다운 피겨스케이트 쇼를 할 때도 있었어요. 그래서 베를린 체육관은 아주 유명했죠. 우린 입장권을 들고 체육관으로 갔어요. 거기서 뭘 보게 될까 잔뜩 기대감에 들떠서요.

안에 들어가니 악취를 풍기는 남자들만 드글드글했어요. 다들 의자에 앉아 뭔가를 기다리고 있어서 우리도 기다렸죠. 그러다 갑자기 음악 소리가 들렸어요. 악단이 나와 흥을 돋우는 행진곡을 연주하더군요. 그때까지는 괜찮았어요. 그런데 제복을 입은 한 뚱뚱한 남자가 나왔어요. 헤르만 괴링이었어요. 그는 지루하기 짝이 없는 연설을 하기 시작했어요. 정치적인 내용이었죠. 나 같은 여자가 관심을 가질 만한 내용이 아니었어요. 나중에 나는 하인츠한테 이렇게만 말했어요. 「다시는 이런 데 날 데려오지 마. 지겨워 죽는 줄 알았어.」 그러자 하인츠도 확실하게 대답했어요. 「나도 방금 똑같은 생각을 했어.」 하인츠는 독일을 유대인들로부터 해방시켜야 한다거나, 그럴 목적으로 정당이 필요하다거나 하는 따위의 말로 나를 설득할 생각을 하지 않았어요.

1933년 전에는 누구도 유대인에 대해 깊이 생각하지 않았어요. 순전히 나중에 나치에 의해 만들어진 거죠. 우리는 국가 사회주의를 통해서야 유대인들이 우리와 다른 인간이라고 의식하게 됐어요. 그게 모두 나중에 유대인 말살 프로그램으로 이어졌죠. 우리는 유대인들에 대한 반감이 전혀 없었어요. 아니 그 반대였어요. 아버지는 손님 중에서 특히 유대인들을 좋아했어요. 돈이 많을 뿐 아니라 항상 값을 후하게 치렀거든요. 우리는 유대인 아이들과 놀기도 했어요. 그중에는 힐데라는 마음씨 고운 여자아이도 있었어요. 또 바로 옆집에 내 또래의 유대인 아이가 있어서 종종 함께 어울렸어요. 비누 가겟집 딸 로자 레만 오펜하이머는 지금도 또렷이 기억나요. 우리는 그 애들이 이상하다고 느낀 적이 한 번도 없어요. 그건 다 커서도 마찬가지였죠. 국가 사회주의가 점점 가까이 다가왔을 때도 우리는 무슨 일이 벌어질지 몰랐어요. 다만 우리는 친애하는 지도자를 향해 반갑게 손만 흔들어 주었을 뿐이에요. 왜 안 그러겠어요? 1933년 이전에 유대인 문제를 생각한 사람들은 소수였어요. 처음에 사람들은 일자리를 얻었고 돈이 생겼어요. 나중에 우리는 전쟁으로 모든 것을 잃고, 베르사유 조약으로 사기를 당했다고 배웠어요.

한마디로 우리는 히틀러의 등장과 함께 우리한테 무슨

일이 닥칠지 전혀 몰랐어요.

이후 브룬힐데 폼젤에게는 아무 근심 없는 태평한 삶이 이어졌다. 머잖아 자신의 인생을 송두리째 바꿔 놓을 나치 독재의 권력 중심부에 취직하게 되리라고는 조금도 예감하지 못한 채.

남자 친구 하인츠가 볼 때, 나는 정치에 대해 너무 무지하고 미성숙했어요. 그렇다고 그런 걸 갖고 싸우지는 않았어요. 난 그저 일요일이면 만날 수 있는 남자가 있는 게 좋을 뿐이었어요. 우리는 교외선을 타고 어딘가로 가서 산책을 하고 커피를 마시고, 그런 다음 그의 집으로 갔어요. 우리끼리만 있을 수 있다는 게 무척 좋았죠. 나중에 나는 내 모임에 자주 갔어요. 가깝게 어울리는 친구들이 있었는데, 다른 모임보다 훨씬 근사한 모임이었죠. 멤버 중에 오토바이를 가진 친구가 있었는데, 오토바이를 타고 베를린 근교로 떠나는 건 정말 멋진 일이었어요. 다들 때 묻지 않고 순진했어요. 남자애들끼리는 가끔 정치 이야기를 하기도 했지만 우리 여자애들은 관심이 없어서 귀담아 듣지 않았어요. 그중에는 독일 공산당에 가입한 친구도 하나 있었어요. 잘생긴 애였는데 공산당원이었죠. 그래도 괜찮은 친구였어요. 우린 모두 개를 좋아했어요. 나머지 애들은 아마 나치 아니면 독일 국가 인민당이었을 거예요.

가끔 난 이 문제를 곰곰이 생각해 보곤 해요. 옛날에 내가 정치에 관심이 없었던 걸 스스로 그렇게 책망할 필요가 있을까? 어쩌면 관심이 없었던 게 더 낫지 않았을까? 젊은 혈기에 한쪽으로 쉽게 휩쓸려 갔다가는 금방 인생이 파탄 났을 수도 있었을 테니까요. 시기상 나는 쉽게 영향을 받을 수 있는 나이였지만, 나한테는 남들과는 다른 친구 그룹이 있었어요. 그 애들은 나치가 아니었어요. 오히려 빈둥거리는 부잣집 아들들에 가까웠어요. 다들 직업이 없었어요. 대학에 들어가기 직전이거나 그냥 집에 있는 친구들이었죠. 부모들이 그런 생활을 감당할 여력이 있었기에 가능한 일이었어요. 대부분 재력 있는 사업가들이었으니까요. 집도 대부분 부촌인 베를린 쥐트엔데의 빌라에서 살았어요. 걔들의 나이는 스물에서 스물세 살 사이였어요. 다들 직장을 구할 생각은 하지 않았어요. 최소한 그렇게 빨리 구하고 싶은 생각은 없는 듯했어요. 그냥 대충대충 살아가는 친구들이었죠. 하지만 다들 사귀고 싶은 상냥하고 호감 가는 애들이었어요. 그 애들과 함께 있으면 늘 유쾌한 일이나 파티, 학교 축제 같은 것이 따라다녔어요. 해마다 김나지움에서는 이런저런 축제가 열렸으니까요. 그런 축제는 쥐트엔데의 공원 레스토랑에서 열릴 때가 많았어요. 베를린에서 그만큼 좋은 만남의 장소는 없었죠. 작은 숲으로 둘러싸인 호숫가에 보트나 조각배가 즐비했으니까요.

겨울에 호수가 꽁꽁 얼어붙으면 스케이트장이 만들어졌어요. 그러면 그 옆의 멋진 레스토랑과 축제 홀은 커다란 무도회장이나 이런저런 행사의 멋진 연회장으로 변하죠. 돈이 별로 없어도 맥주 한잔 정도는 마실 수 있었어요. 20페니히면 충분했기 때문이죠. 무엇보다 중요한 건 우리가 한 술집에 함께 있다는 거였어요. 그런 젊은이들 중에서 정치에 대해 이야기하는 사람은 없었어요. 단 하나도요. 물론 우리 그룹에는 유대인도 없었어요. 내 유대인 친구인 에바 뢰벤탈만 가끔 나랑 같이 갔을 뿐이었어요.

우리는 대부분 정치에 무관심했어요. 나는 요즘 여학생들이 자신의 주장이나 의견을 당당하게 얘기하는 걸 보면 이런 생각이 들어요. 어쩜 이렇게 달라졌을까? 세상이 바뀌어도 너무 바뀌었어! 이런 생각을 할 때면 내가 백 살이 아니라 마치 삼백 살은 된 것 같은 기분이 들어요. 그만큼 세상살이가 그때랑 너무 달라졌어요.

1932년 말 브룬힐데 폼젤은 나중에 방송국 아나운서가 될 불프 블라이를 알게 된다. 아돌프 히틀러가 권력을 장악한 뒤 그녀를 방송국과 요제프 괴벨스의 선전부로 인도할 결정적인 만남이다. 작가이자 아나운서인 불프 블라이(1890년 베를린~1961년 다름슈타트)는 1931년 국가 사회주의 독일 노동자당과 나치 돌격대SA에 들어가는데, 히틀러의 집권을 열정적으로 논평한 인물로 후대에 특히 유명해졌다. 구체적으로 말하면 1933년 1월 30일 저녁에는 나치 지지자들의 브란덴부르크 성문 횃불 행진에 대해, 1936년에는 베를린 올림픽에 대해 열정적인 논평을 남겼다.

아무튼 남자 친구 하인츠가 지인을 소개시켜 줬어요. 제1차 세계 대전에 참전한 공군 소위 출신의 작가였죠. 하인츠는 내가 유대인 골트베르크 씨의 사무실에서 일하던 시간을 반으로 줄였다는 걸 알고서, 자기 지인이 회고록을 쓰려고 하는데 타자가 능숙한 사람을 찾는다며 나를 소개해 줬어요. 그 지인이 불프 블라이였어요. 상냥하고 친절한 사람이었죠. 우리 집에서 멀지 않은 곳에 살았고 다정한 아내와 귀여운 아들이 하나 있었어요. 그 집에 가면 일단 커피를 마시면서 잠시 잡담을 나누었어요. 그런 다음 그 양반의 생각을 타이핑했죠. 그런데 얼마 안 가 또 새로운 일이 생겼어요. 블라이 씨의 친구 중에 베를린 리히터펠데에 사는 선장이 있었는데, 이 사람도 자기 회고록 쓰는 일을 내가 도와줬으면 한다는 거죠. 부시 선장은 돈을 아주 넉넉히 줬어요. 나는 매일 그 사람 집에 가서 저녁 식사 전까지 일을 했어요. 그러면 그의 아들 중 하나가 나를 차로 집까지 바래다줬죠. 그 사람들은 돈이 아주 많았고, 덕분에 나도 주머니가 아주 든든해졌어요. 이렇게 해서 나는 1932년 말 무렵 오전에는 유대인 골트베르크 씨 사무실에서 일하고, 오후에는 나치당원 불프 블라이 밑에서 일했어요. 가끔 이런 이중생활이 경솔했다고 생각하지 않느냐는 질문을 받곤 했어요. 유대인 사무실에서 일하면서 동시에 나치를 위해 일한다는 게 말이 되냐는 거죠. 난 그렇게 생각하지 않아요. 어쨌든 일은 해야 하잖아요. 당시엔 실업자가 널려 있었어요. 내 친구들 중에도 일을 하는 애는 거의 없었어요. 그런 상황에서 나는 4년 전부터 골트베르크 사무실에서 일했어요. 정말 운이 좋았죠. 이 모든 건 1933년 전의 일이에요. 그 뒤로는 갑자기 모든 게 달라졌어요.

2

한마디로 히틀러는 새로운 사람이었으니까요

제국 방송국으로의 진출

모든 것이 좀 분열되었던 시절이었어요. 그때는 그걸 그리 심각하게 느끼지 못했지만요. 난 그런 일들에 전혀 관심이 없었어요. 당시 난 사랑에 빠진 처녀였을 뿐이에요. 나한테 중요한 건 그거였어요. 게다가 벌써 오래 지난 일이에요. 지금은 더 이상 그때 상황으로 돌아가 생각하기가 어려워요. 그때는 그냥 그랬어요. 그냥 휩쓸려 들어갔어요.

— 브룬힐데 폼젤

1932년 말 브룬힐데 폼젤은 스물한 살이었고, 당시의 법에 따라 막 성년이 되었다.

베를린은 활기차고 개방적인 도시였어요. 볼거리와 즐길거리도 널려 있었죠. 물론 돈 있는 사람들에게나 해당되는 이야기였지만요. 돈 많은 유대인들을 포함해서요. 어쨌든 돈만 있으면 베를린에서는 할 수 있는 게 아주 많았어요. 베를린은 당시에 벌써 없는 것이 없는 도시였거든요. 사람들에게 중요한 건 다 있었어요. 극장, 연주회, 멋진 동물원……. 크고 근사한 영화관도 있었어요. 영화관에서는 항상 무대 공연이 있었어요. 본 영화 상영 다음에 항상 문화영화와 무대 공연이 뒤따랐죠. 피아노 반주자와 함께 가수가 나와 노래를 부를 때가 많았지만, 틸러 걸스 같은 댄스

2 한마디로 히틀러는 새로운 사람이었으니까요

단 공연이 열리기도 했어요. 아무튼 베를린에는 사람들에게 필요한 모든 것이 다 있었어요. 그 밖에 또 뭐가 필요할까요? 그래요, 아주 세련된 고급 레스토랑도 있었죠. 물론 그런 데는 아무나 못 들어갔어요. 나도 방송국에 다니면서야 그런 곳들에 대해 좀 알게 되었죠.

하지만 아무리 입이 마르도록 칭찬해도 어두운 면은 있기 마련이죠. 특히 제1차 세계 대전에 패배한 뒤가 그랬어요. 베를린의 거리 곳곳에 실업자와 거지, 가난한 사람들이 넘쳐났어요. 하지만 나처럼 베를린 근교의 좋은 동네에 사는 사람들은 그런 모습을 보지 못했어요. 궁핍과 가난이 판치던 시절에도 그런 특별한 지역이 있었던 거죠. 우린 그런 모습을 보려고 하지 않았고, 보지도 않았어요. 그냥 외면해 버렸죠.

그러다 1933년 3월에 갑자기 나치가 선거에서 이겼어요. 부모님이 어느 당을 뽑았는지는 모르겠어요. 나도 어디다 투표했는지 잘 기억 안 나요. 아마 독일 국가 인민당이었을 거예요. 그 당의 검정색, 흰색, 빨간색 깃발이 항상 멋지다고 생각했거든요. 선거일은 어렸을 때부터 우리에겐 즐거운 일요일이었어요. 물론 다른 일요일과는 확연히 다른 일요일이었죠. 베를린 곳곳에 깃발이 펄럭였고, 음악이 울려

퍼졌고, 온갖 광고와 활기가 넘쳐났어요. 선거일에는 다들 아주 신이 났어요. 다만 그게 정치에 관한 것이라는 점은……. 우리 젊은이들은 정치에 전혀 관심을 보이지 않았어요. 영향을 받지도 않았고요.

그 직전에 하인츠가 나를 포츠담으로 데려갔어요. 거기서 우린 늙은 힌덴부르크와 히틀러가 악수를 나누는 장면을 봤어요. 나는 저런 터무니없는 짓이 무슨 뜻이냐고 묻지 않았어요. 알고 싶지도 않았고요. 그걸 보면서 하인츠는 내가 얼마나 생각이 없고, 얼마나 정치에 무관심한지 깨달은 듯했어요. 나는 확실히 하인츠와 맞지 않았어요. 하인츠도 내 생각을 바꾸어 보려고 노력하지 않았어요. 우리 둘 사이에 당이라는 건 아무런 의미가 없었어요. 우린 그해 헤어졌어요.

히틀러가 1월에 수상으로 임명되었을 때 베를린 전체가 들썩거렸어요. 시민들이 완전히 미친 사람처럼 브란덴부르크 성문 쪽으로 행진해 갔어요. 그중에는 당연히 하인츠도 있었죠. 나도 같이요. 히틀러가 수상 집무실 창가에 서 있던 모습이 아직도 기억나요. 사람들이 사방에서 미친 듯이 소리를 질러 댔어요. 마치 요즘 축구 경기장에서 지르는 소리랑 비슷할 거예요. 우리도 함께 목청껏 소리를 질렀죠.

2 한마디로 히틀러는 새로운 사람이었으니까요

그렇게 충분히 소리를 지르고 환호하고 나자 사람들이 하나둘 빠져나가기 시작했어요. 다들 역사적 사건의 목격자가 되었다는 사실에 행복해하는 표정으로요. 나도 그렇게 환호하던 사람들 중 하나였어요. 그래요, 나도 그랬어요. 한마디로 히틀러는 새로운 사람이었으니까요.

그렇다고 내가 열광한 건 절대 아니었어요. 원래 난 그런 일에 열광하는 사람이 아니에요. 나중에도 그런 집회는 되도록 피하려고 애썼고, 실제로도 그랬죠. 방송국에서 막 일하게 됐을 무렵이었어요. 5월 1일이 되면 우리는 항상 제국 운동장(올림픽 경기장)을 향해 행진해 가거나, 무솔리니 같은 사람이라도 오면 떼 지어 템펠호프 공항으로 나갔어요. 그런 자리는 빠져서는 안 되었어요. 부서마다 뭔가 냄새 나는 사람들이 있었어요. 일종의 끄나풀이죠. 그 사람들은 우리 중 누가 그런 자리에 참석하지 않았는지 상부에 보고를 했어요. 그래서 어떤 자리에 누가 보이지 않는지 아주 면밀히 주시했죠. 하지만 우리도 바보는 아니었어요. 일단 집결지에 전원 참석한 다음 한두 구역 정도는 함께 행진했어요. 지금도 기억나는데 제국 운동장으로 행진할 때였어요. 대규모 행진이 계획되어 있으면 우리는 항상 방송국 건물 앞에 집결했어요. 그런데 우리 부서 사람들은 나중에 술집에서 만나기로 미리 약속을 해뒀어요. 그래서 5분이 지날 때마다 한 사람씩 대열에서 빠져나가 맥주를 마시러 갔어요. 그러면 스무 명 중에서 항상 두 명만 운동장에 끝까지 남았죠. 물론 위험 부담이 약간 따르는 일이기는 했어요. 특별히 주시받는 부서들도 있었고요. 예를 들어 문학팀의 경우가 그랬죠.

히틀러 취임 직후엔 한마디로 그냥 희망이 들끓었어요. 히틀러가 정말 정권을 잡으리라고는 누구도 믿지 못했어요. 정말 깜짝 놀랄 일이었죠. 아마 그 사람들 자신도 깜짝 놀랐을 거예요.

어쨌든 난 그런 일에 별로 관심이 없었어요. 내 삶은 그냥 예전처럼 흘러갔어요. 그때도 난 여전히 골트베르크 씨 밑에서 일하고 있었죠. 물론 골트베르크 씨한테는 내가 1월 30일에 히틀러에게 환호했다는 말은 하지 않았어요. 그럴 수는 없는 노릇이었죠. 그 불쌍한 유대인에게 그런 식으로 상처를 줄 만큼 배려심이 없지는 않았으니까요. 사람이라면 차마 못할 일이죠. 모든 것이 좀 분열되었던 시절이었어요. 그때는 그걸 그리 심각하게 느끼지 못했지만요. 난 그런 일들에 전혀 관심이 없었어요. 당시 난 사랑에 빠진 젊은 여성이었을 뿐이에요. 나한테 중요한 건 그거였어요. 게다가 벌써 오래 지난 일이에요. 지금은 더 이상 그때 상황으로 돌아가 생각하기가 어려워요. 그때는 그냥 그랬어요. 그냥 휩쓸려 들어갔어요.

우리는 나치의 가두 행진과 횃불 행진도 별로 경험하지 못했어요. 쥐트엔데는 슈테글리츠 지역에서 좀 잘사는 동네였어요. 우리는 1920년대의 봉기도 그랬지만, 나중에 히틀러가 불러온 소요에 대해서도 잘 몰랐어요. 우리 동네는 늘 평온하고 일상적이었어요. 시위나 봉기는 주로 노동자들이 많이 사는 동네에서 일어났어요. 내가 살던 베를린 쥐트엔데는 꽤 고급 주택가였고, 아주 돈이 많은 사람도 더러 있었어요. 멋지게 지은 빌라와 커다란 단독 주택도 여러 채 있었고, 거기에 어울리는 상점들도 있었죠. 모든 게 잘 어우러진 평화로운 동네였어요.

내 기억으로 쥐트엔데에서는 가두 행진이 한 번도 없었어요. 그런 일은 일어나지 않았어요. 설령 있었다고 해도 거기에 참가한 사람은 아무도 없었을 거예요. 분명히요. 그렇다고 다른 데로 가서 참가하지도 않았어요. 신문 지상에서는 많은 사건이 일어났지만 우리 동네는 아주 평화로웠어요. 자기만의 고요함에 젖어 있었죠. 소요는 슈테글리츠가처럼 큰 도로에서 일어났어요. 그 뒤의 나치 행진도 마찬가지고요. 하지만 우리는 사실 그런 것에 전혀 마음이 움직이지 않았어요. 남동생들이 독일 소년단에 들어가고 갈색 셔츠를 입었던 것도 그냥 그래야 해서 했던 일일 뿐이에요.

거리에 나치 돌격대원들의 모습이 점점 늘어났어요. 하지만 그 사람들이 우리 생활에 지장을 주지는 않았어요. 그래서 그런 것에 대해 별 생각을 하지 않았죠. 국가 사회주의 여성 동맹이라는 단체도 있었는데, 나는 무조건 거기 가입해야 하는 법이 생길까 봐 얼마나 걱정했는지 몰라요. 복장에 대한 규정이 있었거든요. 가령 독일 소녀 동맹은 파란색 주름치마를 입어야 했어요. 내가 아는 사람들은 그 치마를 아주 끔찍하게 생각했어요. 우리는 당시 꽉 달라붙는 치마를 입고 다녔거든요. 그게 유행이었어요. 그런데 그 단체 사람들은 죄다 그런 멋대가리 없는 헐렁한 치마를 입고 돌아다녔어요.

당시 내가 걱정한 건 그런 것들이었어요. 다행히 나는 국가 사회주의 여성 동맹에 가입하지 않았어요. 어떻게 그럴 수 있었는지는 잘 기억이 나지 않아요. 강제 사항은 아니었지만 그 단체에 가입하라고 열성적으로 부추기고 돌아다니는 운동원들이 있었거든요. 나는 단체 활동을 좋아하지 않았어요. 예전부터 그랬어요. 단체 활동과는 담을 쌓고 살았죠.

그런데 히틀러가 권력을 잡자 곧바로 여러 규정이 생기고, 많은 것들이 빠르게 바뀌기 시작했어요. 많은 지시와 긴급 조치들도 하루아침에 내려졌죠. 하지만 긍정적인 측면도 많았어요. 예를 들어 아우토반이 건설되기 시작했어요. 전체 사회 구조를 확 바꾸는 일이었죠. 일거리가 없어 거리에 나와 있던 사람들이 사라졌으니까요. 거지와 가난한 사람들 중에는 놀고먹는 것이 좋아서 빈둥거린 것이 아니라 정말로 가난하고 할 일이 없어서 거리로 나온 사람들이 많았어요. 일도 없고 대부분 식구도 많아 먹고살기가 더욱 팍팍했죠. 그렇다고 사회적 지원이 많은 것도 아니었어요. 히틀러는 우리가 짊어져야 했던 패전의 짐들을 처음엔 아주 멋들어지게 해결해 나갔어요.

당시 젊은이들은 그걸 부분적인 해방으로 느꼈어요. 남동생들도 저녁이면 술집에 갈 수 있었거든요. 전에는 할 수 없던 일이었죠. 동생들은 히틀러유겐트에 가입한 뒤로 집에서 벗어나 자기들끼리 어울렸어요. 늘 어딘가로 갔고, 어떻게든 핑계를 만들어 부모로부터 벗어났죠. 아무튼 갑자기 좋아진 일들이 아주 많았어요. 이 정도면 정말 최고야 하는 말이 나올 정도였죠.

그러고 얼마 뒤였어요. 내가 타이핑하던 불프 블라이의

책이 아직 끝나지 않았을 때였어요. 1933년 선거 직후 블라이 씨가 갑자기 독일 극장의 연출자로 임명됐어요. 그 양반은 나한테도 같이 가자고 했어요. 그게 내 출세의 시작이었죠. 불프 블라이를 만나게 된 우연이 없었다면 내 인생은 아마 다르게 흘러갔을 거예요. 어딘가 다른 사무실에서 비서로 계속 살았겠죠. 블라이 씨는 언젠가 이런 말을 했어요. 「당신의 유대인 사장은 그리 오래가지 못할 거요. 방송국에서 일하고 싶은 마음 없어요? 당신이 할 만한 일 정도는 내가 찾아 줄 수 있어요.」

그 양반이 했던 또 다른 말도 기억나요. 아마 1932년 크리스마스 때였을 거예요. 「선거를 한 번 더 하면 국가 사회주의자들은 꼭 성공할 거요.」 선거에서 이기면 자신은 먹고 사는 건 평생 걱정하지 않아도 된다고 했어요. 실제로도 그렇게 됐죠. 그 양반은 그전부터 나치 당원이었어요. 독일 극장에 완전히 엉뚱한 사람을, 그러니까 예술적 감각이 전혀 없는 사람을 앉히면 극장이 제대로 돌아가지 않을 거라는 사실을 나치 중에는 아는 사람이 없었던가 봐요. 그랬으니까 히틀러의 집권 후에 바로 불프 블라이 같은 사람을 그 자리에 앉혔겠죠.

얼마 지나지 않아 첫 번째 대규모 연극 공연을 위한 연습이 시작되었어요. 작품은 「빌헬름 텔」이었어요. 하인리히 게오르게*가 게슬러 역을 맡았고, 아틸라 회르비거**가 빌헬름 텔 역을 맡았어요. 처음에 난 극장에서 할 일이 없어 그냥 여기저기 기웃거리면서 아무 데나 앉아 있었어요. 가끔 블라이가 편지를 받아 적게 하는 일이 전부였죠. 그런데도 그 양반은 늘 제법 많은 돈을 줬어요. 그만큼 나를 중요하게 여긴 거죠. 나는 그게 고마웠고, 극장에 있는 것이 즐거웠어요. 특히 극장 비서인 블랑켄슈타인 부인이 자기 사무실로 나를 초대했을 때가 그랬어요. 사무실 벽에는 헌사가 적힌 배우들의 초상화가 걸려 있었어요. 가장 놀라웠던 경험은 그 비서와 막 이야기를 하고 있는데 문이 열리면서 누군가 들어오는 거예요. 그게 누구인지 아세요? 아틸라 회르비거였어요! 당시 모든 여자들의 마음을 사로잡은 배우였죠. 회르비거는 고급 담배 케이스에서 담배를 꺼내 내게 권했어요. 나는 떨면서 담배를 받았어요. 그날 집에 돌아와

* Heinrich George(1893~1946). 바이마르 공화국 시절부터 인기를 끌었던 독일 배우다. 처음에는 나치에 의해 직업 금지 조처를 당했으나 나중에는 나치 정권과 타협하여 여러 선전 영화를 찍었다. 그중에서 특히 유명한 영화가 「히틀러 소년 크벡스」(1933), 「콜베르크」(1945), 그리고 반유대주의 선전 영화 「유대인 쥐스」(1940)이다.

** Attila Hörbiger(1896~1987). 오스트리아 배우. 1935년부터 1937년까지, 그리고 1947년부터 1951년까지 잘츠부르크 음악 축제에서 호프만스탈의 연극 「예더만」에 출연했다. 또한 자신의 아내 파울라 베셀리와 함께 반유대주의 선전 영화 「귀향」에 출연하기도 했다.

저녁을 먹으면서 얼마나 신나게 그 일을 떠들어 댔는지 몰라요.

몇 달 뒤 블라이 씨가 일 문제로 방송국과 협상을 할 거라고 했어요. 그러면서 나도 거기서 일할 의향이 있는지 물었어요. 비서를 한 명 데려갈 수 있다는 거예요. 물론 비서 월급은 자기가 아니라 방송국에서 주는 걸로 하고 싶다고 했어요. 그러면서 방송국과 고용 계약도 맺게 해주겠다고 했어요. 그렇게 큰 회사에서 일하게 되다니 정말 꿈같은 일이었죠. 두 번 다시 없을 좋은 기회였어요. 그래서 흔쾌히 그러고 싶다고 했어요.

얼마 뒤 블라이 씨가 말했어요. 「잘될 것 같아요, 잘될 것 같아요. 당신과 함께 가는 일이요. 우리 둘 다 옮길 수 있을 것 같아요.」 우리는 그때도 블라이 씨가 아직 연출자로 일하던 독일 극장을 다니고 있었어요.

그러고 얼마 있다가 블라이 씨가 말했어요. 「당에는 가입했죠?」 「아뇨. 가입하지 않았는데요.」 그러자 그 양반이 다시 말했어요. 「음. 그런 일을 하려면 가입하는 게 좋아요.」 그래서 내가 말했죠. 「예, 당장 가입할게요.」 그러자 그 양반이 대답했어요. 「잘 생각했어요. 지금 당 사무실이 열려 있는지 모르겠지만 당장 가입하세요.」

당시에 당은 오직 그 당뿐이었고, 모두가 그 당의 당원이

2 한마디로 히틀러는 새로운 사람이었으니까요

되고 싶어 했어요. 왜냐하면 곧 보통 사람들을 위해 일할 위대한 남자가 올 거라고 다들 철석같이 약속했거든요. 그 사람들은 그전부터 줄곧 그렇게 이야기했어요. 어쨌거나 이런 상황에서는 당원이 되는 게 여러모로 유리했어요.

더구나 제국 방송국 같은 곳에서 일하려면 당원이 되는 게 필수적이라는 생각이 들었어요. 그래서 집에도 당에 가입하겠다고 말했어요. 이유도 몇 가지 댔죠. 부모님은 찬성도 반대도 하지 않았어요. 아무래도 상관없다고 생각하시는 것 같았어요. 그냥 나 하고 싶은 대로 하라고만 하셨죠.

그런데 바로 그날 오후에 유대인 친구 에바 뢰벤탈이 찾아왔어요. 함께 커피를 마시러 가기로 했거든요. 그 말은 곧 내가 에바한테 커피를 한잔 사주겠다고 약속했다는 뜻이에요. 에바가 돈이 없다는 건 우리 모두 알고 있었으니까요. 당시엔 누군가 먼저 커피를 마시러 가자고 하면 자기가 커피를 사겠다는 뜻이었어요. 어쨌든 그날은 내가 이렇게 말했어요.「에바, 오늘은 안 되겠어. 오늘 빨리 당에 가입해야 하거든!」 지구당 사무실은 늘 문을 열어 두었는데, 하루에 수백 수천 명을 입당시킨 뒤에는 다시 문을 닫았어요. 당원 카드를 만드는 게 신청자 수를 따라가지 못할 정도였죠. 그래서 늦게 온 사람은 다음 날로 차례를 미루어야 했어요.

「알았어. 나도 같이 갈게.」 에바가 말했어요. 우리는 쥐트엔데에 있는 지구당으로 함께 갔어요. 국가 사회주의 독일 노동자당의 지구당이 거기 있었거든요. 사무실 앞에는 벌써 백 명도 넘는 사람들이 줄을 서 있었어요. 모두 당원이 되려는 사람들이었죠. 내달 1일에 당이 다시 문을 닫을 거라고 생각했기 때문이에요. 그렇다면 그전에 입당을 해두는 게 좋았죠.

나도 줄을 서서 기다렸어요. 그사이 에바는 나지막한 담벼락에 앉아 있었어요. 일은 아주 빨리 진행되었어요. 체계가 잘 잡혀 있더군요. 사람들은 안으로 들어가서 서류에 서명을 했어요. 매달 당비가 2마르크나 됐어요. 제법 부담이 되는 금액이라 마음이 아팠어요. 하지만 그보다 더 아팠던 것은 입회비로 10마르크를 내야 한다는 것이었어요. 정말 쓰라렸죠. 그게 수중에 있는 내 돈 전부였으니까요. 이제 커피를 마시기로 한 일은 없던 일이 되어 버렸어요. 물론 그게 아니라도 10마르크는 당시에 제법 큰돈이었죠.

그럼에도 나는 가입 서류에 서명을 했어요. 방송국에 들어갈 수만 있다면 10마르크 정도는 금방 벌 수 있을 거라고 생각했기 때문이죠. 실제로도 그랬어요. 아무튼 이렇게 해서 나는 당원이 되었어요.

나중에 누군가 「당신 당원이었어요?」 하고 물으면 나는

2 한마디로 히틀러는 새로운 사람이었으니까요

「네, 당원이었어요.」 하고 대답했어요. 하지만 평소에는 아무도 그걸 묻지 않았어요. 나중에 선전부에서 일할 때도 그렇게 묻는 사람은 없었죠. 거기 있는 모두가 당원이었는지도 모르겠어요. 아무튼 내가 당에 가입한 게 좀 성급한 행동이었을지는 모르지만, 나한테 해가 된 것은 아니었어요.

몇 주 뒤 지구당으로부터 편지 한 통과 함께 내가 몇 월 며칠부터 국가 사회주의 독일 노동자당의 당원이 되었다는 사실을 확인해 주는 당원증이 도착했어요. 그 뒤에는 당원으로서 당을 위해 무슨 일이건 해야 한다는 내용의 편지를 받았어요. 예를 들어 거리 모금에 참가하는 것 같은 일이었죠. 그 밖에 몇 가지 다른 제안도 있었어요. 나는 일단 기다려 보기로 했어요. 내가 없어도 거리 모금은 계속 진행되었고, 모금함에서는 계속 동전이 달그락거렸으니까요. 이런 상황에서 내가 알아서 나설 필요는 없다고 생각했어요. 그러고 있는데 지구당에서 사무실로 한번 나오라는 편지가 도착했어요.

그래서 갔더니, 내가 당원인데도 아직 당을 위해 한 일이 아무것도 없다고 지적하더군요. 내가 물었죠. 「맞아요. 근데 뭘 해야 하죠?」 그러자 그 사람들이 되물었어요. 「직업이 뭐예요?」 그래서 방송국에서 일한다고 했더니 당 사무실에서 문서 작성하는 일을 도와줄 수 있을 거라고 하더군요. 상점들이 문 닫는 저녁 여섯 시 이후에 우편으로 보내야 할 서류가 있는데, 그러려면 타자수가 필요하다는 거죠.

더는 핑계를 댈 수가 없어 이런저런 하찮은 문서들을 타이핑해 줬죠. 그러던 차에 좋은 핑곗거리가 떠올랐어요. 지구당에 전화를 걸어, 오늘 저녁에 내보낼 방송에 나도 참여하게 돼서 당분간 갈 수가 없다고 한 거죠. 그 사람들은 내가 방송국에서 무슨 일을 하는지 전혀 모르고 있던 터라 내 말을 믿을 수밖에 없었어요. 다음 주에는 또 다른 핑계를 댔어요. 그러자 결국 그 사람들도 내 협력 같은 건 필요 없다고 말했어요. 나라는 사람을 믿을 수가 없다는 거죠. 어쨌든 그 뒤부터는 그런 일로 나를 부려 먹을 생각을 하지 않았어요. 하지만 고아와 빈민 구제를 위한 거리 모금 행사에는 참가하라고 계속 닦달을 했어요. 정말 끔찍하게 싫은 일이었죠.

그런 모금 행사 중에서 유독 또렷이 기억나는 날이 있어요. 대규모 겨울 모금이 있던 때였어요. 자로티 초콜릿 회사가 이 행사를 지원했어요. 당시 최고의 초콜릿 회사였죠. 까만 얼굴에 줄무늬 유니폼을 입은 작고 귀여운 난쟁이 인형이 회사 마스코트였는데, 자로티 사는 모금 행사를 위해 방송국에 그 유니폼을 제공했어요. 그런데 누군가 이런 제안을 했어요. 모금하는 사람들이 상상력을 발휘해서 동화

2 한마디로 히틀러는 새로운 사람이었으니까요

속 인물로 분장하고 나가면 어떻겠느냐 거죠. 마침 한겨울이니까 시기도 어울린다는 거예요. 그래서 어찌어찌하다가 그 유니폼이 우리 부서에 떨어졌어요. 그러자 다들 한목소리로 말했어요. 「폼젤리네, 당신이 입어 봐요.」 옷은 나한테 맞춘 것처럼 딱 맞았어요. 실제로 나처럼 작은 사람들을 위해 만든 옷이었어요. 멋진 천으로요. 고급스럽고 매혹적인 비단옷이었죠. 모두들 놀라워하며 말했어요. 돌아오는 일요일에 내가 난쟁이 분장을 하고 겨울 모금 행사에 나가야겠다고 말이에요.

실제로 그렇게 됐어요. 그날 행사에는 유명한 배우들이 다 모였어요. 그러다 보니 배우와 정치인, 자로티 난쟁이를 보려고 많은 사람들이 몰려들었어요. 나는 경제부 장관 조에 배당되었어요. 장관이 발언을 하는 동안 나는 모금함을 흔들면서 장관 주변을 돌며 춤을 추었어요. 당연히 구름처럼 많은 사람들 앞에서죠. 행사는 운터 덴 린덴 거리에서 시작해서 동물원까지 이어졌어요. 하지만 행사의 절정은 당연히 슈타트슐로스 궁과 제국 의회 앞이었어요. 나는 거기서도 춤을 췄어요. 날이 어두워져 모금 행사가 끝나고 모금 통을 반납한 뒤에야 나는 집에 돌아갈 수 있었어요. 그때 어머니가 나를 욕조에 앉히고 갈색으로 분장한 내 얼굴을 닦아 줬던 기억이 선해요.

블라이 씨는 그사이 방송국에서 새 일자리를 얻었어요. 방송국 이사 자리였죠. 나는 나만의 멋진 사무실이 생겼어요. 바로 옆에는 사무실이 하나 더 있었고요. 아름답고 세련된 그 건물은 사무실로 가득했어요. 당시 무척 주목을 많이 받은 건물이었죠. 공법과 생김새가 굉장히 현대적이었거든요.

처음에는 내가 할 일이 많지 않았어요. 방송국 건물에는 멋진 카지노가 하나 있었어요. 다른 여자 직원들이 나를 식사에 초대했어요. 옥상에는 멋지게 꾸민 정원이 있었고, 그 안엔 구내식당에서 운영하는 작은 레스토랑이 있었어요. 나는 그런 식사 자리를 통해 친구를 몇 명 사귀었어요. 죽을 때까지 가깝게 지낸 친구들이죠. 방송국 시절에 맺은 우정이 평생을 간 거예요. 그중 한 친구는 지금도 살아 있는데, 나보다 한 살이 많아요.

불프 블라이는 이 직업에 발을 들여놓았을 때만큼 빠르게 그만두었어요. 여기서 할 수 있는 일이 없었기 때문이죠. 블라이 씨는 그해 말 방송국을 그만뒀어요. 크리스마스 때까지 일했던 것으로 기억나요. 그 뒤에 떠났죠. 방송국 안에서는 그 양반한테 맞는 일이 없었거든요. 그냥 쓸모없는 사람이나 마찬가지였어요. 관련 지식이나 능력이 없었으니까요. 그냥 시류를 잘 탄 사람이었어요. 젊어서 군인으로

2 한마디로 히틀러는 새로운 사람이었으니까요

근무한 뒤에는 줄곧 속임수로 삶을 전전했어요. 대학을 다닌 적도 없고 직업 교육을 받은 적도 없어요. 그나마 일찍 당에 가입한 게 행운이었죠. 어쨌든 그 뒤로는 그 양반 소식을 듣지 못했어요. 그 양반은 나치가 권력을 잡으면 먹고 살 걱정이 없을 거라는 말에 혹해서 당에 들어간 초창기 전사일 뿐이었어요. 나치는 그 양반을 어디라도 취직시켜 주려고 했지만, 쉽지 않았어요. 다른 사람들도 마찬가지였지만 그 양반도 딱히 인재라고 보기는 어려운 평범한 사람이었거든요. 아무튼 나는 그 양반이 떠난 뒤에도 방송국에 계속 남았어요.

나는 불프 불라이를 만난 행운으로 방송국에 취직할 수 있었어요. 그것도 꽤 좋은 조건으로요. 지금은 정확히 기억나지 않지만, 아마 매달 200마르크 넘게 받았을 거예요. 당시엔 큰돈이었죠. 내가 몇 년 동안 쥐꼬리만큼 벌면서 고생한 걸 생각하면 한마디로 갑자기 부자가 된 기분이었어요. 난 처음에 이사회에서 일하다가 나중에 전직 이사들의 사무실로 옮겼어요. 거긴 그렇게 내세울 만한 자리가 아니었어요. 좀 밀려난 사람들이 그리로 갔으니까요. 예전에는 괜찮은 직책의 상사들을 모셨던 비서들이었죠. 그 상사들은 유대인들이었어요. 그것도 주로 감사직에 있던 유대인들이었어요. 이 사람들은 모두 해고되거나 강제 수용소로 보내

졌는데, 어쨌든 다들 방송국에서 쫓겨났어요.

아무튼 유대인 상사 밑에 일했던 독일인 비서들 가운데 정치적으로 책임이 없는 사람들은 문서를 작성하거나 복사하는 사무실로 재배치됐어요.

그러던 중에 불운과 행운이 동시에 따랐어요. 나는 방송국에 근무한 직후부터 감기가 걸려 떨어지지 않았는데, 나중에는 상태가 심해져서 폐렴으로까지 이어졌어요. 상태는 점점 더 나빠졌어요. 그러자 주위에서 다들 보험사에 요양 휴가를 신청하라고 권유했어요. 북해에 새로 문을 연 아름다운 요양원에서 4주 정도 푹 쉬었다 오라는 것이죠. 의사도 같은 생각이었는지, 내가 푀르섬으로 요양을 떠날 수 있도록 처방전을 써줬어요. 그렇게 해서 나는 그곳 요양소에 반년이나 머물렀어요. 그사이 방송국에서는 매달 내 계좌로 꼬박꼬박 월급을 넣어 주었고요. 행운이었죠. 당시로선 정말 상상도 할 수 없는 일이었어요. 나중에 나는 한 차례 더 요양을 떠났어요. 이번에는 3개월이었어요. 그때도 방송국에서 비용을 다 대줬죠.

그 뒤 나는 방송국 홍보국으로 이동했고, 사람들과 함께 방송국 전시회에 갔어요. 그 뒤 사람들은 내가 정말 속기를 잘하는 사람이라는 걸 확실히 알게 됐어요. 그래서 나는 정치인들이나 다른 사람들의 연설을 속기로 기록하기 시작

2 한마디로 히틀러는 새로운 사람이었으니까요

했어요. 심지어 전시회 개막식 때 괴벨스의 첫 연설을 적기도 했죠. 나는 정말 속기를 빨리 잘했어요. 홍보국으로서는 큰 도움이 되는 일이었죠. 게다가 나도 그 일을 무척 좋아했어요.

얼마 뒤 나는 시사국*으로 옮겼어요. 정말 더할 나위 없이 마음에 들었어요. 특히 거기 근무하는 남자들이 다 멋졌어요. 나이가 많건 적건, 일반 기자건 스포츠 기자건 할 것 없이 말이에요. 언뜻 기억나는 사람들이 몇 있어요. 테니스 중계를 한 에두아르트 로데리히 디체**, 축구 쪽 일을 맡은 롤프 베르니케***, 또 기자로도 활동한 홀자머 교수****, 나중에 이 양반은 ZDF 방송국 초대 사장이 되었죠.

그 시기엔 일이 무척 많았어요. 아침이면 다들 커다란 테

* 시사국은 주로 독일과 유럽, 그리고 전선에서 일어난 사건들을 보도하는 부서다.

** 에두아르트 로데리히 디체는 스코틀랜드 출신의 독일 테니스 선수로서 1932년부터 방송국 기자로 활동했다. 1936년 베를린 올림픽 경기에서는 영국 방송국의 수석 아나운서로 일했다. 제2차 세계 대전 뒤에는 텔레비전 방송의 발전에 지대한 공을 세웠고, 나중에는 쥐트베스트 방송국의 수석 기자로 활동했다.

*** 롤프 발데마르 베르니케는 독일 스포츠 기자였다. 1936년 올림픽 개막식 행사와 육상 경기를 중계했다. 이후 나치의 전당 대회 같은 중요 행사나 전쟁 중 전시 상황을 전선에서 직접 보도하기도 했다.

**** 카를 요하네스 홀자머는 독일 철학자이자 교육학자로 훗날 ZDF 방송국 사장이 되었다. 제2차 세계 대전이 발발하자 처음엔 공군 전투기 기관총 사수로 징집되었다가 나중에 라디오 방송 종군 기자로 배치 받았다.

이블에 커피를 놓고 둘러앉아 회의를 시작했는데, 베를린과 세계에서 일어난 일들이 화제로 올라왔죠. 회의가 끝나면 에코 차량, 즉 중계차들이 기자들을 싣고 출발했어요. 우린 아침, 점심, 저녁으로 방송을 했어요. 국빈이나 제후처럼 중요한 방문이나 축구 경기, 콘서트, 연극 같은 것들을 중계했죠. 스트레스가 많은 일이었어요. 식사 시간을 맞출 수가 없었고, 퇴근 시간도 지킬 수 없었어요. 하지만 저녁이면 다들 즐겁게 모였어요. 가끔 구내식당이나 베를린의 근사한 술집 〈오이겐〉에서 간단하게 맥주를 한잔하면서요. 기자들은 대부분 미혼이었지만 그중 몇은 결혼을 했어요. 그 사람들은 집으로 갔죠. 당시엔 어느 모임에서건 차 있는 사람이 드물었지만, 기자들은 다들 차가 있었어요. 그래서 그중 한 사람이 늘 나를 집으로 바래다줬어요. 나는 그런 사람들과 같은 직장에 다닌다는 게 좋았어요. 몇 년 동안 참 행복한 시간이었죠.

1936년 열렸던 베를린 올림픽 대회가 특히 기억에 또렷해요. 당연히 방송사도 참여했죠. 정말 아름다운 시간이었어요. 무엇보다 외국인들을 알게 된 좋은 기회였죠. 당시 한 친구가 전화를 걸어 이런 말을 했어요. 「어제 인도 사람을 만났어. 일본 사람도. 완전히 딴 세계에서 온 사람들이

2 한마디로 히틀러는 새로운 사람이었으니까요

었어!」 그런데 그 친구가 방송국에 아는 사람이 있다고 하니까 꼭 방송국을 구경하고 싶다고 했대요. 그래서 그게 가능한지 물어보려고 나한테 전화를 했다는 거예요. 「내가 그 사람을 너한테 보냈어. 곧 도착할 거야. 준비하고 있어!」 그러고 얼마 뒤 정말 외국인이 나타났어요. 그것도 독일어까지 할 줄 알았어요. 그렇지 않았다면 나는 그 사람하고 한마디도 나누지 못했을 거예요. 우리 회사 직원 하나가 그 사람을 이리저리 데리고 다니며 방송국을 구경시켜 주었어요. 물론 허가된 장소까지만요. 그날 저녁 우린 그 남자랑 저녁 약속까지 잡았어요. 생애 처음 있는 일이었죠. 완전히 다른 말을 쓰는 사람을 어디서 만나 보겠어요? 당시로선 정말 특별한 일이었어요.

베를린은 감동의 도가니였어요. 세계에서 가장 친절한 도시를 꼽으라면 아마 베를린이었을 거예요. 그런데 호텔과 여관이 충분치 않아서 손님들이 묵을 방을 조달하라는 지시가 전 도시에 내려졌어요. 우리도 당연히 방을 하나 내놓았죠. 물론 돈을 받고요. 1박에 10마르크였던 걸로 기억해요. 그런데 외국 손님을 맞는 건 돈도 돈이지만 그 자체로 영광스런 일이었어요. 지금도 당시 일이 기억나요. 올림픽 대회가 개막했는데도 우리 집에는 아직 연락이 오지 않았어요. 부모님 침실을 깨끗이 치우고 구조까지 바꾸어 놓

왔는데도 말이에요. 아무도 오지 않았어요. 그러다 개막 셋째 날인가 넷째 날인가 베를린 올림픽 위원회라며 누군가 우리 집에 전화를 해서 손님을 받을 수 있겠느냐고 물었어요. 어머니 아버지는 당연히 언제든 좋다고 하셨어요! 그 뒤 네덜란드 부부가 왔어요. 흥분되는 일이었죠. 모두 잠자리에 들지 못할 정도로요.

우리는 자랑스럽게 가슴을 펴고 도시를 걸어 다녔어요. 속으로 우리 집에도 외국 손님이 들었어! 우리도 올림픽 손님을 받았다고! 외치면서요. 네덜란드 부부는 아주 다정한 사람들이었어요. 미리 주문한 입장권도 갖고 있었어요. 그 사람들은 나중에 네덜란드에서 과자나 치즈 같은 것들을 보내 줬어요. 정말 잊지 못할 경험이었어요.

당연히 방송국도 무척 바빴어요. 올림픽 주경기장뿐 아니라 베를린 주변의 경기장에서 펼쳐지는 경기를 중계하려면 손이 열 개라도 모자랐죠. 나로서는 경기를 보러 갈 시간조차 거의 없었어요. 육상과 승마 경기를 한 번씩 본 게 전부였어요. 게다가 입장권 구하기도 쉽지 않았고, 가격도 꽤 비쌌던 걸로 기억해요.

도시가 완전히 바뀐 느낌이었어요. 예를 들어 베를린 번화가인 쿠르퓌르스텐담 거리가 갑자기 파리로 변한 듯했어요. 사람들의 얼굴에 하나같이 기쁨이 넘쳤고, 날씨까지 도와줬어요. 사랑하는 주님이 우리 지도자에게 선물로 준 축제처럼 느껴졌죠. 1936년 베를린의 분위기가 그랬어요.

길을 가다 보면 영어와 프랑스어가 자연스럽게 들렸어요. 인도인도 봤어요. 그건 기억나요. 피부색이 다른 사람을 본 건 처음이었으니까요. 흑인은 보지 못했어요. 그런 기억은 없어요. 하지만 피부색이 어두운 사람은 분명 봤어요. 동물원에 놀러갔을 때였어요. 인도인이었죠. 아주 특별한 일이었어요.

방송국에서는 야간에도 올림픽 경기에 관해 보도를 했어요. 우리 부서엔 좋은 사람이 많았어요. 나중에 이름을 날리고 텔레비전에도 나온 좋은 사람들이 정말 많았어요. 롤프 베르니케는 스포츠 부문의 내 직속 상사였어요. 시사국에 함께 속해 있기도 했고요. 당시는 모든 방송이 제국 방송 협회로 통합되었을 때예요. 각각의 방송국은 소재지만 관할했어요. 하지만 어떤 방향으로 보도할지는 협회에서 내려오는 지침을 따라야 했어요.

자유롭게 방송을 하는 일은 더 이상 없었어요. 모든 것이 통제하에 있었고 감시를 받았죠. 방송 프로그램을 통제하는 일만 전문으로 하는 자리까지 있었어요. 그들이 사전에 일일이 프로그램을 검열했는지는 모르겠어요. 하지만 나중에 듣기로는 괴벨스가 모든 대본을 자신에게 제출하게 했다고 해요. 심지어 나중에는 간섭하지 않는 일이 없었어요. 이건 이래서 안 되고, 저건 저래서 안 된다. 또 이 배우는 빼고 다른 배우를 넣으라는 식이었죠. 이렇게 프로그램과 배역에 항상 영향력을 행사했어요. 방송국 안에는 누가 무엇을 해도 되고 해서는 안 되는지 명확한 지침이 있었어요. 그래서 어떻게 행동해야 하는지 다들 알고 있었죠. 게다가 개별 부서에는 당의 열성분자들이 배치되어 있었어요. 그 사람들은 군인 출신이 아니라 당을 위해 공을 세운 당원들이었죠. 그중에는 정말 능력이 없는, 그러니까 예술적으로 무지한 사람들이 많았어요. 하지만 다들 당직이 있을 뿐 아니라 나치 친위대 간부이기도 했어요. 그래서 아무도 그 사람들에게 항의하거나 반발할 엄두를 내지 못했어요. 그러다 보니 예전처럼 비밀리에 활동하는 밀정 같은 사람은 더 이상 필요 없게 됐어요. 방송국에서 힘 꽤나 쓰는 사람들은 죄다 그런 분위기에 물들어 갔어요. 반유대주의가 방송국 안에 점점 더 깊이 스며들기 시작한 것도 아마 그 무렵일 거예요. 그러나 모든 부서가 다 그러지는 않았어요. 당연히 문학팀은 그러지 않았어요. 어린이 방송이나 여성 방송 부서도 그랬고요. 그런 곳에선 요리나 동요 같은 것들만 방송

2 한마디로 히틀러는 새로운 사람이었으니까요

했으니까요.

시간이 갈수록 점점 많은 사람들을 알게 됐어요. 그러다 보니 어느 시점부터는 저 사람은 원래 매서운 사람이라거나, 저 사람은 당에 들어가지만 않았으면 굉장히 온순한 사람이었을 거라는 이야기들이 나왔어요.

어쨌거나 초창기에는, 그러니까 올림픽 대회 전까지 독일 상황은 더할 나위 없이 좋았어요. 유대인 탄압도 없었고, 모든 것이 정상적이었죠. 책을 불태우는 걸 본 적도 없어요. 물론 신문에는 그런 기사들이 났지만요. 하지만 그런 건 남의 일이었어요. 나는 알았다고 해도 그 근처에는 가지 않았을 거예요.

저 높은 데 있는 사람들은 세계 정치 같은 큰 문제를 생각했겠지만, 우리는 아니었어요. 우리한테 그런 건 먼 세상 이야기였죠.

그러다 유대인 상점들이 하나둘 사라지기 시작했을 때 처음으로 뭔가 심상찮은 기운을 느꼈어요. 물론 아직은 소수였어요. 아직 남아 있는 상점들이 많았으니까요. 사실 가게를 접는 건 일상적인 일이었어요. 유대인이 아닌 사람이 가게를 닫는 경우도 많았으니까요.

그런데 사람들이 의도적으로 유대인 가게를 찾지 않는 일이 점점 늘어나기 시작했어요. 심지어 우리 동네처럼 매우 평화롭고 정치에 관심이 없던 쥐트엔데에서조차요. 우리 동네는 한적한 교외였어요. 빌라를 가진 사람들이 절반이나 됐죠. 물론 유대인 상점들이 문을 닫아도 유대인들과의 교류는 계속되고 있었어요. 내 아버지도 여전히 유대인 고객들을 상대로 장사를 하고 있었으니까요.

나도 4년 동안 유대인 사무실에서 일했어요. 그러다 마지막 해에야 무언가 일이 벌어지고 있다는 낌새를 챘죠. 그 유대인 사장은 여기 없었어요. 나중에 유대인들이 해외로 빠져나간다는 기사를 신문에서 읽은 적이 있는데, 아마 그 사람도 그러지 않았을까 하는 생각이 들었어요. 하지만 그 생각조차 곧 잊어버렸고, 그런 상황을 뭔가 끔찍한 일과 연결시키지 못했어요. 게다가 그런 문제를 갖고 남들과 이야기할 수도 없었어요.

시대가 천천히 전쟁으로 치달아 가던 상황이 아직 기억나요. 그전에 나는 1938년 3월 롤프 베르니케 기자와 함께 그라츠로 가던 길이었어요. 당시 그 사람과는 솔직한 대화를 나눌 수 있는 사이였죠. 우리는 친구들과 며칠 즐겁게 보낼 생각이었어요. 그런데 베르니케가 차량 라디오를 틀더니 갑자기 차를 멈추고는 말했어요. 「이제 때가 왔어!」 우리는 즉시 베를린으로 돌아갔고 방송에 투입됐어요. 오스트리아 병합에 관한 방송이었죠. 베르니케는 나치가 아니었고, 나치엔 관심도 없었어요. 관심 있는 건 여자와 축구 기사뿐인 사람이었죠.

오스트리아 병합은 아주 크게 보도됐어요. 이제 전 독일 민족이 힘껏 일어서게 되었다는 내용이었어요. 방송국 사람들은 아주 멋지게 보도했죠. 그런 건 항상 원하는 방향으로 이루어졌어요. 무엇이 문제인지 아무것도 모른 채 덮어놓고 열광하는 수많은 사람들을 이용해서 말이에요. 당시 사람들은 나처럼 모두 어리석었어요.

강제 수용소가 만들어졌을 때, 그러니까 처음으로 〈강제 수용소〉라는 말이 나왔을 때도 그랬어요. 정부에 반대하거나 폭동을 일으킨 사람들만 그리로 간다고 했어요. 그래서 우린 그런 인간들을 바로 감옥에 가두지 않고 강제 수용소에 보내 재교육하는 걸로 믿었어요. 다르게 생각하는 사람은 아무도 없었어요. 당시 방송국에 〈율레 야에니슈〉라고 아주 괜찮은 사람이 하나 있었어요. 최초의 아나운서로서 아침 점심 저녁으로 뉴스를 진행했는데, 그 사람을 빼고는 방송국의 발전을 이야기할 수 없을 정도죠. 어쨌든 그런 사람이 갑자기 강제 수용소에 갔다는 거예요.* 그때 사람들은

* 1934년부터 베를린 제국 방송국의 많은 직원들이 체포되어 직업 금지 조치를 당했다. 그중에는 율리우스 예니슈, 알프레트 브라운, 한스 브레도프, 한

이렇게 수군거렸어요. 「응? 그 사람이 왜?」「호모래.」「맙소사, 호모라니.」 당시에 호모는…… 정말 다들 몸서리를 쳤어요. 사람 취급을 안 했죠. 그런데 율레 야에니슈가 호모라니. 그렇게 친절하고 다정한 사람이 호모라니. 정말 충격이었죠. 「친절하면 뭐해? 호모인데.」 그때 이미 우리는 생각이 상당히 경직되어 있었어요.

어느 날 갑자기 내 유대인 친구 로자 레만 오펜하이머가 사라졌어요. 부모가 하던 비누 가게도 문을 닫았고요. 가족이 모조리 없어졌어요. 대신 이제 동쪽에서 많은 독일인들이 들어왔어요. 체코에 거주하던 주데텐 독일인들이었죠. 당시 당국에선 우리에게 같은 이야기를 계속 반복해서 들려주었어요. 이제 주데텐 독일인들이 조국의 품으로 돌아오고 있다. 그들이 살던 주데텐 지역의 마을은 비었고, 다시 사람으로 채워야 한다. 그래서 유대인들이 그리로 들어갈 것이고, 거기서 자기들끼리 모여 살게 될 거라고요. 그래요, 우린 그렇게 믿었어요. 액면 그대로 받아들였죠. 설득력이 있잖아요. 많은 낯선 사람들이 갑자기 한꺼번에 몰려왔으니까요. 그 사람들은 다른 노래를 불렀고, 다르게 말

스 플레슈, 헤르만 카자크, 프리드리히 게오르크 크뇌프케, 쿠르트 마그누스, 프란츠 마리아욱스, 게르하르트 폴 같은 유명한 라디오 방송 개척자들도 포함되어 있었다.

했어요. 또한 여기서 집을 구해 우리와는 다르게 살았어요. 대신 유대인들이 그리로 갔어요. 그게 유대인들이 원한 일인지 아닌지는 몰라도 말이에요. 실제로 무슨 일이 있었는지는…… 그래요, 우리 말이 믿기지 않겠지만…… 다들 우리가 모든 걸 알고 있었을 거라고 생각하겠지만, 아니에요. 우린 아무것도 몰랐어요. 모든 것이 비밀이었죠. 그게 먹혀들었어요.

물론 그 뒤에도 유대인이 하던 한 커다란 상점은 그대로 있었어요. 유대인 골트베르크 박사도 여전히 남았고, 아버지의 고객들, 예를 들어 이웃집의 레비 씨도 갑자기 없어지지는 않았어요. 그 사람들은 여전히 아버지 가게에 들락거렸어요. 하지만 그러던 것도 서서히…… 하나둘 사라지기 시작했어요. 왜, 어떻게, 뭣 때문에 그런 일이 벌어져야 했는지 우리는 몰랐어요. 그러다 1938년 11월 그 끔찍한 사건이 일어났어요. 수정(水晶)의 밤* 사건 말이에요.

그 일이 일어났을 때 우린 마비된 사람처럼 얼어붙었어

* 1938년 파리 주재 독일 외교관이 유대인 차별에 항의하는 한 유대인에게 피살되었다. 이것을 기화로 그해 11월 9일 나치 대원들이 수만 개에 이르는 유대인 가게를 약탈하고 유대인 사원에 불을 질렀다. 유대인 91명이 살해되고 3만 명이 체포되었다. 당시 깨진 진열창의 파편이 반짝거리며 거리를 가득 채웠다고 해서 〈수정의 밤〉이라 불린다. 이 사건으로 광적인 유대인 말살 정책이 노골화된다 — 옮긴이주.

요. 그 사람들은 유대인들을, 아니 그냥 인간들을 때려죽이고 유대인 상점을 부수고 물건들을 가져갔어요. 도시 곳곳에서 그런 일이 일어났죠. 그래요, 그때 시작된 거였어요. 우린 머리를 크게 한 대 얻어맞은 것처럼 퍼뜩 정신이 들었어요. 친구인지 친척인지 누가 이런 얘기를 했어요. 제복 입은 사람들이 이웃집 남자를 끌고 가서는 차에 태워 어디론가 보냈다고요. 어디로 보냈는지는 알 수 없었어요. 평소 정치에 관심이 없던 사람이라면 더더욱 알 수가 없었죠. 거기엔 우리도 포함되어 있었어요. 경악할 일이지만.

난 당연히 이 모든 걸 직접 보지는 못했어요. 그저 신문에서 읽고, 방송 발표로만 알고 있었죠. 그런데 한 친구가 파티에 갔다가 울면서 우리 집에 와서 얘기했어요. 자신의 유대인 사장이 사람들에게 습격을 당해 온몸에 피멍이 들 정도로 맞았다고요. 사장은 간신히 그 자리를 빠져나와 집으로 돌아갔는데, 그 즉시 독일을 떠났을 거라고 했어요. 루트비히 레서*라는 사람인데, 실제로 외국으로 도망치는 데 성공했어요. 그렇게 도망친 사람들 중 몇몇은 값나가는 가구나 그랜드 피아노 같은 걸 모두 놔두고 몸만 빠져나가

* Ludwig Lesser(1869~1957). 베를린에서 조경사로 활동했다. 나치 시대에 직업 금지 조치를 당하자 1939년에 스웨덴으로 이주했다. 사후에, 그러니까 2013년에 독일 조경 협회 명예 회장에 추대되었다.

기도 했어요. 똑똑한 사람들이었죠. 그런 사람들은 그렇게 했어요. 반면에 남의 말을 지나치게 잘 믿는 사람들은 당국에서 말하는 걸 순진하게 믿었어요. 그러니까 체코슬로바키아의 집들에는 가구를 비롯해 모든 살림살이가 다 갖추어져 있으니까 여기 있는 걸 모두 놔두고 가도 된다는 것이죠. 모두들 그렇게 믿었어요. 체코에서 피난민들이 계속 오고 있었으니까. 〈조국의 품으로〉라는 구호와 함께 말이에요. 그때 난 이렇게 생각했어요. 맙소사, 여기서 책상에 앉아 우아하게 글을 썼던 사람도 거기 가면 마구간 똥이나 치워야겠구나. 정말 그랬어요. 그건 어쩔 수 없는 조치였어요. 다들 그걸 이해했죠. 우린 모두 그렇게 생각했어요. 그리고 그런 생각을 지웠어요. 그러고 나자 다시 모든 게 진정됐고, 사람들은 다시 일상으로 돌아갔어요.

당시 여자가 직장에서 성공하기란 쉽지 않았어요. 그래서 직장에서 자리를 잡으면 인정을 받았죠. 하지만 여자는 원래 결혼을 하고 아이를 가져야 한다는 인식이 팽배했고, 그게 사회적으로 권장되는 일이기도 했어요. 방송국의 우리는 어느 정도 인텔리였어요. 커다란 화관(花冠)을 쓰고, 슬리퍼를 신고, 넓은 치마를 입고 다니는 보통 평범한 독일 여자들이 아니었어요. 우린 그런 걸 단호하게 거부했어요.

대신 벌써 미국에서 많이 들어와 있던 신문화에 젖어 있었어요. 예를 들면 재즈 같은 거 말이죠. 우리는 약간 특별한 사람이라는 인식을 갖고 있었어요. 현대 문화를 다른 사람들보다 더 잘 이해하는 그런 특별한 사람 말이에요.

나치 여성 그룹 같은 것도 있었어요. 하지만 우린 그런 데엔 관심이 없었어요. 직장 동료들 중에는 당연히 유대인 작가들과 교류를 하거나, 런던 방송으로 우리가 모르는 소식을 듣는 사람들이 있었어요. 물론 그런 건 상대가 정말 믿을 만한 사람이라는 확신이 들기 전에는 할 수 없는 얘기죠. 모든 걸 조심해야 하는 시대였어요. 걸리지 않으려면 정말 조심해야 했어요.

그 뒤에 난리가 터졌어요. 1939년 여름으로 기억해요. 전쟁이 발발한 날짜까지 정확히 기억나요. 그날도 난 방송국에 있었어요. 문 옆의 사무실이었죠. 스피커에서 독일 군대가 새벽에 폴란드의 기습 공격을 받고 응사를 시작했다는 말이 흘러나왔어요. 그 순간은 너무도 생생해요. 마치 어제 일 같아요. 다들 당혹스러운 표정을 짓고 있는 것도 또렷이 기억나요. 주로 방송국의 젊은 사람들이었죠. 그 사람들의 입에서는 환호의 함성도 나오지 않았고, 그래, 잘됐어! 아니면 이번에 본때를 보여 주는 거야! 따위의 말도 나오지

2 한마디로 히틀러는 새로운 사람이었으니까요

않았어요. 모두 무척 걱정스럽고 당황한 얼굴들이었어요. 정말 또렷이 기억나요.

그 뒤 얼마 지나지 않아 전사한 기자들의 소식이 빠르게 전해졌어요. 그중에는 내 친구도 하나 있었어요. 오티 크레프케라고, 수습기자로 일하던 그 예쁘장한 친구가 전쟁 발발 며칠 만에 동부 전선에서 전사했다고 했어요. 기자들이 하나둘 전쟁터로 끌려가기 시작했어요. 폴란드로, 러시아로, 또 아프리카로. 살아남은 사람은 많지 않았어요. 나중에 독일이 파리를, 그러니까 프랑스를 점령했을 때는 좀 나이든 기자들 몇이 전선 대신 파리로 갔어요. 그 사람들은 거기서 호강하며 살았다고 해요. 돌아올 때도 근사한 선물을 갖고 왔어요. 고급 코냑에다 세련된 장갑 같은 것들이었죠. 어떤 사람은 나한테 기가 막히게 예쁜 모자를 선물해 줬어요. 하지만 우리 부서 사람들은 점점 줄어들었어요.

그러다 갑자기 새 사장이 왔어요. 지금까지 쾰른 방송국 사장으로 있던 하인리히 글라스마이어*였어요. 친절한 쾰른 사람이었죠. 그런데 새 사장은 쾰른에서 자기 사람들을 다 데리고 와서 방송국 요직에 줄줄이 앉혔어요.

* Heinrich Glasmeier(1892~1945). 독일 방송국 사장. 1933년부터 쾰른의 서독일 방송국 사장으로 근무하다가 1937년 요제프 괴벨스에 의해 전 독일 방송국 사장에 임명되었다. 1943년부터는 프랑스 점령지에서 제국 선국부 장관 대리로 일했다.

이젠 전쟁이었어요. 군대에 나간 사람이 없는 집은 어깨를 펼 수가 없었어요. 그래도 처음엔 모든 것이 평상시처럼 흘러갔어요. 그러다 식량과 의류 배급표가 나왔어요. 어머니가 이런 말을 했던 기억이 나요.「어휴, 어쩌면 좋니. 이제 어떻게 먹고살라는 건지…….」모든 게 점점 빠듯해졌어요. 우리한테 제일 큰 걱정은 그런 것들이었죠. 남동생 걱정은 하지 않았어요. 그 애는 전쟁에 나갔는데, 거기서는 최소한 먹는 건 잘 먹었으니까요. 그러다 독일 땅에 처음으로 폭탄이 떨어졌어요. 완전히 느낌이 달랐죠. 설마 우리 땅에 그런 일이 생길 줄은 상상도 못했거든요. 그때 우리는 이것으로 그치지 않고 더 안 좋은 일이 생길 수도 있다는 느낌이 들었어요. 하지만 다들 태연했어요. 그러다 신문에 부고란이 점점 길어지기 시작했어요. 나중에는 신문 한 면이 전부 전사자 명단으로 채워지는 날도 있었어요. 사람들의 고민은 점점 깊어지기 시작했어요.

그래도 우리는 이 모든 걸 잘 극복해 나가리라 믿어 의심치 않았어요. 우리한테 선전 포고한 다른 나라들에 대해서도 그리 대단하게 생각하지 않았어요. 나머지 서방 세계엔 관심조차 없었고요. 당시 우리는 우리 자신에게 자유가 없다는 사실을 당연히 자각하지 못했어요. 우리가 생각한 것

2 한마디로 히틀러는 새로운 사람이었으니까요

들이라고는, 앞으로 또 어떤 규정이 생길까, 신문에 어떤 기사가 실렸을까, 방송에서는 그걸 어떻게 설명할까 하는 것들뿐이었어요. 당시에 방송은 하나밖에 없었어요. 물론 〈독일 방송〉이라고 라디오 방송이 하나 있기는 했어요. 하지만 그걸 듣는 사람은 없었어요. 문화나 과학에 관한 이야기만 했거든요. 그런 건 아무도 안 들었어요. 전 독일이 오직 우리 방송만 들었어요. 어쨌거나 대중은요. 우리가 그런 대중이었죠. 나중에 전쟁 중에 한 영국 방송이 독일어로 방송하면서 히틀러를 비난하는 것을 들은 사람들이 있었어요. 그런 방송을 들은 사람들의 반응은 둘 중 하나였어요. 비웃거나, 아니면 혼자만 알고 있다가 절대 배신하지 않을 사람에게만 이야기하는 거죠.

이제 방송국 일은 더 이상 예전만큼 재미가 없었어요. 사장이 바뀌면서 쾰른 사람들이 베를린 방송국을 점령했어요. 이전의 기자들은 대부분 전쟁에 나갔죠. 이제는 일흔 살 먹은 악셀 니엘스만 남았어요. 그 나이에는 전쟁에 나가지 않아도 되니까요. 당시엔 나이가 웬만한 사람은 다 징집됐어요. 우리 부서는 일을 꾸려 나가기조차 어려운 실정이었어요. 그래도 베를린이 폭탄 공격을 받기 전까지는 그나마 견딜 만했죠. 그러다 프라이부르크와 뤼베크에까지 폭탄이 떨어지고, 그 사실이 신문에 보도되자 다들 무척 침울해졌어요. 베를린에 기관총 사격까지 시작되었을 때는 정말 심각해졌죠. 사람들은 항상 공포에 떨게 됐어요. 전쟁이 길어질수록 적의 공세는 베를린에 집중되어 갔어요. 이 나쁜 사회의 중심부로요.

그래도 우린 살아갔어요. 계속 불안과 공포에 떨고 눈물을 흘리고 도망치면서 살 수는 없지 않아요? 그래요, 우린 그래도 살아갔어요. 일상이라는 게 그런 거니까요. 게다가 베를린 사람들에게는 그나마 나름의 보상이 있었어요. 사탕이나 초콜릿 같은 것들을 받고, 커피 배급량이 늘고, 또 다른 특별한 물건들을 배급받았으니까요. 그래서 그런지 수도에 사는 사람들은 잠잠했어요. 얌전하게 순응했죠. 사실 그런 상황에서 누가 정권에 반기를 들겠어요? 조금이라도 힘이 남은 사람은 대부분 전쟁에 끌려갔어요. 남은 사람이라고는 힘없는 여자와 아이들, 병자, 상이용사들뿐이었어요. 모래알처럼 날리고 힘없는 오합지졸이죠.

전쟁이 길어질수록 삶도 점점 마비되어 갔어요. 생기를 잃어 갔다는 말이죠. 저녁 여섯 시면 하루가 끝났고, 대중교통의 운행 횟수도 점점 줄어들었어요. 반면에 지켜야 할 규정은 점점 늘어만 갔어요. 그래도 사람들은 잘 따랐어요. 그런 건 그리 슬픈 일이 아니었어요.

전쟁 중에는 먹는 것이 확 줄어들었어요. 버터와 고기, 곡물, 우유 같은 기본 생필품은 정해진 할당량에 따라 배급받았어요. 이때 내 경우는 예전에 폐렴을 앓았다는 이유로 영양 보충용으로 추가 배급표가 지급되었어요. 그런데 내가 받은 고기 배급표는 금방 남의 손으로 넘어가 버렸어요. 어차피 나한테는 필요 없는 것이기도 했고요. 나는 버터와 우유도 추가로 배급받았는데, 어머니는 이런 특혜를 아주 기뻐하셨어요. 어쨌든 내가 받은 건 모두 항상 가족의 입으로 들어갔어요.

3
약간 선택받은 느낌이었어요

제국 선전부로의 비상

약간 선택받은 느낌이었어요. 그래서 거기서 일하는 것이 만족스러웠어요. 모든 것이 편했고 마음에 들었죠. 쫙 빼입은 사람들, 친절한 사람들……. 그래요, 난 그 시절 껍데기로만 살았어요. 어리석게도요.

— 브룬힐데 폼젤

선전부 전근을 피할 수 있는 방법은 본인이 전염병에 걸리는 수밖에 없었을 거라고 2013년 여름 브룬힐데 폼젤은 말한다. 괴벨스의 부처로 이동하라는 지시는 1942년에 떨어졌다. 폼젤의 진술에 따르면 처음에는 꺼려하는 마음이 없지 않았으나 결코 피할 수 없는 지시였다고 한다. 그러니까 따르지 않았다가는 보복을 걱정하지 않을 수가 없었다는 것이다. 1942년 선전부에서 그녀의 첫 상관은 제국 참사관 쿠르트 프로바인이었다.

당시 선전부는 원하기만 하면 방송국의 인원도 얼마든지 차출할 수 있었어요. 어느 날 그곳에서 여자 속기사 하나를 필요로 했어요. 속기에 관한 한 내가 방송국 안에서 제일 유명했죠. 그러다 보니 어느 날 갑자기 빌헬름가에 있는 파이게 선전부 참사관 사무실로 면접을 보러 오라는 통보가 떨어졌어요. 그래서 갔죠. 파이게 씨는 나와 이런저런 얘기를 하다가 내게 어떤 것들을 할 수 있는지 물어봤어요. 그래서 내가 할 수 있는 것들을 말했더니 이러더군요. 「좋아요. 여기 책상을 하나 비워 둘 테니 월요일부터 이리로 출근하도록 해요.」 그래서 내가 그랬죠. 「그건 좀 곤란해요. 방송국에서 제가 막 시작한 일이 많은데 그걸 다 끝내려면 시간이 좀 걸려요.」

파이게 씨는 그런 내 말에 전혀 신경을 쓰지 않았어요. 그냥 월요일 아홉 시에 내가 출근했으면 좋겠다는 말만 반복했어요. 결국 나는 집으로 돌아가 준비를 했어요. 어차피 방송국 안에는 예전의 동료들이 모두 전쟁에 나갔거나 전사한 상태라 나 역시 직장을 바꾸고 싶기도 했어요.

물론 모든 사람이 나 같지는 않았어요. 방송국에 함께 근무했던 여자 동료가 기억나요. 그녀도 선전부로 이동되었죠. 그런데 전근 발령을 받고 무척 낙담해했어요. 부모가 사회 민주주의자였던 거죠. 그래서 그녀도 집에서 그런 교육을 받았고, 생각도 그런 생각을 갖고 있었어요. 그런 사람이 나치 선전부로 가게 되었으니 얼마나 절망했겠어요! 나중에 통화한 적이 있는데, 이렇게 말하더군요. 「나 여기서 아주 기가 막힌 보직을 받았어. 선전부와는 아무 상관이 없는 일이야. 괴벨스가 기거하는 집들, 그러니까 베를린의 사저나 빌라에 뒤죽박죽으로 꽂힌 레코드판들을 정리하고, 새 판들을 분류해 넣고 헌것들을 치우기만 하면 돼. 나로서도 무척 흥미로운 일이야. 주로 장관님 서재에서 일하는데, 간섭하는 사람도 없어. 그냥 음악을 들으면서 일을 하는 거야.」 그녀는 며칠 동안 괴벨스 집에 묵으면서 일을 하기도 했다는데, 그럴 때면 괴벨스 부인이 같이 식사를 하자고 불렀대요. 물론 장관님이 없을 때만요. 장관님은 낯선 사람이 집에 묵으면서 같은 테이블에서 식사하는 걸 좋아하지 않았다나 봐요. 하지만 괴벨스 부인은 아주 친절한 사람이었다고 해요. 그래서 그녀는 부인과 함께 한 테이블에 앉아 식사를 했대요. 정말 격의 없는 사람이죠.

그 뒤 동료는 다른 성으로 배치받았어요. 어떻게 들었는지는 몰라도, 괴벨스 집에 레코드판을 잘 정리해 주는 사람이 있다는 이야기를 히틀러가 들었다나 봐요. 그런 사람이 필요하던 차에 말이에요. 그래서 그녀는 히틀러 거처에서도 같은 일을 했어요. 히틀러가 없을 때만요. 히틀러를 본 적은 한 번도 없대요. 그냥 히틀러의 별장인 베르크호프로 불려 가 같은 일을 했다고 해요. 그 일을 통해 많은 사람을 알게 되기도 했고요.

어쨌든 그날 저녁 난 첫 출근을 위해 당의 로고가 새겨진 정장을 준비했어요. 선전부 같은 곳에 근무하는 사람들은 분명 그런 옷을 입을 거라고 생각한 거죠. 하지만 아니었어요. 그곳 사람들은 정반대로 무척 세련되고 자유롭게 옷을 입었어요. 그래서 나도 다음부터는 그런 분위기에 맞는 옷을 입고 출근했죠. 사실 난 그전까지는 모든 사람이 제복 저고리 같은 옷이나 파란색 치마만 입고 다닌다고 생각했어요. 독일 소녀 동맹이나 나치 여성 회원들처럼 말이에요. 나는 그런 단체에 가입하지 않았어요. 그런 건 정말 싫었죠. 보통 사람들은 그랬어요.

원래 나는 나우만 박사*의 비서로 일하기로 되어 있었어요. 나중에 괴벨스 바로 밑의 자리인 선전부 부장관에 임명된 사람으로 나치 친위대 소속이었죠. 나우만은 크고 아름다운 금발 여자를 좋아하는 남자였어요. 그래서 외모만 보고는 나를 거부했죠. 나중에 듣기로는 그때 이런 말을 했다고 해요. 「내 비서실에 유대인 같은 여자를 앉힐 수는 없어!」 당시 나는 검은 안경을 끼고 있었어요. 그것도 새까만 안경을요. 머리는 짙은 갈색이었죠. 그래서 겉으로는 유대

* Werner Naumann(1909~1982). 경제학자로서 요제프 괴벨스의 개인 고문을 지내다 국민 계몽 선전부 부장관에 임명되었다. 1953년에는 이전의 나치 그룹이 노르트라인베스트팔렌 주의 자유 민주당FDP에 침투하려는 음모에 가담했다.

인처럼 보일 수도 있었어요. 굳이 그렇게 보려면 말이에요.

결국 나는 쿠르트 프로바인 씨* 밑으로 들어가게 됐어요. 아주 단호한 젊은 장교였죠. 원래는 전선에 있다가 가벼운 부상을 입고 치료차 돌아온 사람이었어요. 그런데 부상 상태를 약간 과장했던 걸로 알고 있어요. 어떻게든 동부 전선에서 빠져나오려고요. 그 사람은 베를린에 남기 위해 열심히 노력했고, 그러다 나우만의 눈에 띄어 괴벨스의 수행 비서가 되었어요. 아주 열성적으로 일하는 사람이었죠. 일 처리도 빨랐고요. 하지만 남들과는 잘 어울리지 않는 내성적인 사람이었어요. 왜 그렇게 폐쇄적이었는지는 나중에 시간이 지나서야 알게 됐어요. 하는 일이 너무 싫었던 거죠. 그런데도 그 일을 계속할 수밖에 없었던 건 아내와 아이가 있었고, 어떻게든 전선보다는 베를린에 남고 싶었기 때문이죠.

나는 쿠르트 프로바인 씨와 잘 지냈어요. 그 사람은 기혼이었죠. 그것도 결혼한 지 얼마 안 된. 얼마 안 있으면 애기가 태어난다고도 했어요. 괴벨스는 자기 주변 사람들한테 잘 대해 주었어요. 개인 비서와 언론 담당 비서들이었죠.

* Kurt Frowein(1914년생). 1940년 요제프 괴벨스의 언론 담당 개인 비서로 시작해서 1943년 6월에는 제국 영화 연출자로 승진했다. 선전부 미디어국의 핵심 권력층에 막강한 영향력을 행사했다.

그중에서도 프로바인 씨는 괴벨스 장관의 그림자 같은 사람이었어요.

괴벨스가 가는 곳에는 어디든 프로바인 씨가 있었어요. 화장실에 가도 근처에서 대기했고, 식사를 하러 가도 같이 갔죠. 어디건 프로바인 씨가 괴벨스를 동행했어요. 집이건, 별장이건, 농장이건 간에. 잠도 거기서 잤죠. 프로바인 씨는 사흘 밤낮을 쉬지 않고 일했어요. 한마디로 괴벨스의 그림자였어요. 다른 비서가 교대해 주면 그다음에야 쉴 수가 있었어요.

나는 비서들의 일이 어떤 식으로 진행되는지 전혀 감을 잡지 못했어요. 나중에야 비서가 프로바인 씨 혼자가 아니라는 얘기를 들었어요. 게다가 매우 중요한 일을 하는 다른 사람들도 많았어요. 선전부에는 다수의 국(局)이 있었어요. 어느 부서건 항상 국장이 있고, 그 밑에 다시 부국장이 있었죠. 그 외에 세부적인 일을 수행하는 사람들이 수두룩했어요. 그냥 서서 듣기만 하는 사람들을 포함해서요. 어쨌든 괴벨스가 베를린에 있을 때면 항상 오전에 실시간 점검 회의가 열렸어요. 프로바인 씨도 당연히 거기에 참석했죠. 두 시간가량 진행된 그 회의에서는 모든 문제가 심도 깊게 논의됐어요. 회의가 끝나면 프로바인 씨에게 처리해야 할 임무가 하달되었고, 그게 만약 문서로 처리해야 할 일이면 내가 처리했죠.

안타깝지만 세세한 부분은 더 이상 기억나지 않아요. 하지만 일을 처리하는 과정에서 엄격하게 비밀로 지켜야 할 일들이 많았던 건 기억나요. 나 같은 경우, 서류 내용을 베끼거나 유출하는 건 절대 금지되었죠. 나중에 백장미단 사건이나 7월 20일의 히틀러 암살 미수 사건 같은 것들이 그랬어요. 이외에도 그런 일은 여러 건 있었어요. 그리고 전쟁 중에 사람들의 일상적인 삶을 어떻게 조직하느냐 하는 문제도 철저히 논의되었어요. 그 결과를 문서로 작성하는 건 우리 몫이었어요. 그러다 보니 일이 상당히 많았어요.

정권에 저항한 사건들이 언론에 보도되는 경우는 없었어요. 백장미단 사건도 그랬어요. 최소한의 내용으로 제한되었죠. 당시 그 사건이 일어났던 뮌헨에서는 그게 어떤 식으로 보도되었는지 기억이 나지 않지만, 어쨌든 우리는 그 사람들에게 무척 안타까운 마음을 갖고 있었어요. 젊은 사람들이었거든요. 그것도 아직 대학생이었죠. 그런 젊은이들을 즉시 처형해 버린 건 너무 가혹했어요. 누구도 그걸 원치 않았어요. 하지만 다른 측면에서 보자면 그 사람들도 어리석었죠. 어떻게 그런 일을 계획할 생각을 할 수 있어요? 그냥 입을 다물고 살았다면 지금도 살아 있지 않겠어요? 그 사건을 바라보는 사람들의 일반적인 생각이 그랬어요.

무시무시한 시대였어요. 당시엔 그런 문제로 이야기할 수 있는 믿을 만한 친구가 몇 되지 않았어요. 더구나 그런 이야기를 하더라도 무척 조심해야 했어요. 그러다 마지막에는 늘 이렇게 끝났죠. 우리가 뭘 해야 하지? 할 수 있는 일이 뭐가 있지? 게다가 이런 생각을 깊이 할 만한 시간도 없었어요. 그 사건으로 인해 이제 어떤 일이 벌어질지 생각하기도 전에 당사자들이 벌써 처형당했으니까요. 한낱 종이 쪼가리 때문에요. 삐라 말이에요. 당시 그 판결은 너무 잔혹했어요. 지금은 난 그 사람들이 대단했다고 생각해요. 좀 더 나은 쪽이 결국 승리를 거둘 거라고 단순히 믿은 사람들이죠. 그러기 위해선 뭔가를 했어야 했는데, 그 사람들은 자기 자리에서 할 수 있는 일을 한 거예요.

지금은 난 그런 사람들을 정말 존경해요. 하지만 내가 아는 사람들이었다면 절대 못하게 말렸을 거예요. 나는 그럴 용기가 있는 사람이 아니었으니까요. 내가 만일 그런 그룹의 일원이었다고 가정하면…… 아뇨, 난 절대 그런 그룹에 낄 수가 없어요. 그런 용기는 없었으니까요. 한때는 내 속에도 이상주의가 있었겠지만, 그로 인해 나한테 피해가 생길 정도로까지 이상주의를 지키고 싶지는 않았어요. 그런 점에서 그 사람들의 행동은 약간 이해가 안 돼요.

그런 일이 몇 번 일어났을 때 우리는 무척 당혹스러웠어요. 세상에는 전혀 알려지지 않은 사건도 더러 있었어요. 예를 들어 총통에 관해 단순한 농담을 한 것만으로 체포되어 처형당하기도 했어요. 내가 선전부에 있을 때였는데, 당시 우린 그 사건을 접하고 정말 깜짝 놀랐어요. 특히 우리가 개인적으로 아는 사람이 그런 경우를 당했을 때는 정말 가슴이 찢어지는 줄 알았죠.

그런데 백장미단의 경우는 달랐어요. 내가 신앙심이 깊은 사람이었다면, 물론 난 세례도 받고 견진 성사도 받았지만 그런 사람이 아니었죠, 어쨌든 내가 신앙심이 깊은 사람이었다면 그런 순간에 모든 것을 내던져 버렸을 거예요. 주님의 이름으로 일어나는 이 모든 것을 보면서 어떻게 믿음을 가질 수 있겠어요? 그렇다고 저항을 할 수도 없었어요. 나는 비겁한 사람이었어요. 저항 같은 건 생각도 못 해봤어요. 그럴 엄두가 나지 않았어요. 아마 누가 같이하자고 해도 나는 이렇게 말했을 거예요. 〈안 돼요, 난 못해요.〉 나는 비겁한 부류였어요. 하지만 나치 정권에서 빠져나올 수는 있었을 거 아니냐고 묻는다면 나는 지금도 이렇게 분명히 대답해 줄 수 있어요. 〈아뇨. 빠져나올 수 없었어요.〉 그렇게 하는 사람은 목숨을 걸어야 했어요. 많은 사실이 그걸 증명해 줘요. 우리는 〈아니오〉라고 말할 수가 없었어요. 그렇게 하는 사람은 목숨을 내놓아야 했어요. 그런 예는 충분히 많아요.

천천히, 하지만 분명히 큰 변화가 찾아왔어요. 전쟁이 길어질수록 전선에서 돌아오는 기자들의 수도 점점 줄어들었고요. 이제 사람들은 많은 걸 알게 됐죠. 그래도 일상생활에서는 그것을 의식하지 못한 채 예전처럼 계속 살아갔어요. 전체적인 실상은 나중에야 조망할 수 있었죠. 유대인 학살 같은 일을 비롯해서 그 변화에 대해 우리는 그 엄청난 의미를 깨닫지 못한 채 살아갔어요.

유대인 학살의 경우도 우리는 어떤 특정 그룹과 교류하지 않는 한 거의 인지하지 못했어요. 우리가 알고 지내는 유대인이라고 해봤자, 상냥한 이웃 몇 명과 아버지가 사업상 교류하는 사업가가 전부였어요.

다만 에바 뢰벤탈하고는 아주 친하게 지냈어요. 에바의 가족은 무척 곤궁했어요. 유대인 학살 이전의 몇 년 동안은 정말 힘들게 살았어요. 목구멍에 풀칠만 하면서 근근이 연명했죠.

에바의 집에 한번 간 적이 있어요. 에바가 아프다고 해서요. 에바는 침대에 누워 있었죠. 그런데 그 집에 살림이라고는 거의 눈에 띄지 않았어요. 그건 분명히 기억나요. 가구도 장롱도 하나 없이 의자 몇 개에 식탁만 덩그러니 놓여 있더군요. 사람 사는 집 같지가 않았죠. 에바는 고정된 일자리가 없었어요. 신문사 문예란에 근근이 글을 쓰며 살았어요. 몇몇 기자나 자유주의 노선의 신문사들로부터 청탁을 받았죠. 특정 주제에 대해서는 재능이 뛰어난 칼럼니스트였거든요. 하지만 그런 기회는 많지 않았어요. 기껏해야 8주에 한 번 정도였죠. 그것으로는 한 가족이 먹고살 수가 없어요. 더구나 에바는 자기밖에 모르는 사람이라 자기가 번 돈으로는 담배밖에 사지 않았어요. 부모가 먹을 식량을 사는 게 아니라요.

그 뒤 에바가 가족과 함께 베를린 동부의 프리데나우로 쫓겨 갔다는 얘기를 들었어요. 그게 아마 1942년 중반쯤이었을 거예요. 그 소식을 듣고 나는 에바를 한 번 더 찾아갔어요. 그런데 깜짝 놀랐어요. 온 가족을 단칸방에 몰아넣은 게 아니겠어요! 어머니, 아버지, 그리고 청소기를 집집마다 팔러 다니는 언니들, 그리고 에바 이렇게요. 잠만 자는 수용소 같았어요. 그때 나는 속으로 혼자 이런 말을 했어요. 맙소사, 아무리 그래도 그렇지 어떻게 이렇게까지……. 에바는 이렇게 말했어요. 정원 일이건 무슨 일이건 도시를 위해 일하라는 요구를 받았다고요. 그런데 에바는 그 제안을 거부했어요. 아니면 그냥 일을 하러 가지 않았을 거예요.

그래서 당국에서는 더 이상 에바에게 어떤 지원도 하지 않았어요. 그냥 굶어 죽게 내버려 둔 거죠.

에바 가족은 그렇게 오랫동안 가난하게 살았어요. 그래서 우리 친구들이 에바를 조금씩 돌봐 줬어요. 맥주를 한잔할 일이 있을 때도 항상 에바를 불렀죠.

내가 아직 방송국에서 일하고 있을 때의 일로 기억해요. 에바가 방송국으로 나를 찾아왔어요. 에바는 키가 크지는 않았지만 불그스름한 머리에 귀엽고 부드러운 외모였어요. 그런데 벌써 별 모양의 유대인 인식표를 달고 있었어요. 에바는 무척 예뻤어요. 눈은 특히 아름다웠죠. 에바는 내가 시사국에 근무할 때 간간이 찾아왔어요. 차비가 없어서 그 먼 거리를 걸어왔죠. 한번은 마주렌알레가로 달려와서는 방송국 수위실에다 폼젤 양을 만나러 왔다고 했어요. 나가 봤더니 에바가 서 있더군요. 우리 회사 기자들은 에바를 무척 좋게 생각했어요. 굉장히 재치가 넘치고 재미있는 친구였거든요. 기자들은 에바와 함께 있는 걸 무척 즐거워했어요. 그런데 그런 자리에서 누가 나한테 이런 말을 했어요. 「당신은 귀여운 유대인같이 생겼어.」 그래서 내가 그랬죠. 「맞아요. 나도 약간 그렇게 생겼다고 생각해요.」 하지만 진짜 유대인은 에바였어요. 나는 에바의 아버지와 어머니도 아는데, 그분들이야말로 누가 봐도 유대인같이 생겼죠.

나는 1942년 〈프로미〉*로 직장을 옮긴 뒤에도 에바를 자주 찾아갔어요. 에바 가족의 형편은 눈 뜨고 보기 힘들 정도였어요. 보는 내가 민망할 정도였죠. 그때 담배를 사갖고 갔는데, 차라리 빵을 사가는 게 더 나았을 거라는 생각이 들어요. 그 뒤엔 버스에서 에바를 만난 적이 있어요. 그때 에바가 그러더군요. 기회가 되면 방송국으로 놀러 가겠다고. 그래서 내가 그랬죠. 이제 그건 안 될 것 같다. 나는 빌헬름가의 괴벨스 밑에서 일하게 됐는데, 그리로는 찾아오지 않는 편이 더 나을 것 같다고요. 그러자 에바가 눈을 동그랗게 뜨고는 말했어요. 「맙소사, 그럼 이제 못 가지.」 에바는 그때까지는 아직 자유롭게 돌아다닐 수 있었어요. 그러니까 1942년에는 아직 괜찮았죠.**

대신 우리 집에는 자주 왔어요. 에바가 오면 어머니는 흔쾌히 빵을 내놓으셨어요. 에바가 얼마나 어려운 상황인지 알고 있었던 거죠. 순수한 인간적인 동정 같은 거였어요.

* Promi. 제국 국민 계몽 선전부의 별칭. 나치 시대의 문건에서도 사용된 공식 용어다.

** 1941년 10월부터 1945년 3월말까지 유대인 5만 명이 베를린에서 추방되어 강제 수용소로 이송되었다. 1945년 5월 제국 선전부 장관이 자결했을 때 나치 체제 초기에 16만 명에 이르던 유대인 가운데 베를린에 남은 사람은 8,000명밖에 되지 않았다. 1945년 3월 27일에도 마지막 수송 행렬이 베를린을 떠나 테레지엔슈타트로 향했다. 제3제국이 몰락하기 불과 6주 전의 일이다.

이런 일로 우리한테 정치적으로 위험이 닥치지 않을까 하는 걱정은 하지 않았어요. 우리는 사실 별 걱정 없이 즐겁게 사는 편이었어요. 처음에는 모든 것이 좋았죠. 모든 사람이 잘 벌었어요. 떵떵거리며 살지는 못했지만, 자잘한 것들은 별 어려움 없이 구입할 형편이 됐고 우리끼리 만족하며 살았어요. 가난하고 불쌍한 사람들을 늘 생각하지는 않았어요. 생각해 봐요. 어떻게 그런 생각을 매일 하고 살겠어요? 요즘 바다를 건너다 물에 빠져 죽는 불쌍한 시리아 난민들도 우리가 불쌍하게 여기지만 매일 생각하면서 살지는 않잖아요? 그렇게 살 수는 없죠. 다만 텔레비전 앞에 앉으면 다시 그 생각이 떠오르죠. 어떻게 그런 일이 계속 반복될 수 있느냐는 거죠. 하지만 그건 가능한 일이에요. 백 년 후에도, 아니 이 지구가 존속하는 한 가능할 거예요. 인간이라는 게 원래 그런 존재예요.

에바가 우리 눈에서 완전히 사라진 건 한참이 더 지나서였어요. 우리는 에바의 상황에 대해 에바와 이야기를 나눌 수 없었어요. 사실 무슨 얘기를 하겠어요? 위로도 안 되고 해결책도 없는 상황에서 그런 문제를 꺼낼 수는 없지 않겠어요? 게다가 우리 주변에서는 유대인들이 쫓겨나는 일이 아직 일어나지 않았어요. 일단 시작된 뒤로는 상당히 빨리 진행되었지만요.

나는 유대인 수송차를 한 번도 본 적이 없어요. 다만 들리는 말로는 유대인들을 잔뜩 태운 화물차들이 베를린 거리를 질주했다고 해요. 그건 사실일 거예요. 그건 나도 부인하고 싶지 않아요. 하지만 그런 차를 직접 보지는 못했어요. 슈테클리츠 거리에는 그런 차가 지나가지 않았어요. 우리 동네는 한적한 교외였으니까요. 거긴 그런 차들이 없었어요. 1933년 이전에도 적색 전선* 차량 하나 지나가지 않은 동네였어요. 베를린 시내의 분위기와는 사뭇 달랐죠. 우리 동네는 정치와 담을 쌓고 있었어요. 사람들도 그렇게 살았고요. 그냥 변두리였어요. 세상일에서 비켜난 변두리요.

그 뒤 에바가 갑자기 떠났어요.** 우리로선 어쩔 수 없는 일이었어요. 에바는 강제 이주자 명단에 든 것 같았어요. 체코의 빈 독일인촌을 채우기 위해 데려가는 거라고들 했어요. 그래서 우린 이런 생각을 했어요. 에바 입장에서도 전쟁 중에 여기 있어 봤자 좋을 게 없을 것이다. 그래서 수용소에 있으면 오히려 안전하지 않을까 하는 생각이었죠.

* 정식 명칭은 적색 전선 전사 동맹으로서 바이마르 공화국 당시 독일 공산당의 준군사 조직이다 — 옮긴이주.

** 에바 뢰벤탈은 1943년 11월 8일 수송 번호 46호라는 이름으로 베를린에서 아우슈비츠로 이송되어 1945년 초에 살해되었다.

거기서 실제로 무슨 일이 벌어지고 있는지는 아무도 모를 때였어요.

우리는 많은 것을 알려고 하지 않았어요. 그런 일로 괜히 심적인 부담을 안기도 싫었고요. 배급 상황이 점점 나빠지면서 다들 자기 몸 하나 건사하기도 힘든 상황이었어요. 물론 베를린 사람들은 아직 큰 걱정 없이 살았어요. 배급이 정상적으로 이루어졌으니까요. 모든 게 다 잘 나오지는 않았지만 그럭저럭 견딜 만했어요. 심지어 커피도 나왔어요. 물론 예전에 상점에서 물건을 사던 시절만큼 원하는 물건을 모두 가질 수는 없었어요. 많은 것을 포기하고 살아야 하는 시대였죠.

당시에도 몇 가지는 신문에 보도되기도 했어요. 그건 확실해요. 외국으로 도주한 사람들, 예를 들어 작가들의 이름이 공개됐어요. 그런 사람들은 그냥 가게 내버려 두었죠. 1943년부터 유대인들에게 대규모로 일어난 일은 나중에 포로 상태에서 석방된 뒤에야 알게 됐어요. 그전에는 난 그런 일과 아무 관련이 없었어요. 선전부에서도 그에 관한 이야기를 들은 적이 없어요. 백장미단에 관한 것도 마찬가지였어요. 우린 관련 서류를 볼 수 없었어요. 그런 서류는 특수 방탄 금고 속에 보관되어 있었는데, 우리는 접근조차 하지 못했어요.

원칙적으로 선전부에서 우리가 하는 일은 엄격하게 규정되어 있었고 획일적이었어요. 평소엔 그냥 책상에 앉아 일이 하달되기를 기다렸어요. 모두 국민 계몽과 선전에 관한 일이었죠. 사회 전 분야에 걸쳐 국민을 계몽하고 선전하는 일이었어요. 경제, 예술, 연극, 오페라, 영화 할 것 없이 삶의 모든 영역이 포함되어 있었죠. 심지어 하찮은 여흥 문화에서도 선전과 계몽이 이루어졌어요. 각 분야에는 항상 꼭대기에 참사관이 한 사람 있었어요. 피라미드 같은 조직이었죠. 그러니까 맨 꼭대기에 장관이 있고, 맨 밑에 사환이 있고, 중간에 우리 같은 비서들이 있었어요.

나는 우리 일이 중요하게 느껴지지 않았어요. 재미도 없었고요. 저녁에 일을 마치면 자연스레 입에서 〈그래, 오늘도 수고했어. 아주 잘했어〉 하는 말이 나올 정도로 보람찬 일이 아니었던 거죠. 그냥 아침이면 출근해서 사무실에 앉아 타자를 쳤고, 아니면 어딘가로 전화를 걸었어요. 괴벨스가 한 배우를 부르는 자리엔 우리도 참석했어요. 배우가 뭔가 잘못을 해서 질책을 받는 자리였어요. 괴벨스는 그런 질책도 아주 기술적으로 했어요. 언론에는 알려지지 않는 일들이 있었어요. 많은 것들을 괴벨스와 비서들만 알고 있었죠. 그런 일들은 전혀 새나가지 않았어요. 방송이건 신문이

건 모두 이미 오래전부터 철저하게 선전부의 통제하에 있었기 때문이죠. 방송도 딱 하나뿐이었어요. 오늘날처럼 프로그램이 많은 것도 아니었죠. 그렇게 얼마 안 되는 프로그램도 모두 사전에 프로미의 승인을 받아야 했어요. 방송으로 나가는 통로는 단 하나뿐이었어요. 다른 우회 통로는 없었어요. 틈새도 없었고요. 그런데 많은 것들이 우리 테이블을 거쳐서 나가는 것이 아니라 현장에서 감시되었어요. 그러다 보니 다른 의견을 낼 가능성은 존재하지 않았죠. 유일한 가능성이 있다면 외국 라디오를 듣는 것인데, 그건 사형에 처해질 정도로 엄격하게 금지되어 있었어요. 물론 그래도 외국 라디오를 듣는 사람들이 많았어요. 그러다 들키면 목숨을 내놓아야 한다는 걸 예상하면서도요. 난 그런 사람들과는 전혀 접촉이 없었어요. 나치 정권에 단호하게 반대하는 사람들을 더러 알고 있기는 했지만, 그 사람들도 내 앞에서는 조심했어요. 나하고 개인적으로 아는 사이인데도 말이에요. 별생각 없이 내뱉는 농담도 조심해야 했어요. 오늘날과는 정말 비교도 안 되는 일이죠. 얼마 전에 텔레비전에서 콩트를 하는 사람이 유력 정치인을 신랄하게 공격하는 걸 봤는데, 예전에는 상상도 할 수 없는 일이었어요. 아니, 당시엔 누구도 그럴 엄두를 내지 못했어요. 아직도 기억나는 사람이 있어요. 베르너 핀크*라고 콩트 배우가 하나 있었는데 이 사람이 나치를 넌지시 비꼬는 말을 했던 기억이 나요. 위험한 일이었죠. 무심코라도 그런 말을 내뱉었다가는 처형될 수 있었으니까요. 그것도 단두대로요.

선전부엔 유명인들이 오는 경우가 많지 않았어요. 그런 사람들이 오면 그건 대개 뭔가 중대한 잘못을 저질렀다는 뜻이에요. 당시 나는 장관 집무실 앞에 앉아 있었어요. 커다란 유리문이 달려 있고, 카펫이 깔려 있고, 소파가 두 개 놓인 곳이었죠. 지금 내 마음속의 눈에는 거기 소파에 앉아 있는 한 남자가 보여요. 배우예요. 뭔가 해서는 안 되는 말을 했거나, 그런 비슷한 글을 쓰는 바람에 소환된 사람이에요. 괴벨스와의 면담을 기다리는 중이죠. 우린 그 사람 옆을 지나가면서 한 번씩 힐끔거렸어요. 그러면서 생각했죠. 어이구, 불쌍한 인간, 오늘 아주 경을 치겠구나, 하고 말이에요. 그 사람이 누구였는지는 기억나지 않아요. 다만 불온한 내용의 편지가 발각되어 힘 있는 사람의 손에 들어가기만 해도 그런 일은 충분히 일어날 수 있었죠. 그런 편지를 쓴 사람은 처형되었고요. 그런 일은 반복해서 일어났어요. 잊을 수가 없어요.

* Werner Paul Walther Finck(1902~1978). 독일 배우 겸 작가. 1935년에 체포되어 1년 직업 금지 조치를 당했다. 이후 다시 체포되는 것이 두려워 1939년에 군에 자원입대했고, 나중에 철십자 2급 훈장과 동부 전선 겨울 전투(1941/42) 참전 메달을 받았다.

우리 비서실 여직원들은 항상 장관이 언제 가고, 언제 오는지 알고 있었어요. 장관은 대개 집무실에 있었어요. 참모나 부관들과 함께요. 그중 한 사람은 늘 그림자처럼 따라다녔어요. 장관이 나갈 때면 우리는 모두 자리에서 벌떡 일어나 각자 책상 뒤에 공손하게 부동자세로 서서 〈하일 히틀러, 장관님!〉 하고 외쳤어요. 괴벨스는 여행을 무척 자주 다녔어요. 총통 집무실로 갈 때도 많았고요. 여행을 갈 때 특별히 필기 인력이 필요하면 우리 중 한 사람을 데려갔어요. 예를 들어 나도 폴란드의 포즈난으로 가는 급행열차를 타고 함께 간 적이 있어요. 나는 어떤 일이 있어도 기차 안에 머물러 있어야 했어요. 불시에 어떤 지시가 내려질지 몰랐기 때문이죠.

손님이 있을 때면 가끔 갑자기 벨이 울리면서 부관이 다급하게 소리쳤어요. 「빨리, 빨리, 아무나 받아쓸 사람 들어와요!」 그러면 내가 얼른 노트와 연필을 집어 들고 들어갔어요. 괴벨스는 다른 높은 사람들과 회의를 하고 있었는데, 뭔가 짧은 내용을 받아 적게 했어요. 그러고 나면 나는 다시 밖으로 나갔죠.

괴벨스는 비서들에게 자신의 말을 직접 받아 적게 하는 일이 거의 없었어요. 대개 비서들과 먼저 상의를 했고, 그러고 나면 비서들이 참사관이나 좀 더 낮은 직책의 사람들과 상의해서 장관의 지시를 수행할 구체적인 계획을 짰죠. 우리는 주로 장관 비서들이 시키는 일을 했어요.

괴벨스는 잘생긴 남자였어요. 키는 크지 않았어요. 좀 작았죠. 더 컸더라면 좀 더 위엄 있게 보였을 거예요. 하지만 아주 잘 꾸미고 다니는 사람이었어요. 항상 멋진 양복을 입었죠. 최고급 천으로요. 피부는 햇볕에 약간 그을린 것처럼 항상 보기 좋았어요. 손은 매일 특별히 관리해 주는 사람이라도 있는 것처럼 아주 정갈하게 관리되어 있었어요. 한마디로 흠이나 트집 잡을 데가 한 군데도 없는 사람이었죠. 다들 괴벨스를 보고 무척 매력적인 남자라고들 했어요. 나도 부인하고 싶진 않아요. 하지만 우리한테 그런 매력을 쓸데없이 과시한 적은 없어요. 장관한테 우린 그저 가구였을 뿐이에요. 사무실에 놓여 있는 책상 같은 거 말이에요. 늘 그랬어요. 우리한테 미소 한 번 지어 주는 일도 없었어요. 어쩌다 누군가의 책상 위에 꽃이 놓여 있으면 혹시 누구 생일이냐고 물을 법도 한데 그런 일도 없었어요. 왜 그렇잖아요. 상관들도 자기 밑의 부하들에게 환심을 사려고 가끔 그런 식으로 관심을 표시하곤 하잖아요. 하지만 그런 건 전혀 없었어요.

내가 늘 하는 말이 있었어요. 괴벨스는 우리를 그냥 자신의 책상 정도로만 여긴다고요. 그렇다고 장관이 몹시 거만

한 사람이었다고 말하고 싶지는 않아요. 다만 우리를 여자로 보지 않았을 뿐이에요. 사실 우리 중에 그렇게 예쁜 여자도 없었지만, 괴벨스는 우리 중 누구에게도 찝쩍거린 적이 없어요. 늘 아름다운 영화배우나 모델에 둘러싸여 있고 모든 걸 다 가진 사람이 굳이 자기 사무실 여직원한테까지 손을 댈 필요는 없었겠죠.

한번은 극장에서 괴벨스 바로 옆에 앉은 적이 있어요. 극장은 괴링 관할이었어요. 국립 극장을 비롯해 오페라 극장 등이 괴링 산하에 있었죠. 괴벨스도 그건 건드리지 않았어요. 하지만 비교적 작은 극장들과 르네상스 극장, 희극 같은 것들은 괴벨스가 관할했어요. 어쨌든 괴벨스는 생일이면 친구들을 극장에 초대했어요. 우리 비서들 중에서도 항상 두 명이 선발되었죠. 한 사람은 괴벨스 오른쪽에, 한 사람은 왼쪽에 앉았어요. 하지만 괴벨스와 같은 차를 타고 이동하지는 않았어요. 극장 안에서도 괴벨스는 우리한테 한 마디도 건네지 않았죠. 그저 가운데 자리에 가만히 앉아 있을 뿐이었어요. 그럼에도 그런 자리에 초대받는다는 건 크나큰 영광이었죠. 그건 우리 모두 알고 있었어요.

선전부의 다른 여직원들에 비하면 나는 늦게 들어온 사

람이었어요. 처음부터 선전부에 근무한 여직원도 한 사람 있었죠. 크뤼거 부인이라고 인상이 좋은 중년 부인이었어요. 괴벨스도 이 부인을 잘 알고 있었던 게 분명해요. 무슨 일이 있으면 크뤼거 부인을 찾았으니까요. 우리도 크뤼거 부인을 존경했어요. 여직원 중에서 최고참이었으니까요. 선전부의 근무 환경은 아주 좋았어요. 우아한 가구와 고급 카펫도 정말 마음에 들었어요. 사무실마다 깔려 있는 고급 카펫은 일반 집에서는 쉽게 구경할 수 없는 것이었어요. 저런 게 집에 있으면 얼마나 좋을까 하는 생각을 가끔 하곤 했죠.

높으신 양반들과 관련해서는 선전부 안에서도 소문이 많이 떠돌았어요. 그런 말이 나도는 것조차 엄격하게 금지되어 있기는 했지만요. 아무튼 그런 소문에 따르면 괴벨스는 체코의 유명 여배우 리다 바로바*와 그렇고 그런 사이라고 했어요. 괴벨스는 그 여배우를 진심으로 사랑했다고 해요.

* Lída Baarová(1914~2000). 체코의 이 여배우는 요제프 괴벨스의 연인이었다. 둘의 관계는 일찍부터 공개적으로 논란이 되었는데, 괴벨스는 이 관계를 위해 이혼할 각오까지 되어 있었다. 그런데 히틀러의 엄명으로 관계는 끝을 맺었다. 이 공개적인 논란이 당시 체코의 주데텐 지역 병합에 도움이 되지 않았기 때문이기도 하고, 또한 괴벨스의 가정이 국가 사회주의 체제하에서 모범 가정으로 알려져 있었기 때문이기도 했다.

나도 그렇게 믿어요. 충분히 그럴 수 있는 일이죠. 심지어 괴벨스의 이혼 소문까지 나돌았어요. 하지만 히틀러가 용인하지 않았죠. 당시에도 그런 일들은 소문의 형태로 떠돌았어요. 그게 사실인지 아닌지는 누구도 정확하게 말할 수 없었지만요. 다만 나는 그게 진실일 거라고 생각해요.

그 외에 괴벨스에 대한 다른 이야기들도 많이 떠돌았어요. 주로 여자관계에 관한 내용이었죠. 뭔가 근거 있는 이야기들이 분명했어요. 하지만 뭐 그렇게 특별하거나 이상한 얘기는 아니었어요. 결혼을 하고 자식까지 있다고 해도 아름다운 여자와 연애할 기회가 생기면 남자들은 모두……. 그건 새로운 일이 아니었어요. 그래서 그런 괴벨스를 나쁘게 생각하지 않았어요. 아니, 반대였죠. 괴벨스의 여자관계를 두고 시시껄렁한 농담까지 했으니까요. 물론 괴벨스에 관한 농담은 여자관계에 국한되었죠.

나와 다른 비서들의 관계는 상당히 좋은 편이었지만 방송국 시절과 비교하면 그렇게 다정하거나 친한 사이는 아니었어요. 그래요, 그런 건 아니었죠. 뭔가 모를 거리감이 있었어요. 하지만 다들 협조적이었어요. 어쨌든 거기서 보낸 시간이 싫었다고는 말할 수 없어요.

베를린도 이젠 남아 있는 것이 많지 않았어요. 문을 닫은 곳이 많았죠. 극장도, 음악회장도, 영화관도.

일요일에도 일이 있어 출근할 때면 나중에 괴벨스의 아이들이 아버지를 데리러 오는 경우가 있었어요. 그러면 아버지와 아이들은 다 같이 걸어서 집으로 돌아갔어요. 브란덴부르크 성문 옆에 있는 집으로요. 무척 사랑스럽고 교육을 잘 받은 아이들이었어요. 천방지축으로 날뛰는 요즘 아이들에 비하면 정말 훌륭한 가정 교육을 받고 자란 아이들이었죠. 예의도 얼마나 바른지 몰라요. 어른을 만나면 무릎을 굽히며 깍듯이 인사를 했어요. 정말 교육을 잘 받았더군요. 그래서 아이들이 오는 게 우린 항상 즐거웠어요. 다섯 살과 일곱 살이었는데 우리가 〈예쁜 옷을 입었구나〉 하고 말해 주면 아이들은 무척 기뻐했어요. 우린 이런 말도 했어요. 「혹시 이 타자기 한번 쳐보고 싶지 않니?」 그러면 〈와, 정말이요?〉 하고 대답했죠. 아이들에겐 그만큼 신기한 물건도 없었을 거예요. 우리는 아이들을 의자에 앉힌 다음 종이 한 장을 타자기에 끼우고는 말했어요. 「자, 이제 아빠한테 편지를 써봐. 얼마나 잘 쓰는지 아빠한테 보여 주는 거야!」 나는 괴벨스의 아이들이 특별히 귀하게 컸다는 느낌은 들지 않았어요. 괴벨스 부인은 아이들과 함께 베를린 밖에서 살 때가 많았어요. 남편의 위세를 등에 업고 뭔가 대단한 일을 꾸미고 하는 그런 사람이 아니었어요. 국가 실력자의 아내라는 티가 전혀 나지 않았고, 자신을 내세우지도 않았어요. 물론 내 생각이었지만요. 어쨌든 내가 보기에 부인은 상당히 괜찮은 사람 같았어요.

하지만 이런 좋은 분위기에도 나는 프로미에서 일하는 것이 꼭 영예롭게 느껴지지는 않았어요. 하지만 퍼뜩 이런 생각이 들었죠. 그래도 넌 직장이 있잖아! 방송국에 다닐 때도 월급이 꽤 괜찮았어요. 그런데 이리로 오고 나서 월급이 확 뛰었어요. 근로자 연금 보험도 떼지 않았어요. 아니, 떼는 게 아무것도 없었어요. 첫 월급 명세표를 받고 얼마나 놀랐는지 몰라요. 무려 270마르크나 되더라고요. 정말 월급이 많았어요. 다른 친구들은 150마르크 이상을 받지 못하던 시절이었어요. 다들 나를 부러워했죠. 거기다 정부 부처 근로 수당 60마르크, 이것도 세금을 떼지 않았어요. 장관직 수행 특별 수당 50마르크, 이것도 당연히 세금을 떼지 않았죠. 아무튼 그런 수당도 추가로 지급됐어요. 방송국에서 받았던 세전 금액보다 훨씬 많은 돈이 손에 들어오게 된 거죠. 다만 그런 돈을 쓸데가 별로 없었어요. 살 수 있는 물건이 없었거든요. 그래도 가끔 다른 사치를 누릴 수 있어서 아주 뿌듯했던 건 사실이에요.

알고 지내던 디자이너가 한 사람 있었어요. 프랑스 쪽과 약간 관련이 있는 사람이었어요. 그 여자가 언젠가 전화를 걸어 이렇게 말했어요.「폼젤 씨, 세련된 원단이 들어왔어요. 당신을 위해 정말 예쁜 옷을 만들어 줄 수 있을 것 같은데, 오늘 저녁에 댁에 잠시 들러도 될까요?」「비용은 얼마나 들까요?」 내가 물었어요. 디자이너의 대답에 내가 다시 말했어요.「와, 너무 비싼데요. 그래도 만들어 주세요.」 나는 벌써 그런 걸 즐겼어요. 프로미하고는 아무 상관이 없는 일이었어요. 직장에서 그런 옷을 입으라고 권유하지는 않았으니까요. 어쨌든 그런 옷은 다른 것에 비하면 거저나 다름없었어요. 어차피 돈 쓸데도 없었고요. 당시엔 경로만 알면 불법으로 유통되는 버터 1파운드를 300마르크에 살 수 있었어요. 코냑 한 병은 50마르크였고요. 우린 그 정도 사치도 누릴 수 있었어요. 파리에도 우리 방송국 지사가 있었는데, 나는 거기 근무하는 사람들과 여전히 좋은 관계를 유지하고 있었어요. 그 사람들은 돌아올 때 항상 나를 위해 뭔가를 사갖고 왔어요. 향수 같은 자잘한 선물이었죠. 아무튼 난 남들보다 지내는 형편이 괜찮았어요. 약간 선택받은 느낌이었어요. 그래서 거기서 일하는 것이 만족스러웠어요. 모든 것이 편했고 마음에 들었죠. 쫙 빼입은 사람들, 친절한 사람들……. 그래요, 난 그 시절 껍데기로만 살았어요. 어리석게도요.

그런데 괴벨스 주위에 있던 사람이 모두 나치는 아니었

어요. 그건 오래전부터 그랬죠. 예를 들어 내가 처음에 부하 직원으로 일했던 괴벨스의 개인 비서 프로바인 씨도 그런 말을 여러 번 했어요. 우리 둘이 서로 믿었기 때문에 가능한 일이었죠. 프로바인 씨가 선전부에 계속 근무하는 가장 큰 이유는 베를린에 남기 위해서였어요. 그래야 결혼한 지 얼마 안 된 가족과 함께 지낼 수 있었으니까요. 물론 그것도 일종의 이기주의라고 할 수 있겠죠. 어쨌든 그 사람은 한 팔을 높이 치켜들고 〈하일 히틀러〉를 외쳐 대는 그런 부류는 아니었어요. 프로바인 씨는 나를 좋아했어요. 여자로서가 아니라 동료로서요. 내가 나치 추종자가 아니라는 사실을 느낀 것 같았거든요. 그건 서로 말로 확인한 것이 아니었어요. 그냥 서로에게 그런 느낌을 받은 거죠. 우리끼리는 사이가 아주 좋았지만, 남들은 프로바인 씨를 좀 꺼려했어요. 자기 일에서 아주 단호할 뿐 아니라 모든 일을 빨리빨리 처리하라고 다그치는 스타일이었거든요. 그 사람의 말은 반쯤은 대충 짐작으로 알아차려야 했어요. 그런 내 짐작은 틀린 적이 없었고, 그래서 그 사람과는 아무 문제없이 일을 할 수 있었죠.

간혹 그 사람은 얼굴 표정으로 많은 것을 말할 때가 있었어요. 자기가 시킨 일과 관련해서요. 그때도 나는 짐작으로 알아차렸죠. 그 사람은 절대 나치가 아니었어요.

나중에 선전부 영화국 국장이 무슨 이유에서인지 괴벨스의 눈 밖에 나면서 옷을 벗자 프로바인 씨가 그 자리에 임명되었어요. 일개 비서에서 하루아침에 영화국을 책임지는 부서장이 된 거죠. 그렇게 해서 그 사람은 빌헬름 광장 옆의 선전부 건물을 떠날 수 있었어요. UFA 영화사 스튜디오가 있던 바벨스베르크로요. 그때 그 사람이 이렇게 물었어요. 「어때요, 당신도 나랑 같이 가지 않겠소?」 나는 즉시 그러고 싶다고 했죠. 「그럼 내가 위에다 신청해 보겠소.」 프로바인 씨는 상관을 찾아갔어요. 선전부 부장관이던 나우만 박사였죠. 프로바인 씨는 나도 자신과 함께 옮길 수 있게 해달라고 부탁했다고 해요. 그러자 나우만 박사는 〈그건 안 돼. 폼젤은 여기 남아야 해. 그 사람은 보낼 수 없어!〉라며 거부했다더군요. 결국 프로바인 씨는 새 근무지로 떠났고, 나는 선전부에 남았어요. 그것도 하필 나우만 박사 밑에요. 예전에 나를 퇴짜 놓았던 사람의 방으로 다시 배치를 받은 거죠. 갑작스레 이루어진 일이었어요. 어쨌든 그때부터는 나우만 박사를 위해 일해야 했어요. 그것도 아주 성실히 일했죠. 지금 생각하면 왜 그렇게 열심히 했는지 모르겠어요. 다만 당시엔 다들 그렇게 성실했어요. 나도 예외가 아니었고요.

나우만 박사도 결혼을 하고 아이까지 있는데도 바람을

피웠어요. 비서실에는 우리 모두가 별로 좋아하지 않는 비서가 하나 있었는데, 일요일이면 나우만이 그 여자를 집으로 불렀어요. 반제 호숫가의 집으로요. 그 여자 말로는 나우만이 보트를 같이 타자고 했다나 봐요. 분명 둘이 같이 잤을 거예요. 그 여자는 예뻤어요. 키가 크고 날씬했죠. 하지만 우리는 그 여자를 싫어했어요. 아무튼 그 여자는 아주 잠깐만 우리 비서실에 있었어요. 불과 몇 주밖에 안 됐죠.

당시, 그러니까 1943년에 베를린이 대공습을 받았어요.* 아주 끔찍했죠. 우리의 아름다운 쥐트엔데 구역이 공습의 중심지였는데 완전히 파괴됐어요. 그 일이 일어났을 때 나는 집에 혼자 있었어요. 막 집에 도착해서 외출 채비를 하고 있었죠. 저녁 초대가 있었거든요. 그래서 프랑스 비단으로 만든 옷으로 갈아입었어요. 막 집을 나서려는데 사이렌이 미친 듯이 울려 댔어요. 즉시 지하실로 대피해야 한다는 생각이 퍼뜩 떠올랐어요. 짐은 진작 싸놓았죠. 바구니 안에요. 그 안에 중요한 게 다 들어 있었는지는 모르겠어요. 다만 그 위엔 항상 스타킹이 잔뜩 쌓여 있었어요. 요즘 같은 팬티스타킹은 아니었어요. 그때는 그게 아직 없었죠. 스타

* 제2차 세계 대전 중에 베를린 쥐트엔데 지역은 연합군의 공습으로 거의 전부 파괴되었다. 결정적인 것은 1943년 8월 23일에서 24일로 넘어가는 밤중에 집중적으로 이루어진 영국 폭격기 편대의 폭격이었다.

킹은 올이 잘 풀렸어요. 나는 풀린 올을 수선하는 데 선수였어요. 누군가 그런 것을 수선하는 도구까지 발명했어요. 나무로 만든 작은 도구였는데, 집게 같은 것이 달려 있어서 그걸로 올이 풀린 스타킹을 수선했어요. 처음에 난 내 것만 수선하다가 나중에는 엄마 것과 친구들 것, 더 나중에는 친구들의 친구들 것까지 수선하게 되었어요. 수선이 끝나면 고맙다고 초콜릿을 갖다 줬어요. 초콜릿이 없으면 다른 것으로 사례했죠. 그만큼 스타킹은 귀한 물건이었어요.

어쨌든 난 늘 바구니 위에다 스타킹을 산더미처럼 쌓아 두었어요. 그래서 사이렌이 울리자 바구니에다 지갑까지 던져 놓고 부리나케 지하실로 내려갔어요. 거기엔 벌써 주부들이 앉아 있었어요. 야채를 다듬거나 뜨개질을 하거나 수다를 떨고 있었죠.

그러니까 나는 파티복을 입은 채로 바구니를 들고 뛰어 내려간 거예요. 한시가 급했어요. 벌써 어딘가에서 요란한 소리가 들리기 시작했어요. 곧이어 공습이 시작됐어요. 그렇게 잔인한 공격은 처음이었어요. 그전에 베를린 어딘가에서 폭격으로 건물이 무너져 내렸다는 얘기는 들었지만 실제 겪은 건 처음이었어요. 바이리셔 광장에도 폭탄이 떨어져 건물들이 내려앉았죠. 하지만 그렇게 오랫동안, 그렇게 가까이서, 그렇게 요란하게 공격을 받은 건 이제껏 없던 일이었어요. 정말 무서웠어요. 이제는 아무도 딴짓을 하지 않았어요. 그저 가만히 웅크리고 앉아 겁에 질려 덜덜 떨기만 했죠. 속으로, 이제 우린 끝났구나, 하면서요. 그때 갑자기 누군가가 와서 소리쳤어요. 「우리 건물이 불타고 있어요.」 우리 중엔 방공 당번이 있었어요. 각 건물엔 그런 사람이 하나씩 있었죠. 층마다 물 양동이와 걸레, 담요 같은 걸 상시적으로 준비해 놓는 사람이었어요. 폭격으로 인한 화재에 재빨리 대처하기 위해서죠. 우리 건물 방공 당번은 서른 살쯤 된 무척 상냥한 여자였어요. 남편은 전쟁에 나갔고요. 우리가 밑에서 기다리는 동안 방공 당번은 즉시 위로 올라갔어요. 그러고는 얼마 뒤 돌아와서는 말했어요. 「지금 곳곳에 불이 났어요. 우리 건물도요. 하지만 우리 건물은 아직 그렇게 심하지 않아요. 힘을 합치면 불을 끌 수 있을 것 같아요.」 이렇게 해서 다들 불을 끄러 올라가기로 했어요. 나도요. 그때 방공 당번이 주위를 둘러보았어요. 나는 지하실 안에 어떤 사람들이 있는지 몰랐어요. 당연히 대부분 여자들이었죠. 그런데 언제 왔는지 남자들도 더러 끼어 있는 게 보였어요. 그러자 방공 당번이 나한테 말했어요. 「당신은 그냥 여기 있는 게 낫겠어요.」 옷차림새를 보고 내가 불을 끄는 데 별 도움이 되지 않을 거라고 생각했던 것 같아요. 어쨌든 사람들은 불을 끄러 4층으로 올라갔어요.

나는 지하실에 남았고요. 모두 양동이와 걸레로 불을 끄려고 안간힘을 썼어요. 하지만 불이 너무 넓게 붙었나 봐요. 게다가 처음엔 서서히 타오르던 것이 어느 순간 갑자기 불길이 아래층으로 거세게 번지기 시작했어요. 그래서 다들 다시 내려와야 했죠.

방공 당번은 위로 올라가기 전에 나한테 시계를 벗어 주면서 말했어요. 금시계였죠. 「당신은 여기 남아 내 시계나 좀 맡아 줘요.」 그러고는 시계를 내 손에 쥐어 주었고, 나는 그걸 지갑 속에 챙겨 넣었어요.

이제 다들 천천히 다시 내려왔어요. 「불을 끌 수가 없어요! 이제 여기서 나가야 해요!」 하지만 어떻게? 그사이 사방이 온통 연기로 가득 차 있었어요. 물론 아직은 숨을 쉴 수 있는 정도였어요. 「빨리 지하실에서 나가야 해요!」 하지만 이미 사방이 불바다였어요. 그때 갑자기 어디선가 남자들이 나타났어요. 경찰관인지 소방대원인지, 아니면 방공대원이었는지는 정확히 모르겠어요. 아무튼 남자 여럿이 나타나 우리를 잡았어요. 걸을 수 없는 사람은 잡아당기거나 부축을 해서 거리로 끌고 나왔죠.

나는 바구니를 꼭 쥐고 지하실을 빠져나왔어요. 그런데 어느 순간 내 지갑이 사라진 것을 알아차렸어요. 지갑은 분명 바구니 위에 놓아두었어요. 지갑 안에는 식량 배급표도

들어 있었어요. 당시엔 배급표만큼 중요한 것이 없었어요. 한번 잃으면 끝이었죠. 다시 발급받을 수도 없었어요. 배급표가 없으면 먹을 걸 구할 방법이 없는데, 정말 암담했죠.

그 뒤 우리는 어느 낯선 지하실로 들어갔어요. 그건 생생히 기억나요. 심지어 거기서 난 잠까지 들었어요. 아침에 동이 트자 스피커에서 나오는 소리가 거리를 가득 메웠어요. 모든 주민은 슈테클리츠 도시공원으로 모이라는 내용이었죠. 그 말은 곧 공습경보가 해제되었다는 것을 의미했어요. 우리는 그리로 걸어갔어요. 공원에서는 적십자 봉사자들이 시민들에게 스프를 나눠 주고 있었어요. 하지만 돈과 배급표를 비롯해 내 소중한 재산은 모두 날아가 버린 상태였어요. 졸지에 난 세상에서 가장 가난한 인간이 되어 버렸어요. 이제 어디로 가야 할지도 막막했어요. 내 친구들도 사정이 다를 것 같지 않았어요. 다들 폭격으로 가진 걸 다 날려 버렸을 테니까요. 다들 남 걱정할 형편이 아니었어요. 오직 자기 자신만 걱정할 때였어요.

결국 이런 생각이 들었어요. 〈사무실로 가야겠어. 거기엔 어쨌든 아는 사람들이 있으니까. 그래, 사무실로 가야 돼.〉 그런데 당연히 차는 다니지 않았어요. 교통이 완전히 마비된 상태였죠. 결국 나는 걸어서 갔어요.

얼마나 걸었을까, 갑자기 우리 사무실이 나타났어요. 사람들은 사정을 전혀 모르고 있었어요. 다만 슈테글리츠가 폭격을 받았다는 사실만 알고 있었어요. 쥐트엔데와 란크비츠 지역까지요. 내가 시간이 지나도 출근하지 않자 사람들은 걱정스럽게 말했다고 해요.「제발 아무 일이 없어야 할 텐데. 슈테글리츠에 산다고 하던데.」

그런 상황에서 내가 갑자기 나타났어요. 엘리베이터였죠. 처음에는 다들 웃음을 터뜨렸어요. 파티복에 바구니까지 들고 서 있는 내 모습이 얼마나 우스웠겠어요! 하지만 조금 지나자 사람들의 얼굴에서 웃음기가 사라졌어요. 무슨 일이 있었는지 알아차린 거죠.

그래요, 그다음은 감동이었어요. 다들 나한테 뭔가를 해주지 못해 안달이었어요. 눈물이 날 정도로 감동적인 일이었죠. 그런 일들 가운데 아직도 좋은 기억으로 남아 있는 일이 있어요. 내가 폭격으로 모든 걸 다 잃고 불쌍한 강아지처럼 서 있을 때 뜻밖에 괴벨스 부인의 비서가 들어왔어요. 선전부 안에는 괴벨스 부인의 사무실이 따로 있었거든요. 물론 우린 부인을 본 적도 없고, 부인에 대해 아는 것도 거의 없었어요. 그 비서가 나중에 부인한테 가서 내 사정을 얘기했나 봐요. 간밤의 폭격으로 알거지가 된 여직원이 있는데, 정말 안됐더라는 얘기였겠죠. 그것도 파티복 차림으로 바구니 하나만 달랑 들고 있었으니 얼마나 불쌍하게 보였겠어요? 그러자 부인이 물었다고 해요. 「그럼 지금은 입을 옷이 전혀 없겠군요.」「어디서 옷을 구하겠어요? 지난밤에 갑자기 당한 일인 걸요.」 그러자 괴벨스 부인은 옷장으로 가서는 이렇게 말했다고 해요. 「그럼 내가 좀 도움을 줄까요?」 부인은 옷장에서 파란색 투피스를 꺼내면서 말했어요. 「이건 어때요? 그 직원이 입을 만할까요?」 그러자 비서가 말했다고 해요. 「좀 몸집이 작은 사람이에요. 안 맞을 것 같아요. 좀 헐렁한 느낌이 들 것 같아요.」 그랬더니 괴벨스 부인이 이렇게 대답했다고 해요. 「그럼 이 옷은 맞을 수 있겠네요. 그래도 안 맞으면 조금만 수선하면 될 거예요.」

아무튼 이렇게 해서 비서가 괴벨스 부인의 옷을 나한테 갖다줬어요. 나는 그걸 재단사한테 수선을 맡겼고, 그 다음 다음 날부터 완벽하게 고쳐서 입고 다닐 수 있었죠. 내 평생 그런 옷은 처음이었어요. 정말 아름다운 파란색 모직이었는데, 안감이 흰 비단이었어요. 정말 멋졌죠. 나는 나중에도 그 옷을 자주 입었어요. 재킷은 딱 맞았고, 치마만 좀 줄여야 했죠. 심지어 어머니도 이 옷을 전쟁 중에 입고 다녔어요. 나는 나중에 포로수용소에서 나올 때도 이 옷을 입고 찍은 사진이 있어요. 오랫동안 잘 버텨 주었죠. 그 옷의 임자도 살아남았고요.

어쨌든 우리는 폭격으로 모든 것을 날려 버린 첫 번째 희생자였어요. 1943년부터는 폭격이 본격적으로 시작됐어요. 나는 저녁 여덟 시까지 일할 때가 많았는데, 일곱 시쯤이면 벌써 사이렌이 울렸고, 그러면 더 이상 거리로 나갈 수가 없었어요. 공습경보가 해제된 것은 대개 열 시나 열두 시쯤이었죠. 하지만 그 시간에는 집에 갈 수가 없었어요. 그래서 사무실에서 잤어요. 우리 사무실에는 편안한 소파들이 있었는데, 나는 두 개를 붙여 놓고 거기서 쪽잠을 잤어요. 그런 일은 허다했어요. 달리 마땅한 방법이 없었으니까요.

공습경보가 울리면 우리는 선전부 내에 있는 괴벨스의 작은 사저에도 안전 조치를 취해야 했어요. 작고 아담한 집이었는데, 선전부 건물과는 별도로 차단되어 있었죠. 그런데 공습이 잦아지면서 이 사저로 가는 출입문을 항상 개방해 두었어요. 사이렌이 울리면 업무를 보던 직원들이 즉시 그 집으로 달려가 안전 조치를 취해야 했기 때문이죠. 선전부 건물은 낡았어요. 사이렌이 울리면 건물 내 창문을 연 다음 방공 블라인드를 내렸어요. 밖으로 빛 한 줄기 새어나가지 않게 특수 제작된 블라인드였죠. 그 뒤엔 양동이나 욕조에 물을 담아 놓았어요. 화재가 발생하면 재빨리 불을 끄기 위해서였죠. 우리는 똑같은 조치를 괴벨스의 사저에도 취해야 했어요. 인테리어가 아주 예쁜 집이었어요. 멋진 카펫, 작은 부엌, 아담한 거실, 우아한 가구, 커다란 욕조가 있는 욕실……. 우리는 욕조에 물을 가득 받아 놓고, 창문에 블라인드를 쳤어요. 경보가 끝나면 다시 모든 걸 원래대로 돌려놓았죠. 그러고 나면 우리는 가끔 대담하게도 사저의 소파에 앉아 보았어요. 프랑스식 무늬에 멋진 천을 씌운 세련된 소파였어요. 괴벨스는 어쩌면 체코 여배우 리다 바로바와 이 소파에서 사랑을 나누었을 것 같아요. 훗날 나는 그 여배우와 영화를 같이 본 적이 있어요. 전쟁 뒤였죠. 그때 그녀는 괴벨스와의 사랑에 대해 이야기해 주었어요. 괴벨스를 정말 사랑했던 것 같았어요.

그 이야기를 들으면서 나는 괴벨스가 어쩌면 이런 생각을 했을지도 모르겠다는 상상을 했어요. 이런 성가신 정치 같은 건 때려치우고 그냥 이 아름다운 여자와 평생 사랑을 나누며 사는 게 더 행복하지 않을까 하고 말이에요.

독일 전역처럼 선전부의 분위기도 곧 급격히 가라앉았어요. 전체 상황에 일종의 전환점이 찾아온 것이죠. 보급 상황을 포함해서요. 모든 것이 확 나빠진 느낌이었어요. 스탈린그라드*가 모든 것을 바꾸어 놓았어요. 엄청난 병력의 손

* 1943년 초 스탈린그라드 전투의 패배와 그에 이어진 독일 6군단의 궤멸은 1941년 6월부터 시작된 독소 전쟁의 심리적 전환점이었다.

실이 모두에게 큰 충격으로 다가온 거죠. 우리 선전부 사람들도 그걸 느꼈어요. 여기 처음 근무한 몇 개월은 정말 좋았어요. 처음에는 회의적인 생각이 좀 없지 않았지만, 그 시간이 지나고 나자 나는 선전부 생활이 정말 마음에 들었어요. 아름다운 가구와 친절한 사람들뿐 아니라 그냥 선전부와 관련된 모든 것이 좋았어요. 그런데 그 모든 것이 일거에 무너져 내렸어요. 전체적인 분위기도 달라졌죠. 스탈린그라드가 실제 이상으로 과장되지 않았음에도 그걸 그냥 별것 아닌 일로 치부하려는 시도들이 여전히 있었어요. 하지만 그건 성공하지 못했어요.

그 뒤 전쟁은 정말 치열해졌어요. 그때부터 괴벨스는 프로미에 있을 때가 많았어요. 집무실에서 절뚝거리며 돌아다녔죠. 다리를 저는 건 숨길 수가 없었어요. 당시는 요즘처럼 많은 걸 할 수 있는 시대가 아니었어요. 요즘 같았으면 남들이 눈치 못 채게 하는 방법이 있었겠죠. 아무튼 그건 그냥 못 본 척 넘길 수 있는 일이 아니었어요. 괴벨스는 다리를 절며 왔어요. 물론 양복은 여전히 깔끔했고, 앉을 때도 무리가 없었어요. 하지만 다리를 절었어요. 보는 사람 입장에선 안타까웠죠. 하지만 괴벨스는 도도함과 자신감으로 그런 부분을 커버했어요. 그가 화물차 위에서 모자를 쓰고 다른 사람들과 함께 히틀러 선전을 하고 돌아다닐 때의 사진을 보면 잔인해 보여요. 하지만 그런 사람이 아니에요. 신사였죠. 나는 괴벨스가 평소와 다르게 행동했다는 소리를 한 번도 들어 본 적이 없어요. 늘 한결같았죠. 그건 격렬한 토론이 벌어진 자리에서도 마찬가지였어요. 딱 한 번 우리 모두가 이렇게 말했던 기억이 나요. 「장관님이 불같이 화를 냈대.」 누군가에게 폭발한 거죠. 믿을 수 없는 일이었어요. 두 번 다시 그런 일도 없었고요. 그게 유일했어요. 그래서 사람들은 그랬죠. 괴벨스는 평정심을 유지하는 사람이라고.

재미있는 일도 있었어요. 어떤 사람이 나서서 괴벨스가 키우는 개를 베네치아에 있는 장관님께 보내자고 제안했어요. 괴벨스는 부인과 함께 베네치아 비엔날레에 참석한 뒤 거기 며칠 머물 예정이었거든요. 개가 같이 있으면 좋겠다고 괴벨스가 지나가듯이 했던 말을 아마 누군가 들었었나 봐요. 그래서 아주 열심인 누군가가 우리 사무실에 전화를 걸어, 장관님이 베네치아에서 개를 무척 보고 싶어 한다고 말했어요. 우리는 이렇게 말했죠. 미친 거 아냐? 개를 비행기에 태워 베네치아 비엔날레로 보내자니. 그렇게 할 일이 없나. 그것도 이 전쟁 중에……. 우린 그걸 말도 안 되는 소리로 치부했어요. 그런데 그 뒤에 실제로 누군가 개를 템펠호프 공항에서 베네치아로 보내라는 지시를 받았어요. 탑승객 중 한 사람에게 부탁해서 기내용 짐으로 부치면 된다는 거죠. 마침 최신 외국 정세를 장관님께 보고하려고 폰 시르마이스터* 공보실장이 베네치아로 간다는 얘기가 들렸어요. 비서도 한 명 따라간다고 했어요. 그래서 누군가 시르마이스터에게 가서 말했어요.「내일 비행기에 개를 좀 같이 태워 장관님께 데려다주시면 좋겠습니다. 장관님이 개를 무척 보고 싶어 하십니다.」

「안 돼.」시르마이스터가 말했어요.「난 못해.」예민한 중년 남자였는데, 그게 자신을 무시하는 요구라고 생각했던 것 같아요.

하지만 소용이 없었어요. 결국 공항에서 개를 인계받을 수밖에 없었으니까요. 그래서 불쌍한 공보실장은 개와 함께 베네치아로 날아갔어요. 하지만 거기서 뜻밖의 봉변을 당했어요. 어떤 미친놈이 그렇게 예민하고 섬세한 동물을 비행기로 태워 보낼 생각을 했느냐며 괴벨스가 불같이 화를 냈다는 거예요. 크고 잘생긴 그 개는 원래 무서움을 많이 탄다고 해요. 모르는 사람이 한 걸음만 다가와도 쭈뼛거리며 물러날 정도라고 하니까요. 교육을 잘못 받은 거죠.

* Konstantin von Schirmeister(1901~1946). 언론인. 1933년부터 1945년까지 국민 계몽 선전부 고위 공무원으로 요제프 괴벨스 밑에서 일했다.

어쨌든 그게 괴벨스의 개와 관련해서 일어난 해프닝이었어요. 개는 즉시 다시 돌려보냈죠. 전쟁 3년 차에 일어난 일이었어요. 괴벨스와 관련된 큰 소동이었죠. 당시 우리는 그 얘기를 듣고 얼마나 웃었는지 몰라요.

나는 괴벨스의 진면목을 나중에야 알게 됐어요. 아직도 생생하게 기억나요. 베를린 체육관에서 열린 행사 말이에요. 〈총력전을 원하는가?〉라는 구호로 유명한 행사였죠.*

우리는 괴벨스가 연설을 한다는 것을 알고 있었어요. 그날 오후에요. 당시 어떤 행사든 항상 오후 시간으로 옮겨졌어요. 매일 저녁 여섯 시 반부터는 어김없이 사이렌이 울렸거든요. 실제로 전투기가 날아오든 오지 않든 말이에요. 물론 거의 매일 왔죠. 공습경보가 틀린 적은 아주 드물었어요. 그러다 보니 저녁 행사는 더 이상 불가능해졌어요. 저녁이면 극장도 영화관도 문을 닫았어요. 모든 것이 오후로 시간이 조정되었죠. 어쨌든 그날 괴벨스의 체육관 연설이 예정되어 있었어요. 그런데 갑자기 비서 두 명도 같이 가야 한다는 지시가 떨어졌어요. 「비서실 직원 두 사람도 체육관에

* 1943년 2월 18일 요제프 괴벨스는 베를린 체육관에서 연설을 하면서 〈총력전〉을 부르짖었다. 약 109분에 걸친 이 긴 연설은 국가 사회주의 선전전의 대표적인 예로 꼽힌다.

가야 합니다.」「왜요?」「그건 나도 몰라요. 아무튼 두 명을 차출하라는 지시가 내려왔어요.」「누가 가죠?」 우리는 서로를 둘러보았어요. 자원하는 사람은 아무도 없었어요. 크뤼거 부인은 나이가 제일 많아 제외되었어요. 결국 나하고 다른 젊은 여직원 한 명이 뽑혔어요.

나치 친위대 대원 한 명이 와서 우리를 미끈한 메르세데스 벤츠에 태웠어요. 멋진 출발이었죠. 우리는 그걸 타고 포츠다머가에 위치한 체육관으로 갔어요. 친위대원은 우리를 로열석으로 안내했어요. 연단 근처의 좋은 자리였죠. 홀은 이미 사람으로 가득 차 있었어요. 모두 동원된 노동자들이었어요. 이런 행사를 위해 공장별로 인원을 모집하면 다들 꽁무니를 뺐어요. 누가 그런 자리에 가고 싶겠어요? 그 무렵엔 그랬어요. 스스로 가겠다고 나서는 사람은 없었어요. 그래서 대개 지목을 했어요. 그렇게 지목된 사람들이 체육관 행사에 참석하기 위해 공장과 작업장들에서 몰려온 거예요. 거기서 배우 하인리히 게오르게가 앞쪽 세 번째 줄에 앉아 있었던 것이 기억나요. 괴츠 게오르게의 아버지 말이에요.

우리가 도착하자마자 행사가 시작되었어요. 우리 뒤에는 괴벨스 부인과 두 아이가 앉아 있었어요. 우리 옆에는 친위대 사람들이 앉았고요. 그러니까 상석이 틀림없었어요. 얼마 뒤 음악이 흘러나왔어요. 군가와 행진가였죠. 그다음 괴벨스가 연단에 올라갔어요. 연설을 굉장히 잘하는 사람이었어요. 대중을 휘어잡는 기술이 뛰어났죠. 실제로 그날도 괴벨스는 서서히 자기 말에 스스로 도취되기 시작했어요. 그러다 화산 폭발과 같은 순간이 찾아왔어요. 무슨 정신 병원에서 일어난 광란의 폭발 같았어요. 「이제 여러분이 원하는 대로 할 수 있다.」 괴벨스가 이렇게 외치는 순간이었어요. 그러자 마치 다들 말벌에 쏘인 것처럼 갑자기 벌떡 일어나 함성을 지르고 발을 구르고 두 팔을 미친 듯이 휘둘러 댔어요. 귀청이 찢어지는 줄 알았어요.

나랑 같이 온 동료는 두 손을 깍지 낀 채 뻣뻣하게 서 있기만 했어요. 우린 둘 다 숨조차 쉴 수 없었어요. 이 갑작스러운 사태에 경악한 거죠. 괴벨스 때문만도 아니고 이 군중 때문만도 아니었어요. 어떻게 이런 일이 한꺼번에 일어날 수 있는지 도무지 이해가 안 됐던 거죠. 우리 둘은 군중의 일부가 아니었어요. 우린 아마 유일한 관객이었을 거예요.

나는 괴벨스 자신도 그 순간에 자신이 무슨 말을 했는지 정확히 몰랐을 거라고 생각해요. 어떻게 수백 수천 명을 동시에 일어나게 해서 함성과 환호를 지르게 할 수 있는지 정말 표현할 말이 없어요. 어쨌든 괴벨스는 그렇게 했어요. 본인도 어떻게 그게 가능했는지는 몰랐을 거라고 생각해요. 그때 우린 가만히 서 있었어요. 서로 손을 꼭 잡은 채로요. 나와 자그마한 체구의 동료 둘이 말이에요. 우린 자리에 얼어붙은 사람처럼 서 있었어요. 그때 뒤에 서 있던 친위대원 하나가 우리의 어깨를 톡톡 치더니 말했어요. 「박수라도 따라 쳐요.」 순간 우리는 화들짝 놀라며 함께 박수를 쳤어요. 그래야만 했죠. 당연히. 그 친위대원은 이런 말도 했어요. 이런 순간에는 혼자만 가만히 있으면 안 된다고요. 우리는 박수를 쳤어요. 그것도 미친 듯이요. 우리 둘은 이 섬뜩한 광경에 정말 깊은 충격을 받았어요.

그러다 끝이 났어요. 거센 태풍이 한바탕 휘젓고 지나간 느낌이었어요. 같이 환호하지 않은 사람이 있으면 주변 사람들한테 맞아죽었을 것 같은 생각이 들 만큼 정말 다들 하나같이 뜨겁게 환호했어요.

내 평생 그런 일은 처음 경험했어요. 그건 감격이 아니었어요. 그들 자신도 지금 자기가 무슨 짓을 하고 있는지 모르는 듯했어요. 「총력전을 원하는가?」「예!」 이구동성으로 내지른 명확한 대답이었어요. 우리를 체육관으로 데려다줬던 친위대원이 돌아갈 때도 차에 태워 줬어요. 우리 둘은 오늘 본 광경에 완전히 경악한 상태였죠. 연설 내용이 뭐였는지 기억도 나지 않았어요. 광란에 휩싸인 군중들만 충격적인 그림으로 남아 있었어요. 본인들도 왜 그렇게 미쳐 날

뛰었는지 몰랐을 거예요. 그냥 자연스러운 현상이었어요. 군중은 그냥 분위기에 빨려 들어갔어요. 괴벨스 본인도 군중이 그렇게까지 반응을 보일지는 몰랐을 거예요. 자신이 어떻게 했는지도 깨닫지 못하는 듯했어요. 내가 보기에는요. 그냥 그 사람은 자신에게 어떤 능력이 있는지 알지 못하는 작은 불꽃 같았어요. 그게 군중을 거대한 불덩어리로 만들었어요. 그대로 놔두면 군중들이 앞으로 달려 나가 괴벨스를 죽일 수도 있을 것 같았어요.

그때까지 우린 괴벨스의 그런 면을 알지 못했어요. 그런 행사에는 간 적이 없었으니까요. 우리에겐 큰 충격이었죠. 완전히 다른 모습이었어요. 하지만 더는 생각하지 않았어요. 그냥 당혹감만 남았어요.

그 뒤 우리는 그 충격을 이겨 냈어요. 우리는 젊었고, 그에 대해 깊이 생각도 하지 않았어요. 나중에, 그러니까 모든 것이 너무 늦었을 때 그 일을 다시 깊이 생각해 보게 됐지만 당시에는 그러지 못했어요. 그런 사실조차 인지하지 못했죠. 많은 세월이 흘러 그사이 또 많은 일이 일어난 지금, 난 그때 일을 완전히 다르게 봐요. 훨씬 충격적이고 훨씬 섬뜩하게 생각하죠. 한 사람에 의해 그렇게 많은 군중이 고함을 지르고, 또 지르고, 또 지를 수 있다는 것을요. 「그래, 우린 총력전을 원해!」 어떻게 이 한마디에 모두가 넘어

갈 수 있죠? 아마 오늘날 누군가 이런 말을 하면 다들 고개를 절레절레 흔들며 이렇게 말할 거예요. 「제정신이야? 취한 거 아냐?」 하지만 당시 사람들은 고함을 지르고 환호를 보냈어요. 다들 단 한 사람의 주술에 걸린 사람들 같았어요.

그런 일이 어떻게 가능했는지 집중적으로 연구하는 심리학자나 학문이 분명 있을 거라고 생각해요. 어쨌든 그때 일이 갑자기 다시 떠올랐을 때 난 이런 생각을 했어요. 그게 어떻게 가능했을까? 사람들을 어떻게 그렇게 만들 수 있지? 그 사람들은 소리쳐야 해서 소리친 것이 아니었어요. 행사장에 가면 다들 소리를 질러야 한다는 명령을 받고 소리치는 것이 아니었어요. 그건 분명 아니에요. 그 사람들은 자신들이 〈예〉라고 대답한 것을 누군가 앞에서 공식적으로 선포하는 순간 소리를 질렀어요. 마치 예수가 옛날에 그랬던 것처럼……. 모르겠어요. 인간들이 무리 속에서는 왜 납득 불가능한 행동을 하는지 설명해 주는 이론들이 있을 거예요. 아무튼 왜 그런 행동을 했는지 본인들에게 물어도 아마 깜짝 놀라서 대답을 못했을 거예요.

나는 괴벨스에 대해 이렇게만 말할 수 있어요. 아주 뛰어난 연기자였다고요. 아주 훌륭한 배우였다고요. 예의 바르고 진지하던 사람이 갑자기 사나운 선동가로 변신하는 역할을 아마 그 사람만큼 잘하는 배우는 없을 거라고 생각해요. 한쪽 면만 보고는 절대 다른 면을 상상할 수가 없는 사람이에요. 체육관 사건에서 우리에게 충격을 안겼던 그 모습이 그랬죠. 평소 사무실에 있을 때는 그렇게 기품 있고 단정하게 행동하던 멋쟁이가 완전히 돌변해서 미쳐 날뛰는 난쟁이가 되는 걸 어떻게 상상할 수 있겠어요? 한 사람 속에 그렇게 상반된 모습이 있다는 게 믿기지 않았어요.

그 순간 나는 그 사람한테 소름이 끼쳤어요. 무섭기도 했고요. 하지만 그런 생각도 곧 지워 버렸죠. 나는 괴벨스한테 열광하지 않았어요. 어떤 것에도요. 나중에 그 사람이 우리 사무실에 들어와서 우리한테 다정하게 뭔가를 물어볼 때도 그랬어요. 그 순간에도 내 머릿속에서는 그 사람이 체육관에서 소리치던 모습이 떠올랐어요. 저 사람은 지금 세련되게 옷을 입은 부드러운 민간인을 연기하고 있을 뿐이라고 생각한 거죠.

얼마 뒤 괴벨스의 식사 초대가 있었어요. 공습경보 뒤에는 대중교통이 마비되어 비서들이 종종 사무실에서 자야 한다는 얘기를 들은 장관이 상관으로서 뭔가 비서들에게 제스처를 취할 필요가 있다고 생각한 것 같아요. 이렇게 해서 장관의 식사 초대가 시작되었어요. 한꺼번에 모두를 초

대한 건 아니었어요. 항상 한 번에 두 명씩 개인적인 저녁 식사 자리에 초대했어요.

우리 중 두 명이 먼저 스타트를 끊었어요. 다음 날 두 사람은 사무실에 출근하자마자 감격해서 얘기했어요. 「사무실에서부터 우리를 모셔 가더라고. 갈 때는 당연히 차로 갔지. 슈바넨베르더 섬으로. 거긴 괴벨스 부인도 있었어. 정말 근사한 식사였어!」 당연히 진수성찬은 아니었겠죠. 전쟁 통이었으니까요. 괴벨스는 항상 먼저 모범을 보이는 사람이었어요. 그러다 보니 분에 넘치는 음식은 당연히 시키지 않았을 거예요. 하지만 모든 게 정말 근사하고 만족스러웠다고 해요. 「정말 멋지고 편안한 저녁이었어. 너희도 차례가 되면 알게 될 거야.」 먼저 다녀온 동료들의 말이었죠.

그로부터 몇 주가 지나고 드디어 내 차례가 왔어요. 그래요, 우린 그 순간을 무척 기다렸죠. 시작은 마찬가지였어요. 리무진 한 대가 도착했고, 친위대원 한 명이 우리를 반제 호수의 슈바넨베르더 섬으로 데려다 줬어요. 레스토랑으로 들어가자 우리는 홀로 안내를 받았어요. 거기엔 커다란 식탁이 차려져 있었고, 주위에 최소 스무 명은 돼 보이는 사람들이 서 있었어요. 나치 지구장이나 대표부 사람 같았어요. 아는 얼굴도 더러 있었어요. 선전부에 온 적이 있거나, 우리 일과 관련된 사람들이었어요.

괴벨스와 셋이서만 식사하는 자리가 아니었어요. 아주 거대한 식탁이었죠. 곧이어 괴벨스가 왔고 우리를 악수로 맞아 주었어요. 그러고는 우리는 앉았죠. 내 자리는 괴벨스 바로 옆이었어요. 오른쪽으로요. 무척 영광스런 느낌이 들었어요.

이어 식사를 했어요. 괴벨스는 나한테 거의 말을 하지 않았어요. 별 쓸데없는 몇 마디만 빼고요. 식사는 아주 훌륭했어요. 내 기억으론 거위 요리가 나왔던 것 같아요. 그것만으로도 이미 대단한 사건이었죠. 간간이 괴벨스가 식사 중에 큰소리로 뭔가 말을 하면 그제야 누군가 그 말을 받아 입을 열었어요. 그러니까 모든 말은 장관님이 주도했어요. 괴벨스는 식사도 상당히 빨리했어요. 많이 먹지도 않았고요. 다른 사람들도 마찬가지였어요. 식사 전에 누군가 우리한테 이런 말을 했어요.「너무 오래 식사를 해선 안 됩니다. 장관님이 포크와 나이프를 내려놓으면 당신들도 식사를 중단해야 해요. 그때부터는 더 이상 음식에 손을 대선 안 돼요. 자신에게 배당된 음식은 가급적 빨리 드세요. 그래야 보조를 맞출 수 있으니까요.」나는 그 지시를 충실이 따랐어요.

식사가 끝나고 디저트가 나왔어요. 디저트 자리에서의 주 화제는 정치와 공습이었어요. 괴벨스는 나하고는 일반적인 이야기만 나누었어요. 개인적인 이야기는 묻지 않았죠. 예를 들어, 여기 얼마나 근무했느냐, 결혼은 했느냐, 혹은 가족 중에 전쟁에 나간 사람은 있느냐 하는 것들을 물을 법도 한데 아무것도 묻지 않았어요. 개인적인 질문은 전혀 하지 않았죠. 괴벨스 부인이 없는 게 아쉬웠어요. 만약 부인이 있었더라면 훨씬 밝고 유쾌한 자리가 될 수 있었을 텐데 말이에요. 아마 부인은 대화를 부드럽게 잘 이끌어 나갔을 거예요. 하지만 그 자리엔 부인이 없었어요. 우리로선 날을 잘못 잡은 거죠.

그 뒤 우리는 옆방으로 안내되어 갔어요. 거기엔 영사막이 설치되어 있었고, 막 개봉된 재미없는 영화가 상영되었어요. 우린 영화를 봤어요. 거기서도 뭔가 먹을 것이 나왔어요. 모카 커피 아니면 그 비슷한 종류였을 거예요. 영화까지 보고 나자 처음의 그 나치 대원이 다시 나타나서 우리를 시내로 데려다 줬어요. 동료와 나는 그날 저녁 무척 실망했어요.

포로수용소에서 석방된 뒤 나는 우리가 주로 어떤 일을 했느냐는 질문을 많이 받았어요. 우린 단순한 행정 일만 했어요. 다루는 일도 별 대수롭지 않은 일들이었죠. 사실 그런 일 자체도 많지 않았어요. 우리는 주로 비서실에 앉아 있었고, 통화를 많이 했어요. 모두 지극히 단순한 일들이었어요. 회사들에서 하는 일이랑 비슷했죠. 그래서 뭐가 문제고, 어떤 일이 벌어지고 있는지 모든 사람이 다 알지는 못했어요.

런던 방송을 몰래 듣는 사람들이 있었지만 누구도 나한테 거기서 들은 얘기를 해주지 않았어요. 그런 방송에서는 분명 비판적인 이야기들이 나왔을 거예요. 하지만 난 그런 친구들이 없었어요. 있었다고 해도 나한테는 좀 조심했을 거예요. 내가 괴벨스 밑에서 일하는 걸 알고 있었으니까요. 그래서 나한테는 전혀 말을 하지 않았어요.

물론 우리도 알려고 하지 않았어요. 우리는 참 끔찍한 전쟁이라고만 알고 있었어요. 게다가 전 세계가 적대시하는 우리 독일을 유지하기 위해선 우리에게 꼭 필요한 전쟁이라는 말만 들었어요. 그게 일반적인 믿음이었죠. 그렇다고 외국에 무슨 친구가 있는 것도 아니었어요. 옛날에는 교우관계나 인맥이 요즘같이 넓지가 않았죠. 우리는 우리 자신 속에 갇혀 살았어요. 전쟁으로 그건 더 심해졌고요.

우리 비서실 여직원들의 역할은 단순했어요. 언제든 부름이 있으면 달려갈 채비만 하고 있었어요. 우리는 서로 잘 맞았어요. 좋은 동료 관계였죠. 하지만 그 이상은 아니었어요. 우리의 책상은 네모꼴로 놓여 있었어요. 선전부 내에서 보고와 요청, 수정 사항에 관한 일들이 있으면 모두 우리 책상으로 넘어와요. 하지만 폭발성 강한 사건이나 다른 많은 것들이 이미 그전에 결정되기도 했죠. 아주 특별한 것들만 장관실까지 올라갔어요. 그 뒤 우린 처리된 서류를 받았어요.

우리는 아무 잉크나 써서는 안 됐어요. 그건 아직도 기억나요. 우리는 파란색 잉크만 사용해야 했어요. 빨간색이나 녹색 잉크는 사용할 수 없었어요. 녹색은 장관님 전용 색이었던 걸로 기억해요. 색깔이 맞는지는 모르겠지만, 어쨌든 잉크 색으로 해당 서류가 누구한테 가야 할지 표시된 건 사실이에요.

벌써 60년도 지난 일이에요. 이제는 많은 게 기억나지 않아요. 아무튼 사무실 전화벨은 쉬지 않고 울려 댔어요. 장관님을 찾는 전화가 아니었어요. 측근이나 동료 장관의 전화는 장관과 직통으로 연결됐죠. 그건 지멘스 사의 최신 발명품이었어요. 이제는 번호를 돌릴 필요가 없이 그냥 누르기만 하면 연결이 되었어요. 그러면 바로 헤르만 괴링이 나왔어요. 우리에겐 그런 연결이 차단되어 있었어요. 그런 건 아무나 사용할 수가 없었죠. 그렇지 않다면 우리가 전 세계 중요 인물들한테 바로 전화를 걸 수 있었을 테니까요.

우리 일의 대부분은 당연히 전선 상황이나 제국 안의 사건들을 완화하고 미화하는 일이었어요. 객관적인 사실을 상부 지시에 따라 우리 쪽으로 좀 더 긍정적으로 고쳤다는 말이죠. 그게 국민 계몽의 원칙이었어요. 국민은 계몽되어야 했으니까요. 사실 그전 정부들도 항상 국민들에게 거짓말을 해왔지만, 어쨌든 그게 나치의 원칙이었어요. 하지만 구체적인 보기는 지금 기억이 나지 않아요.

우린 늘 똑같은 하루였어요. 숄 남매 사건*처럼 폭발력이 큰 사건은 우리 책상을 거치지 않았어요. 그런데 괴벨스의 개인 참모 프로바인 씨가 그와 관련된 재판 서류 일체를 나한테 선뜻 넘기면서 금고 안에 보관하라고 말했어요. 그러면서 이렇게 덧붙였죠. 「서류 내용은 보지 말아요.」 나는 당연히 그렇게 했어요. 내 상관이 시킨 거니까요. 이런 말도 했어요. 「당신이 서류를 보지 않을 거라고 믿어요.」 그러고는 급한 일이 있어 사무실을 나갔어요. 이제 사무실엔 나 혼자뿐이었지만 난 서류를 들여다보지 않았어요. 물론 보고 싶은 마음이 없었던 건 아니에요. 하지만 그래선 안 된다는 생각이 들었어요. 프로바인 씨가 나를 믿어 준 걸 생각하면 그럴 수가 없었죠. 그래서 난 보지 않았어요. 나에 대한 그 사람의 신뢰가 고맙고 뿌듯했어요. 그게 내 호기심

* 백장미단 사건을 가리킨다. 1943년 뮌헨 대학생 숄 남매가 주축이 되어 히틀러 정권에 저항한 사건이다 — 옮긴이주.

을 충족시키는 것보다 훨씬 중요했죠. 약속을 지키고 나니 난 나 자신이 무척 자랑스럽게 느껴졌어요. 결코 잊지 못할 일이었죠.

전쟁 막바지 무렵엔 늘 컬러 종이들이 우리 책상으로 넘어왔어요. 분홍색이나 노란색 종이였죠. 거기엔 최신 사실들이 담겨 있었어요. 전투 사상자를 비롯한 여러 수치들이었죠. 거기엔 쳐들어온 러시아 군인들이 독일 여성들을 강간한 수치도 적혀 있었어요. 상상할 수 없는 일이었죠. 그런데 당국에선 이 수치를 방송과 신문에 과장해서 내보냈어요. 예를 들어 〈한 마을에서 스무 명이 강간당했다〉 하는 내용이 있으면 그걸 서른 명으로 부풀리는 식이었어요. 이런 일들은 국민들에게 과장해서 전달되었어요. 적의 끔찍한 만행은 어떻게든 부풀리려고 안달이었죠. 그건 아주 똑똑히 기억나요.

정말 중요한 일이나 비밀 명령은 항상 금고 속에 보관했어요. 금고 열쇠는 비서들만 갖고 있었어요. 나는 그런 서류를 금고에 넣기 위해 가는 길에 설령 그것을 훔쳐보고 싶다는 마음이 있었다고 해도 볼 수가 없었을 거예요. 멀지 않은 거리였거든요. 기껏해야 2분밖에 걸리지 않았어요. 다만 지금 내가 어떤 서류를 들고 가는지 정도는 알고 있었어요. 인민 법정 자료가 많았죠. 어쨌든 그런 중요한 서류는 내가 직접 쓰거나 받아쓴 적이 없어요. 그건 다른 동료들도 마찬가지였죠. 누구도 그에 대해 아는 사람이 없었어요. 게다가 우리는 여기 들어올 때 서약을 했어요.* 그건 의무였어요. 별도로 책자도 하나 받았어요. 행동 수칙과 관례에 관한 책자였죠. 예를 들어 빨간 펜이나 녹색 펜으로 써서는 안 된다는 규정 같은 것들이었어요. 어쨌든 그런 건 엄격하게 금지되어 있었고, 모두가 알고 있어야 했어요. 나는 그 책에 있는 모든 내용을 꼼꼼히 살펴보았어요. 뭔가 상당히 답답한 느낌이었어요. 아무튼 그런 것들 말고 우리가 아는 것은 없었어요.

어떤 유명한 작가가 히틀러나 괴벨스에 관해 좋지 않은 내용의 글을 쓴 경우는 우리도 어디선가에서 얻어들었어요. 그 작가는 체포되어 총살당했죠. 그것도 일사천리로요. 그런 일들은 주워들을 수 있었어요.

괴벨스는 연설문 내용도 본인이 직접 생각해 두었다가

* 1934년 8월 20일부로 발효된 국가 공무원 서약법에 따르면 공무원에 임명된 사람은 다음과 같은 근무 서약을 해야 했다. 〈나는 독일 제국과 독일 민족의 지도자이신 아돌프 히틀러에게 충성하고 복종하고, 법을 준수하고, 내게 주어진 업무를 성실하게 수행할 것을 주님 앞에 굳게 맹세합니다.〉 브룬힐데 폼젤이 선전부에 들어갔을 때 이 서약을 말로 했는지, 아니면 서류로 했는지는 본인도 기억하지 못한다.

리하르트 오테*에게만 받아 적게 했어요. 아주 상냥한 남자였죠. 늘 괴벨스 근처를 떠나지 않은 속기사였어요. 괴벨스는 오테에게 모든 것을 받아 적게 했어요. 일요일마다 괴벨스의 긴 기사가 신문에 실렸는데, 우리 비서들뿐 아니라 선전부의 모든 사람이 처음 보는 내용이었어요. 오테 그 사람이 괴벨스의 말을 받아 적은 거죠. 그 사람은 사무실이 별도로 있었고, 비서도 따로 두었어요. 괴벨스가 불러 준 원고는 『푈키셔 베오바흐터』(국민 감시자)로 보내졌어요. 나치 기관지였죠. 그러면 그 신문사에서 기사로 내보냈어요. 우리와는 아무 상관없는 기사였죠. 앞서도 말했지만 우리는 높은 급료를 받는 속기사이자 상당히 편하게 일하는 비서들이었어요. 다만 우리는 항상 대기하고 있어야 했죠. 부르면 언제든 달려갈 채비를 하면서요. 그리고 내가 공습으로 모든 것을 잃었을 때 사람들은 나한테 신경을 많이 써줬어요. 이런저런 관청에 연락해서 필요한 것들을 장만해 주었죠. 그래서 나는 어려움을 매우 쉽게 이겨 낼 수 있었어요.

그 뒤 세상이 발칵 뒤집어지는 일이 터졌을 때 나는 안타깝게도 선전부에 없었어요. 그날은 내가 비번이었거든요.

* Richard Otte. 정부 참사관. 요제프 괴벨스의 개인 속기사. 괴벨스의 방대한 회고록 집필에 주도적으로 참여한 인물이다.

그사이 우린 틈틈이 돌아가면서 쉬었는데, 마침 그날이 내가 쉬는 날이었어요. 나는 그때 노이바벨스베르크에서 시간을 보냈어요. 거기 동료가 살고 있었거든요.

점심 때쯤 별안간 라디오에서 히틀러 암살 뉴스가 나왔어요. 나는 곧장 사무실로 전화를 걸었죠. 프로미 사무실에요.「대체 무슨 일이에요?」「난리도 아냐. 오늘 사무실에 나오지 않은 걸 다행으로 알아! 우리도 무슨 일인지는 아직 몰라. 그냥 창밖으로 구경만 하고 있어. 빌헬름플라츠 광장이 온통 군인들 천지야. 다들 총을 들고. 사열식이 아냐. 다들 실탄을 장전하고 있어. 금방이라도 쏠 것처럼. 총통 각하에 대한 암살 시도가 있었다는 얘기가 있어. 우린 모두 포위됐어. 누구도 건물을 빠져나갈 수 없대. 그것 말고는 아는 게 없어. 정말 몰라. 괴벨스 장관님도 없어. 집에나 갈 수 있을지 모르겠어. 아무도 여기서 못 나간다니까.」내 동료 여직원들은 완전히 낙담해 있었어요.

그때부터 난 라디오에 붙어 있었어요. 당연히 계속해서 관련 소식들이 보도되었어요. 그러다 히틀러가 아직 살아있다는 소식이 재빨리 전해졌어요. 프로미 동료들은 자신들이 포위된 걸 알고는 혹시 자기들도 어찌될까 봐 벌벌 떨었어요. 나는 그 자리에 없었던 걸 매우 미안하게 생각했어요. 그때 포츠담에 있었던 게 전혀 기쁘지 않았어요.

내가 아는 건 온 세상 사람들이 다 아는 것뿐이었어요. 전부 여기저기서 주워들은 것들이죠. 암살을 시도했던 장교들이 인민 법정에서 재판받는 과정도 알고 있었어요. 그건 모두 공개되었죠. 그러니까 난 그 사건과 관련해서 정말 관객일 뿐이었어요.

일상생활을 하다가 주워듣는 것들도 있었어요. 가끔 배우들이 괴벨스 사무실에 찾아왔어요. 두 사람 사이에 무슨 일이 있었는지는 우리도 알지 못해요. 나중에 알고 보니 「유대인 쥐스」*라는 영화 때문이었다고 해요. 과거의 유대인 문제를 다룬 영화들이 몇 편 있었는데, 그중에 「유대인 쥐스」는 200년의 역사적 사건을 각색한 것이었어요. 페르디난트 마리안**이라는 아주 훌륭한 배우가 그 유대인 역을 맡았죠. 그 사람은 주인공 역을 기가 막히게 소화했고, 덕분에 영화도 굉장히 훌륭했어요. 하지만 그 사람은 그 역을 맡고 싶어 하지 않았어요. 하지만 어쩔 수가 없었어요. 그 역을 거부하면 강제 수용소에 보낼 거라는 협박을 받았다

* Jud Süß. 1940년에 개봉된 바이트 하를란 감독의 반유대주의 나치 대중 영화다.

** Ferdinand Marian(1902~1946). 1930년대에 인기 있었던 오스트리아 배우. 그는 반유대주의 선전 영화 「유대인 쥐스」의 출연을 처음엔 거절했지만, 요제프 괴벨스가 친히 그를 불러 영화 주연을 맡게 했다고 한다.

고 하니까요. 결국 마리안은 그 제안을 거부하지 못하고 주인공 역을 맡을 수밖에 없었어요. 영화는 큰 성공을 거두었지만, 배우는 그걸 전혀 자랑스럽게 생각하지 않았어요.

괴벨스는 웬만한 성공을 보장하는 영화에는 모두 간섭했어요. 모든 영화는 아니지만, 좀 유망하다 싶은 영화는 모두 괴벨스의 책상으로 올라갔죠. 심지어 배역도 직접 정하거나 수정을 명령하기도 했어요. 그건 기억나요. 보지는 못했지만 다들 그렇게 알고 있었어요. 여러 번 겪은 일이거든요. 괴벨스에게 그건 기분 전환이자 놀이로 보였어요. 해야 할 많은 불쾌한 일들에 대한 보상으로 필요했던 것 같아요. 게다가 재미를 느끼게 되면서는 그 일을 그만두려고 하지 않았어요.

괴벨스가 참여한 마지막 영화*가 기억나요. 전쟁이 벌써 막바지로 달려가고 있을 때였죠. 이 영화는 독일 민족이 영화의 힘으로 승리에 대한 굳건한 의지를 다질 수 있도록 의도적으로 연출되었어요. 그게 목적이었죠. 본 영화에 앞서

* 브룬힐데 폼젤이 여기서 말하는 영화는 「콜베르크Kolberg」를 가리킨다. 1807년 콜베르크가 포위 공격을 당했을 때 수적으로 월등한 적에게 굴하지 않고 꿋꿋하게 버틴 독일의 저항 정신을 그린 역사 영화다. 이 영화는 1943년부터 선전부 장관 요제프 괴벨스의 감독하에 제작되었는데, 제2차 세계 대전의 마지막 국면에서 독일인들에게 불굴의 저항 정신을 심어 주는 것이 목적이었다.

상영된 선전 뉴스들을 보면 항상 우리가 승리자였어요. 당시엔 왜곡이 아주 심했죠. 괴벨스는 모든 영역에 간섭했는데, 예술도 예외가 아니었어요. 예술, 특히 게르만 예술이었죠. 게르만 예술은 학교에서부터 주입식 교육을 시켰어요. 특히 예전의 영웅담 같은 것들이죠.

오스트리아 영화도 많이 나왔어요. 지금도 그 영화들이 눈에 아른거려요. 아틸라 회르비거 같은 배우들도 기억나요. 개인적으로 인사까지 한 배우였어요. 또 하인리히 게오르게가 있었어요. 괴츠 게오르게의 아버지였는데, 아주 멋진 연기자였죠. 유대인 배우들은 상당수가 제때 도망을 쳤어요. 미국으로요. 그전에는 UFA 영화사에 유대인 배우도 몇 명 있었는데 모두 때맞춰 도망쳤어요. 좋은 사람들이었는데.

나는 방송국에 다니기 전에는 돈이 많지 않았어요. 막 초창기 영화들이 나오기 시작할 때였죠. 그 시절엔 영화가 주오락거리였어요. 연극은 우리 형편엔 비쌌고, 오페라는 감히 꿈꾸지도 못했으니까요.

전시에는 당연히 문화 활동이 축소될 수밖에 없어요. 그 시절에 가장 중요한 건 당장 먹고사는 문제였으니까요. 그러다 보니 라디오가 중요한 오락거리이자 문화생활이었어요. 베를린 라디오 방송국 하나만 있던 시절이었어요. 문화

프로그램은 주로 저녁에만 나왔죠. 그것도 아주 늦은 시간에요. 열한 시쯤이었던 것으로 기억해요. 아들론, 엑셀시오르, 카이저호프, 브리스톨 호텔 같은 곳에서 방송을 했어요. 당시 베를린에 멋진 호텔과 바 들이 많았어요. 거기 라디오 방송국에서 바 뮤직을 내보냈어요. 최신 유행가들과 함께요. 그 시절 나는 밤이면 소파에 누워 음악을 들었어요. 다들 잠자리에 들었을 시간에요. 당시 나는 모르는 유행가가 없었어요. 다 따라 부를 수 있었죠. 아, 지금 생각해도 정말 그리워요! 내가 그러다 잠든 걸 어머니가 가끔 발견하곤 하셨죠. 정말 멋진 시간이었어요. 하지만 그런 문화는 더 이상 존재하지 않았어요!

4
몰락의 순간까지도 충성을

선전부에서의 마지막 나날들

심적으로 감각이 죽어 버린 것 같은 느낌이 들었어요. 그때까지 살아오면서 공포를 느낀 적은 자주 있었지만 이번엔 아니었어요. 그냥 얼음처럼 차가웠어요. 아무 감정이 없었어요. 그냥 모든 감정이 사라졌다고밖에 말하지 못하겠어요. 공포가 들어설 자리는 없었어요. 대신 이런 감정만 가득했죠. 모든 게 끝났어. 더 이상은 없어. 끝났어. 모든 게 끝이야.

— 브룬힐데 폼젤

브룬힐데 폼젤은 나치 정권의 완전한 몰락 직전에 중대한 결정을 내린다. 선전부 내의 방공 대피소에 설치된 총통 벙커에서 최후의 나치 추종자들과 함께 마지막까지 버티기로 한 것이다. 그녀는 나치 최후의 잔당들을 통해 총통 벙커에서 일어난 일들을 드문드문 듣는다. 한스 프리체*를 비롯해 괴벨스의 부관 귄터 슈배거만**이 그런 잔당인데, 슈배거만은 마지막에 막다와 요제프 괴벨스 부부의 시신을 불

* August Franz Anton Fritzsche(1900~1953). 독일 언론인으로서 국민계몽 선전부 안에서 여러 직책을 맡았다. 베를린 전투 후 프리체는 1945년 5월 2일 도시에 남아 있던 정부 관료 중 최고참 신분으로 베를린의 무조건적인 항복 선언문에 서명했다.

** Günther Schwägermann(1915년 출생). 1941년부터 요제프 괴벨스의 부관으로 일했고, 나치 친위대 돌격대장의 직위에까지 올랐다. 1945년 5월 1일 베를린 전투의 마지막 날에 요제프와 막다 괴벨스의 시신을 불태웠다. 그 후 무사히 서독으로 빠져나갔지만 1945년 6월 25일 미국 포로로 붙잡혔고, 그러다 1947년 4월 24일에 석방되었다.

태운 인물이기도 하다. 괴벨스가 항복을 거부하자 괴벨스 밑의 고위 공무원이자 유명한 방송 해설자였던 한스 프리체는 독자적으로 항복을 결심한다. 프리체가 두 명의 부하와 함께 소비에트 진영으로 넘어가기 전에 브룬힐데 폼젤은 항복용 흰 깃발을 제작한다. 짧은 협상 끝에 프리체는 독일 정부의 이름으로 소비에트 측이 항복을 받아들였다고 공포한다. 1945년 5월 1일 베를린 전투의 지휘관이던 바이틀링 장군도 예하 부대에 전투 행위를 즉각 중단할 것을 명령한다.

선전부 지하에 있던 방공 대피소는 아직도 기억이 생생해요. 나우만 박사는 건너편 총통 벙커에 있었죠. 기억이 희미하지만, 어딘가에 철문이나 그 비슷한 것이 있었던 것 같아요. 전쟁은 이제 완전히 막바지였어요. 이제는 환한 대낮에도 비행기들이 날아다녔어요. 오전에도 공습이 있었어요. 대규모 공습은 아니었지만요. 하지만 전투기들은 밑에서 뻔히 보일 정도로 낮게 날아다녔어요. 당연히 적의 전투기였죠. 나우만 박사는 책상에 앉아 뭔가를 구술했고, 나는 그걸 받아 적었어요. 하지만 잘 써지지가 않았어요. 날아다니는 비행기들이 너무 무서웠던 거죠. 그러자 나우만은 미친 듯이 웃더니 말했어요. 「하긴 무서울 만도 하지.」

마침내 그 사람은 조용히 일어나더니 말했어요. 「자, 나랑 같이 가요.」 그러더니 나를 데리고 광장을 지나 그 문, 그러니까, 철문까지 걸어갔어요. 그때는 공중에 비행기가 날아다니지 않았던 것 같아요. 철문을 열자 아래로 내려가는 계단이 나타났어요. 그런데 나우만은 나를 그리로 데려가지 않고 친위대원에게 인계했고, 그 친위대원은 나를 다시 선전부로 데려다 줬어요. 그런 공간이 있다는 건 그전에는 몰랐어요. 나중에 다시 사람들 틈에 섞였을 때에야 그 이야기를 들었어요. 빌헬름플라츠 광장 밑에 총통 벙커가 있다는 사실을요. 그전에는 듣지 못한 이야기였죠.

전쟁 중에 나는 공포로 떨었어요. 그건 기억이 나요. 공습이 시작되면 공포는 배가되었죠. 많은 여자들이 그랬어요. 특히 신경이 날카로운 여자들은 이런 말을 했어요. 「하늘에서 떨어지는 폭탄에 맞았다가는 목숨이고 뭐고 다 끝장이야!」 그런 말을 들으면 난 날카롭게 소리를 질렀어요. 「아냐, 아냐, 우리는 죽지 않아! 나는 살고 싶어! 폭탄에 맞아 죽고 싶지 않다고!」 나는 살고자 하는 욕구가 엄청나게 강했어요. 왜 그랬는지는 모르겠지만, 어쨌든 난 살고 싶었어요. 전쟁 때문에 죽고 싶지는 않았어요.

우리는 전쟁 막바지에 선전부 내의 그 끔찍한 지하실에서 거의 갇혀 지냈어요. 한심한 벤크군(軍)*을 믿으면서요.

벤크군은 돌진해 오는 러시아군의 등 뒤로 움직여 후방에서 기습 공격을 하기로 되어 있었는데, 우리는 그 작전으로 적에게 결정타를 먹여 극적으로 전쟁에서 승리할 거라는 데 마지막 희망을 걸고 있었던 거죠. 우리가 지하실로 옮겼을 때도, 그러니까 그게 히틀러의 생일** 하루 뒤인 4월 어느 날이었는데, 그때까지도 우린 그렇게 믿었어요. 그에 관해 서로 아무 이야기도 나누지 않았지만, 속으로는 다들 그렇게 믿었고, 그렇게 될 거라고 느꼈어요. 총통 벙커에서 일어나는 일들에 대해선 우리도 조금은 알고 있었어요. 누군가 우리에게로 건너와 벙커 안의 소식을 전해 주는 사람이 있었거든요. 한번은 나우만 씨가 나타나 우리한테 먹을 게 남아 있는지 살펴보았어요. 나는 그때 아스파라거스만 몇 파운드를 먹은 것 같아요. 생으로도 먹고 깡통에 절인 거로도 먹고 그랬죠. 그 뒤에도 여러 사람이 나타났지만, 이름은 일일이 기억나지 않아요. 다만 괴벨스의 부관이던 슈배거만 씨, 귄터 슈배거만 씨는 분명히 기억나요. 상냥하고 섬세한 사람이었죠. 그 사람이 와서는 벙커 안의 상황에 대

* 1945년 4월 베를린 쟁탈전을 위해 발터 벤크 총사령관 예하에 배속된 부대를 가리킨다. 그러나 신병들 위주로만 구성되어 있고 무기 체계도 형편없었던 이 부대는 결국 베를린까지 진입도 하지 못했다.

** 아돌프 히틀러는 1889년 4월 20일 오스트리아·헝가리 제국의 브라우나우에서 태어났다.

해 조금 이야기해 주었어요.

그 사람 말에 따르면 총통 벙커에는 괴벨스 가족도 있다고 했어요. 그럼, 아이들은요? 하고 물었더니, 아이들도 같이 있다고 했어요. 그러니까 온 가족이 총통 벙커에서 지내고 있었던 거죠. 가만 생각해 보면 당연한 일이었어요. 왜냐하면 브란덴부르크 성문 근처의 그 아름다운 집은 너무 위험했거든요. 그사이 러시아군은 공중에서만 폭탄을 떨어뜨리는 것이 아니라 지상에서도 로켓포를 쏘았어요. 그 때문에 괴벨스의 가족을 그리로 대피시킨 거죠.

벙커에서 지낸 지 처음 며칠 동안은 전화가 됐어요. 베를린 밖으로도 전화를 했던 기억이 나요. 예를 들면 함부르크로요. 하지만 나중에는 모두 불통이 됐어요. 그 뒤부터는 앉아 있기만 했어요. 그러다 혹시 이 지하실에 다른 게 또 뭐가 있는지 찾아보았어요. 와인은 충분히 있었어요. 하지만 우리한테는 뭔가 먹을 것이 필요했어요. 그러다 통조림을 발견했고, 우린 그걸 게걸스럽게 먹어 치웠어요. 밖으로 나가서 뭔가를 가져올 수는 없었어요. 지하실 밖으로 머리를 내밀 수도 없는 상황이었어요.

그 뒤 지하실 안으로 부상자들이 운반되어 왔어요. 시가전 과정에서 러시아군에게 총을 맞은 군인들이었죠. 이제 우리는 발각되기만 기다리는 패잔병 무리나 다름없었어요.

벤크군이 우리를 구해 줄 거라는 믿음이 실현될 가능성이 없다는 걸 서서히 깨달았기 때문이죠.

지하실에는 커다란 방이 두 개 있었는데, 한쪽에 야전 침대가 있었어요. 거기서는 네 시간씩 잘 수 있었어요. 그러고 나면 다른 사람에게 침대를 내주어야 했죠. 그렇게 꼬박 일주일이 지나갔어요.

위생병들이 부상자들을 데리고 들어올 때마다 우리는 새로운 소식을 하나씩 듣게 됐어요. 항상 어디선가에서 소음과 굉음이 들렸어요. 우리는 문을 꼭 닫았어요. 그러고 있으니까 자그마한 캡슐에 갇힌 느낌이 들었어요. 하지만 그렇게 틀어박혀 있는 거 말고는 우리가 할 수 있는 게 아무것도 없었어요.

아, 정말 참담했어요. 우리는 목숨만 근근이 부지하며 지냈어요! 이제는 무슨 일이든 일어날 것만 같았어요. 가끔 총통 벙커에서 사람이 건너왔어요. 거기엔 나우만이 있었기 때문이죠. 친위대 군인들이 저 건너 총통 벙커에서 무슨 일이 있었는지 우리에게 알려 주었어요. 그러던 중에 슈배거만이 건너와서 말했어요. 히틀러가 스스로 목숨을 끊었다고요. 가슴이 철렁 내려앉았어요. 우리는 사지가 마비된 사람처럼 가만히 서 있기만 했어요. 입을 여는 사람은 아무도 없었어요. 이제 다들 자신의 운명을 생각하는 것 같았죠.

슈배거만은 그 말만 남기고 다시 사라졌어요. 총통 벙커에서 무슨 일이 있었는지 전혀 모르는 우리한테 이 사실만큼은 알려 줘야 한다고 생각해서 건너온 것 같았어요. 우리는 그게 무슨 뜻인지 잘 알고 있었어요. 이제 전쟁은 끝났고, 우리는 진 거였죠. 전쟁이 끝났다는 건 이제 모두에게 분명해졌어요.

히틀러의 자살을 다들 개인적으로 어떻게 받아들였는지는 알 수 없어요. 어쨌든 그러고 꼬박 하루가 지나갔어요. 당시 나는 그 시간이 엄청나게 길게 느껴졌어요. 불과 하루 밤낮에 불과했는데 말이에요. 그때 다시 슈배거만이 와서 말했어요. 괴벨스도 목숨을 끊었다고요. 괴벨스 부인도요. 아이들은요? 하고 물었더니 아이들도 죽었다고 했어요. 누구도 더 이상 입을 열지 않았어요.

아, 정말 뭐라 말을 할 수 없는 상황이었어요. 우리는 술이 떨어지지 않도록 신경 써야 했어요. 정말 술이 필요한 시간이었으니까요. 물론 모두가 그랬던 건 아니었어요. 하지만 많은 사람이 계속 술만 마셨어요. 취하기라도 해야 했으니까요. 그거 말고 다른 무슨 일을 하겠어요? 분위기가 어땠는지 아세요? 공포였어요. 내 힘으로 바꿀 수 있는 일이 아니라는 절망감이 팽배했어요. 게다가 이제는 될 대로 되라는 심정도 있었어요. 갈 때까지 간 거죠. 여기서 어디까지 더 갈지는 모르겠지만, 이제 다 끝난 건 분명했어요. 러시아 군인들이 나를 총으로 쏴 죽일까? 강간하면 어떡하지? 하는 생각은 전혀 들지 않았어요. 그런 건 이제 전혀 중요하지 않았어요. 심적으로 감각이 죽어 버린 것 같은 느낌이 들었어요. 그때까지 살아오면서 공포를 느낀 적은 자주 있었지만 이번엔 아니었어요. 그냥 얼음처럼 차가웠어요. 아무 감정이 없었어요. 그냥 모든 감정이 사라졌다고밖에 말하지 못하겠어요. 공포가 들어설 자리는 없었어요. 대신 이런 감정만 가득했죠. 모든 게 끝났어. 더 이상은 없어. 끝났어. 모든 게 끝이야.

이 일이 있기 수일 전에 있었던 한 가지 일이 생각납니다. 선전부 건물에서 타자를 쳤던 마지막 날이었죠. 그날 콜라츠 박사*가 와서 말했어요. 괴벨스의 참모였는데, 무척 친절한 사람이었어요.「폼젤리네, 아내와 딸이 포츠담에 있는데, 여기서 무슨 일이 더 벌어지기 전에 가족들과 작별 인사를 하려고 해요. 오토바이는 미리 마련해 뒀어요.」 선전부에는 업무용 차량 기지가 있었는데, 거기엔 오토바이들도 있었어요. 하지만 당시에는 운행이 금지되어 있었어요.

* Dr. Herbert Collatz(1899~1945). 국민 계몽 선전부 소속의 고위 공무원. 러시아군이 베를린으로 진군해 들어오자 가족과 함께 자살했다.

할 수도 없는 상황이었죠. 벤진이 부족했으니까. 그런데 콜라츠 박사는 용하게도 벤진을 채운 오토바이를 배차받았나 봐요. 그 사람이 말했어요. 「전에 듣기로 부모님이 포츠담에 산다면서요?」 그전의 우리 집은 다시 폭격을 당해 창문도 문도 다 부서져 부모님은 포츠담으로 옮길 수밖에 없었죠. 「내가 거기까지 태워 주겠소.」 그 사람이 말했어요. 「내일 아침 일찍 돌아오는 걸로 해요. 어서 급히 다녀옵시다.」 그래서 내가 말했죠. 「예, 저도 같이 가요. 어머니 아버지를 못 뵌 지 벌써 꽤 됐어요.」

나는 오토바이 뒷좌석에 탔어요. 콜라츠 박사는 나를 데려다준 뒤 인사를 하고는 말했어요. 「저녁 일곱 시에 올 테니 기다리고 있어요.」

나는 그날 부모님 집에 있었어요. 점심 때부터 오후 내내요. 그러다 일곱 시가 됐는데 콜라츠 박사가 나타나지 않았어요. 여덟 시가 되고 아홉 시가 지났는데도요. 그 사람한테 연락할 방법도 없었어요. 당연히 부모님도 주무시지 못하고 같이 기다렸죠. 그러다 어머니가 말했어요. 「이젠 우린 자러 들어가야겠다.」 우린 이튿날 아침 일곱 시에 깼어요. 그런데도 콜라츠 박사는 오지 않았어요. 나는 점점 불안해졌어요. 당시엔 아무 연락도 없이 출근하지 않는 사람들이 하나둘 늘어가기 시작했거든요. 이제는 무단결근으로 인한 징계 같은 건 신경 쓰지 않겠다는 거죠. 그런 사람들이 많았어요. 뭔가 심상찮은 낌새를 채고 도망쳐 버린 사람들이었죠. 하지만 난 그럴 수가 없었어요. 거긴 내 직장이고, 우린 같은 팀이었어요. 그렇다면 돌아가야 했어요. 반드시 돌아가야 한다고 생각했어요.

그런 나를 보고 어머니가 말했어요. 「꼭 돌아가야겠니?」 「예, 무조건요!」 난 의무감이 투철한 사람이었어요. 그건 내게 정말 중요했어요. 나는 무작정 기차역으로 달려갔어요. 당시에는 벌써 대중교통이 완전히 멈춰버렸다는 것을 알고 있었지만 혹시나 하는 마음이 있었죠. 그런데 정말 거짓말같이 기차가 왔어요. 베를린의 프리드리히슈트라세 역으로 가는 교외선이었어요. 그 기차가 어떻게 다닐 수 있었는지는 나도 모르겠어요! 하지만 나로선 행운이었죠. 기차가 멈추고, 나는 기차에 올라탔어요. 다른 승객들도 보였어요. 그 무렵엔 모든 도시 기능이 망가진 상태였는데 신기한 일이었죠. 어쨌든 난 기차역에서 내려 바로 지하실로 달려갔어요. 그리고 무사히 지하실에 닿았죠. 그러니까 프리드리히슈트라세 역에서 내려 곧장 선전부 지하실로 간 거예요. 그리고 그 안에서 열흘이나 열하루 정도 지냈던 것 같아요.

콜라츠 박사한테 무슨 일이 있었는지는 나중에 알게 됐어요. 그 사람은 아내한테 갔어요. 어린 딸이 하나 있었는데, 열 살이나 열한 살쯤 됐다고 해요. 엄마 아빠한테 찰싹 붙어서 떨어질 생각을 하지 않는 애였죠. 게다가 외동딸이었어요. 콜라츠 박사는 아내와 딸을 반제 호수로 데려가서는 차례로 쏘아 죽인 뒤 자기도 목숨을 끊었어요. 온 가족이 이 세상에서 사라진 거죠. 콜라츠 박사는 처음부터 그럴 생각으로 출발한 게 분명해요. 하지만 나한테는 그런 생각을 말하지 않았죠. 내가 다시 선전부로 돌아가지 못할 거라는 얘기도 할 수 없는 입장이었어요. 아무튼 그 사람은 확고하게 마음먹고 그리로 간 게 분명해요. 의도적으로 그런 거죠. 목숨을 부지할 희망이 전혀 없다고 생각했기 때문이겠죠.

그렇다면 그 사람은 왜 나를 데려갔을까요? 내 목숨을 구해 주려고요? 그랬던 것 같아요. 눈치가 있으면 그 기회를 이용해서 목숨을 구할 방법을 찾으라는 뜻이었겠죠.

나중에 돌아보니 그때 난 정말 어리석었어요. 그때는 이미 우리가 전쟁을 이길 수 없을 거라는 사실을 누구나 다 알 수 있던 시점이었거든요. 그런 상황에서 나는 왜 무조건 돌아가야 한다고 생각했을까요? 멍청한 짓이었어요. 하지만 그때는 앞으로 어떻게 될지는 생각하지 않았어요. 아무 느낌이 없었어요. 그저 죽은 사람 같았죠. 생기라고는 전혀 없이 그냥 숨만 쉬고 있는 것 같았어요. 지난 일을 얘기하고 그때의 심정으로 다시 돌아가는 건 정말 힘들어요.

지금 생각해 보면 내가 그 모든 과정을 항상 잘 극복해 온 건 당연히 기뻐요. 얼마든지 다른 식으로 일이 흘러갈 수도 있었을 텐데 말이에요. 그랬더라면 나는 이렇게 나 자신의 삶을 되돌아볼 기회도 갖지 못했겠죠. 인생이 벌써 끝났을 테니까요. 요즘은 속으로 나 자신에게 이렇게 말해요. 너한테 일어난 그 모든 일을, 그렇게 고약하고 나빴던 일들을 네가 참 잘 이겨 냈구나, 하고 말이에요. 지금 생각하면 그런 나 자신이 대견해요. 그럴 이유가 충분한 삶이었죠.

삶이 참 아름다웠던 것 같아요. 틈틈이 행복하기도 했고요. 그것도 무척이나요. 사실 돌아보면 지루해서 죽을 것 같은 적은 한 번도 없었어요. 약간 지루했던 적은 간혹 있었지만요. 인생이라는 게 그렇지 않나요? 항상 좋은 일과 나쁜 일들만 있는 게 아니죠. 그 중간에는 긴 휴지기가 있기 마련이죠. 내게도 그런 시간이 있었어요. 남들도 다 마찬가지겠지만요.

점점 몰락의 순간이 다가오는 것이 느껴졌을 때 우리는 요즘 말로 멘붕에 빠졌어요. 마법의 무기가 있을 리도 없었고, 우리를 구해 줄 거라던 벤크군도 나타나지 않았어요. 사람들은 더 이상 그걸 믿지 않았어요. 우리는 두 손을 무릎 위에 내려놓고, 이제 어떤 식으로 끝을 맺게 될 것인지만 생각했어요. 하지만 그런 중에도 정말 바보 같은 사람이 몇몇 있었어요. 나도 그중 하나였죠. 그러니까 벤크군이 러시아군을 등 뒤에서 공격하고, 그것이 전쟁의 클라이맥스가 될 거라고 생각하는 사람들이었어요. 벤크군이 이제 러시아 군인들을 죽이고 우리 모두를 지옥에서 구해 낼 거라고 믿는 사람들이었어요. 나는 정말로 믿어서 그렇게 생각했던 것이 아니었어요. 다른 가능성은 전혀 없고, 오직 믿을 구석이라곤 그거 하나뿐이라서 그렇게 했던 것뿐이에요. 벤크군이 와서 적을 깨끗이 쓸어버릴 것이고, 그러면 모든 것이 다 잘될 거라고 생각한 거죠.

벤크군은 마지막 날까지도 우리의 뇌리에서 떠나지 않았어요. 그러다 언제부터인가 우리가 속았다는 것을 모두가 깨닫게 되었어요. 물론 몇 사람은 좀 더 일찍 깨달았지만요. 나는 그만큼 미련했어요. 그걸 마지막 순간까지 믿었으니까. 다른 상황은 그냥 상상이 되지 않았어요. 무조건 우리가 이길 거라고만 생각했어요. 참 바보 같은 생각이었죠. 우리라고 왜 질 수 없겠어요? 하지만 그런 생각 자체가 들지 않았어요. 우리는 이길 것이다. 적의 뒤를 치는 것은 올

바른 전략이다. 이런 생각만 했죠. 러시아군이 벌써 독일 내에 들어와 있다는 사실은 전혀 몰랐어요. 그만큼 나는 미련했어요. 하지만 고민할 것도 많고 이겨 내야 할 것도 많은 어려운 시절에 자신이 모든 것을 잘못했을 거라는 갈등에 빠지게 되면 스스로에게 그것을 인정하고 싶지 않은 게 인간이죠.

나는 내 인생에서 많은 것을 잘못했다고 생각해요. 당시엔 그런 부분을 깊이 생각해 보지 않았어요. 그저 난 항상 의무감이 투철한 사람이었어요. 내가 하는 일은 사람들에게 믿음을 줬어요. 그만큼 성실하게 잘했고, 항상 정확했어요. 어떤 자리에 있건 나는 내가 맡은 일을 충실히 완수했어요. 평생 그랬죠. 당시도 물론이었고요. 그 일이 나쁜 일이건 좋은 일이건 상관없었어요. 방송국에 근무하건 선전부에서 일하건 그건 중요하지 않았어요. 어디에 있건 마찬가지였어요. 그건 문제가 되지 않았어요.

당시 난 항상 이렇게만 생각했어요. 휴, 아직도 목숨이 붙어 있구나. 집이 완전히 망가져도, 아, 아직 살아 있구나, 창문이 부서지고 문이 닫히지 않아도, 아직 살아 있구나. 수많은 사람들이 매일 그런 생각으로 살아갔을 거예요. 지금은 그렇지 않지만 당시엔 그게 위안이었죠.

어쨌든 우리는 지하 벙커에 쥐새끼처럼 숨어 있었어요. 그때 갑자기 마주렌알레 거리에 있던 방송국에서 두 사람이 우리 벙커에 나타났어요. 내가 아는 사람들이었어요. 한 사람은 하네 조베크*라고 축구선수 출신이었어요. 지금처럼 축구가 아직 그렇게 인기를 끌지 않던 시절이었죠. 아무튼 그 사람은 아주 뛰어난 축구선수였는데 나중에 방송국 스포츠국에 취직을 했어요. 다른 한 사람도 내가 방송국에 있을 때 알게 된 사람이었어요. 두 사람은 걸어서 우리한테 왔어요. 러시아 군인들이 벌써 마주렌알레 거리까지 진입했을 때의 일이죠. 그때도 우린 여전히 지하실에 숨어 있었어요. 이제는 전화도 되지 않았어요. 그래서 우린 외부와 완전히 차단된 채 갇힌 쥐처럼 지하실에 웅크리고 앉아 있기만 했어요.

우리 중에 대령이 한 사람 있었어요. 한스 프리체 대령으로 기억해요. 그 밖에 선전부 참모도 몇 사람 있었죠. 한스 프리체는 베를린 나치 부지구장이었어요. 괴벨스는 많은 관직을 맡고 있었음에도 베를린 지구장 자리까지 꿰차고 있었어요. 그 밑의 부지구장이 한스 프리체였죠. 벙커엔 방

* Johannes (Hanne) Sobek(1900~1989). 독일의 유명한 축구 선수 겸 코치. 헤르타 BSC 팀에 있을 때 여섯 번 연속으로 독일 축구 선수권 대회 결승전에 진출해서 두 번을 우승으로 이끌었다. 은퇴 뒤에는 1938년부터 1945년까지 베를린 방송국 기자로 활동했다.

이 두 개 있었는데, 한스 프리체는 대개 한 방에서 선전부 참모들과 뭔가 일을 했어요. 그러다 어느 순간 프리체 씨가 우리한테 임무를 줬어요. 밀가루와 쌀, 면이 든 식량 자루를 모두 탈탈 쏟아 버리라는 거예요. 아까운 식량을 모두 쏟고 나자 우리는 자루를 찢고 잘라 그걸로 커다란 흰 깃발을 만들어야 했어요. 그런데 바느질 도구가 없었어요. 그래도 우리는 어떻게든 기워 용케 깃발을 만들었어요.

갈수록 베를린이 점점 조용해지는 것이 느껴졌어요. 뭔가 굉음이 들려도 그건 총소리였지 더 이상 대포 소리가 아니었어요. 어디선가 간간이 작은 전투가 벌어지고 있었던 거죠. 커다란 깃발을 다 만들고 나자 프리체 대령이 좌우에 참모를 하나씩 세워 놓고 말했어요. 밖에서는 여전히 총탄이 오가고 있지만 자기가 이제 여기서 나가 벤들러가를 뚫고 러시아군과 얘기를 나누겠다고. 그러고는 부하 몇 명과 함께 나갔어요. 우리만 지하실에 남겨둔 채로요. 물론 그전에 이렇게 말했어요. 「여러분은 여기서 기다리도록 해요. 내가 여러분을 위해 필요한 조처를 취하고 오겠습니다. 우리는 이제 흰 깃발을 들고 벤들러가로 갈 생각입니다.」 러시아군 사령부가 있는 곳이었죠.

프리체 일행이 나간 지 몇 시간쯤 됐을 때 갑자기 러시아 군인들이 들이닥쳤어요. 우리는 정말 가련한 몇 마리 들쥐

신세였어요. 지휘부도 없었으니까요. 우리 모두가 좋아하고 존경했던 프리체 씨가 우리를 곤경에 빠뜨렸다고 생각했어요. 우리가 도살장의 짐승처럼 웅크리고 앉아 있는데, 러시아 군인들이 갑자기 나타났어요. 대여섯 명쯤 됐던 걸로 기억해요. 주로 몽골 계통의 사람들이었어요. 완전히 낯선 얼굴들이었죠. 그 사람들은 금방이라도 쏠 것처럼 총구를 우리에게 향했어요. 그런데 러시아 군인들도 무척 긴장한 눈치였어요. 왜 안 그렇겠어요? 컴컴한 지하실 복도를 지나오는 동안 어디서 무슨 일이 벌어질지 어떻게 알겠어요? 그 사람들은 언제든 공격받을 것에 대비하면서 총 쏠 준비를 하고 있었어요. 그렇게 복도를 지나 마침내 우리 방문을 쾅 열어젖히고 들어왔어요.

우리는 열 명쯤 됐어요. 러시아 군인들은 우리를 한데 모아 밖으로 데려갔어요. 이렇게 해서 우리는 지하실 문 밖으로 나왔어요. 그때 어디선가 총소리가 들렸어요. 누군가 마이어 씨라고 말했어요. 아무튼 우리는 지하실 출구에서 마우어가 쪽으로 내몰렸어요. 선전부 건물 뒤편의 거리였죠. 열흘 만에 처음 보는 햇빛이었어요. 모두가 희끄무레한 얼굴에 잔뜩 겁에 질린 표정이었어요. 러시아 군인들은 총구를 들이대고는 우리를 어딘가로 몰아갔어요. 우리는 다들 이제 끝이구나, 하고 생각했죠. 그때 갑자기 마우어가 쪽에서 군인들 한 무리가 방향을 틀어 우리 쪽으로 오는 게 아니겠어요! 찢어진 흰 깃발이 보였어요. 깃발은 한눈에 알아볼 수 있었어요.

그 무리에 프리체 씨가 있었는지는 기억나지 않아요. 하지만 프리체 대령과 함께 갔던 남자 중 하나가 거기 끼어 있는 게 보였어요. 그렇다면 프리체 대령도 거기 있었을 가능성이 커요. 어쨌든 그 무리는 러시아 장교가 인솔하고 있었어요. 그 뒤 우리는 지하 벙커로 다시 끌려갔어요.

우리는 어떤 질문도 할 수 없었어요. 그냥 우리 뜻과는 상관없이 이리저리 내모는 대로 움직이는 체스판의 말 신세나 다름없었죠. 프리체 대령은 더 이상 보이지 않았어요. 우리는 몇 시간 동안 앉아만 있었어요. 그러고 있으니까 다시 러시아 군인들이 들어왔어요. 그런데 이번에는 완전히 다른 사람들이었어요. 말쑥한 제복을 차려입은 군인들이었는데, 사령부에서 나왔다고 했어요. 소련군 베를린 총사령관 추이코프 장군*의 부하들이었죠. 프리체 대령이 추이코

* Wassili Iwanowitsch Tschuikow(1900~1982). 제2차 세계 대전 중에 큰 공을 세운 소비에트 군 지휘관이자 정치인. 1942년 9월에 제62군 사령관이 되어 스탈린그라드 전투에서부터 1945년 4~5월 베를린 전투까지 일선에서 군대를 지휘했다. 전후에는 〈소비에트 연방 영웅〉 칭호를 받았고, 1955년에는 〈소련 원수〉에 임명되었다.

프 앞에서 베를린 항복 선언문에 서명을 하고 나자 추이코프는 우리를 인계받았고, 그래서 곧 우리에게 이 엘리트 군인들을 보낸 거였어요. 군인들은 우리를 다시 밖으로 데려 나가더니 도심에서 템펠호프 쪽으로 도보로 끌고 갔어요.

베를린은 갑자기 쥐 죽은 듯이 조용했어요. 간혹 말발굽 소리나 러시아 군인들을 태운 자동차와 트럭 경적 소리밖에 들리지 않았어요. 어디서도 더 이상 총소리는 나지 않았어요. 대신 길거리에는 아직 치우지 않은 시체들이 곳곳에 널려 있었죠.

우리는 어디로 가는지 알 수가 없었어요. 알려 주는 사람도 없었고요. 거리에는 벌써 제복을 입은 러시아 여자들이 투입되어 교통정리를 하고 있었어요.

우리는 어느 길모퉁이에서 걸음을 멈추었어요. 거기엔 한 독일인 중년 부부가 서 있었어요. 두 사람은 우리가 군인들에게 에워싸여 있는 것을 보더니 물었어요. 「포로로 잡힌 겁니까, 아니면?」 그래서 말해 줬죠. 우리도 아는 것이 전혀 없다고. 곧이어 러시아 군인들이 다시 〈빨리, 빨리!〉를 외치며 우리를 앞으로 내몰았고, 부부도 우리 대열에 합류했어요. 서둘러야 하는지 두 사람을 그냥 우리 그룹에 끼워 넣어 버린 거죠.

군인들은 템펠호프 근처의 한 작은 집에 우리를 몰아넣

었어요. 방 두 개짜리 집이었어요. 우리는 총 열 명이었는데, 그렇게 집에 연금되었어요.

거기서 우린 하룻밤을 보냈어요. 먹을 것도 없었고 마실 것도 없었어요. 그 부부는 여전히 우리와 함께 있었어요. 그런데 자기들이 지금 어떤 사람들과 같이 갇혀 있는지를 알고는 울기 시작했어요. 완전히 절망한 눈치였어요. 다행히 러시아 군인들 중에 독일어를 좀 할 줄 아는 사람이 몇 명 있었어요. 그래서 우리는 이 독일인 부부가 처음 본 사람들이고 우리와는 아무 관련이 없는 사람이라고 손짓 발짓을 써가며 설명했어요. 길을 가다가 실수로 우리 일행이랑 함께 오게 됐다는 거죠. 러시아 군인들도 사정을 파악하고 부부를 놓아주었어요. 우리 설명을 알아들었던 거죠.

그러나 나는 풀려나지 못했어요. 처음에 나와 함께 구금된 사람은 백러시아 여자였어요. 부모님이 1918년 러시아 혁명 때 러시아에서 도주했다고 하더군요. 베를린에는 백러시아 사람들이 많이 살았어요. 이 백러시아 사람들은 러시아인들에겐 나치보다 더 나쁜 인간들이었어요. 자신들을 배신한 사람들이었으니까요. 그 여자의 남편은 기자였는데, 남편도 어딘가에서 러시아 군인들에게 검거되었다고 해요. 아무튼 이 여자는 계속 불려 가 심문을 받았어요. 불쌍한 여자였어요. 정말 많이 시달렸죠.

러시아 군인들에게 체포되었을 때 나는 이제 전쟁이 끝났으니까 어떤 식으로건 정상적인 삶이 시작될 거라고 생각했어요. 나를 체포한 러시아 군인들은 무척 친절했어요. 독일어를 잘하는 통역관도 늘 함께 있었고요. 다들 상냥했어요. 그래서 나는 어쩌면 집으로 돌아갈 수도 있겠구나, 하는 희망을 품기도 했어요.

우리 모두가 한방에 모여 심문을 받을 때 더러 거짓말을 하는 사람들이 있었어요. 예를 들면 이런 식이죠. 자기는 길을 가다가 총소리가 나서 피하려고 선전부 지하실로 숨었다는 거죠. 다른 사람들은 또 이렇게 말했어요. 「아뇨, 서로 말이 틀리지 않습니다. 사람마다 보는 게 다르니까요. 어떤 사람은 이런 측면에서 이야기하고, 어떤 사람은 저런 측면에서 이야기하는 것일 뿐입니다.」

나는 진실을 말해야겠다고 마음먹었어요. 그래서 선전부에서 일했다고 털어놓았어요. 물론 소름 끼치는 괴벨스 밑에서 속기사로만 일했다고 했죠. 그러면서 이렇게 설명했어요. 괴벨스는 한 번도 본 적이 없다. 왜냐하면 선전부는 아주 큰 조직이기 때문이다. 나는 그 조직에서 하찮은 여직원에 불과했다. 거기서 일하기는 했지만 괴벨스는 한 번도 만난 적이 없다. 그전에는 방송국에서 일했다. 그러다 복무 의무 규정에 따라 선전부로 옮겨야 했다. 그건 사실이었어요. 어쨌든 난 괴벨스를 한 번도 본 적이 없다는 말을 반복했어요. 이 진술은 당시 내 서류에 모두 기재되어 있어요.

내가 이렇게 사실대로 진술한 데에는 이유가 있었어요. 내가 반복해서 심문을 받게 되면 그때마다 진술을 기록하게 될 텐데, 내 말 중에 거짓말이 있으면 거듭되는 질문들 속에서 앞뒤가 맞지 않는 말이 하나라도 나오게 되지 않겠어요? 반면에 항상 진실만을 이야기하면 늘 같은 말밖에 나오지 않을 거라고 생각했어요. 나쁘지 않은 생각 같았어요. 어쩌면 저 사람들이 나를 처벌하지 않을 수도 있겠다 싶었어요. 어쨌든 난 자살은 생각지도 않았고, 총살형을 당할 거라는 생각도 하지 않았어요. 오히려 저 사람들이 나를 이제 집으로 보내 줄 수도 있겠구나 하고 생각했어요.

나는 아무것도 한 짓이 없다는 말을 반복했고, 그 사람들도 내 말을 믿는 것 같았어요. 그렇다고 나를 풀어 주겠다는 말도 하지 않았고, 나를 여기 붙잡아 두겠다는 말도 하지 않았어요. 그저 수고했다는 말만 하고는 나를 다시 데려갔어요. 나는 5년 뒤에야 석방됐어요.

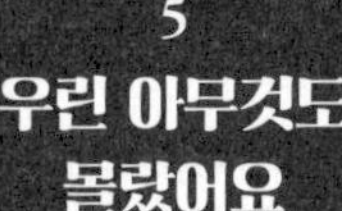

5

우린 아무것도 몰랐어요

수용 생활과 새 출발

악은 있어요. 악마도 있어요. 신은 없지만 악마는 있어요. 정의는 없어요. 정의 같은 건 없어요.

— 브룬힐데 폼젤

브룬힐데 폼젤은 체포 후 소련의 특별 수용소 2호에 수감되었다. 1945년 8월, 이전의 부헨발트 강제 수용소 부지에 새로 설치된 수용소이다. 이 수용소는 소련 내무성 인민 위원인 라브렌티 베리야의 지시로 설치되었고, 외부 세계와 거의 완전히 차단되었다. 주로 국가 사회주의자, 동조자, 전쟁 범죄자들이 수용되었다. 수감자들은 가족과의 접촉이 불허되었을 뿐 아니라 외부 세계의 정보와도 철저히 차단되었다. 수많은 수감자들이 수용 기간 동안 질병과 영양실조로 목숨을 잃었다.

브룬힐데 폼젤은 과거를 돌아보면서 여전히 자신의 개인적인 책임을 부인하는 가운데 요제프 괴벨스와 나치 정권에 대해 자기만의 판단을 내리고 있다.

콜라츠 박사의 말을 들었더라면 아마 나는 수용소에 들어가지 않았을 것이고, 러시아인들에게 잡혀 이 수용소에서 저 수용소로 옮겨 다니지 않았을 거예요. 그때 그 말만 들었더라면 나는 분명 베를린을 빠져나갔을 거예요. 우리 집이 망가진 상태라 더 이상 거기 머물 수는 없었으니까요. 하지만 그게 내 운명이었어요. 사실 그런 격동의 시절에 자신의 운명을 스스로 결정할 수 있는 사람이 몇이나 되겠어요? 혹시 나는 이런 이유에서 이렇게 했고, 저런 이유에서 저렇게 했다고 자신 있게 말할 수 있는 소수의 사람들은 몰라도요. 우리는 그저 시대에 끌려다녔을 뿐이에요! 우리 의지와는 무관하게. 그러다 마지막엔 체포되는 일까지 생기게 되었죠. 망가진 집에 그대로 남았더라면 나는 선전부 지하 벙커로 가지 않았을 테고, 그랬더라면 러시아 군인들의 손에 끌려 나오지도 않았을 거예요. 집에 그대로 남았더라면 아마 아무 일도 일어나지 않았을지 몰라요.

지금 입장에선 당연히 이런 의문이 들 수 있어요. 나치에 대항할 수는 없었느냐고요. 하지만 그건 불가능했어요. 목숨을 걸어야 했으니까요. 최악의 상황을 염두에 두지 않을 수가 없었어요. 그런 예도 충분했어요. 나치가 저지른 일들이 엄청난 범죄였다는 사실은 나중에 확실히 깨닫게 되었어요. 하지만 당시에는…… 그 당시에는…… 우린 모두 나치 선전에 완전히 속아 넘어갔고, 완전히 말려들어갔어요. 그건 당연히 어리석은 짓이었죠. 하지만 다른 정보나 접촉이 없는 상황에서는 어쩔 수 없는 측면도 있었어요. 당시에 외국의 누군가와 연락을 주고받으며 사는 사람이 얼마나 됐겠어요? 그런 사람은 거의 없었죠.

나치에 저항했던 사람들이 소수 있었지만, 그게 결과적으로 누구한테 도움이 됐나요? 그 사람들만 목숨을 잃지 않았나요? 오히려 국가에 다른 뭔가를 기대하는 사람이 훨씬 더 많았어요. 그래서 추천을 받아 하루라도 더 일찍 당에 가입하려고 했어요. 처음엔 확신과 강력한 의지를 갖고 당에 들어간 사람은 주로 나치 친위대 대원들뿐이었어요. 나중엔 나치 돌격대 사람들도 그랬지만요. 어쨌든 처음엔 그런 사람들이 많지 않았어요. 돌격대는 평범한 국민들을 위한 조직이었어요. 반면 친위대는 어느 정도 혜택을 받은 게 사실이었죠.

나는 그런 정치적인 소용돌이 속으로 나도 모르게 끌려들어갔지만, 그래도 항상 그런 것들과는 거리를 뒀어요. 그런 것들에 대해 깊이 생각하지도 않았고요. 어떻게 하면 그렇게 끌려 들어가지 않을까 하는 방법도 몰랐을 거예요. 잘못된 사람들을 따르는 어리석은 사람들은 항상 있기 마련이에요. 물론 그로 인해 비싼 대가를 치러야 했지만요. 지금 생각하면 나는 다시는 그런 일을 반복하지 않을 거라고 생각해요. 하지만 사람들이 거기서 깨달음을 얻었을지는 모르겠어요.

제1차 세계 대전이 끝나자 독일은 선장 없는 배나 마찬가지였어요. 나라를 이끌 인물이 없었죠. 그 때문에 히틀러는 손쉽게 권력을 잡았어요. 그때 그 사람의 가장 강력한 무기는 바로 무수한 실업자들이었어요.

지금은 완전히 다른 정부 형태가 들어섰고, 삶의 형태도 완전히 달라졌어요.

과거와 같은 일이 다시 반복되는 건 불가능하다고 믿어요. 혹시 국가 사회주의 같은 것들이 다시 일어난다고 해도 얼마든지 막을 수 있을 거예요. 하지만 당시에는 극단적인 세력들이 극단적으로 대치하는 상황이었어요. 공산주의와 국가 사회주의의 아주 치열한 대립이었죠. 지금은 그런 대립이 예전만큼 심각하지 않아요.

나는 포로수용소에서 나오고 나서야 무슨 일이 있었는지 알게 됐어요. 독일에 있는 다른 사람들은 서서히 길들여져 갔어요. 그러다 전쟁이 끝나고 뉘른베르크 전범 재판 과정을 거치면서 그 시대에 정말 어떤 일이 있었는지 서서히 깨닫게 되었죠. 당시엔 모르고 있다가 나중에 서서히 깨닫게 되는 건 좋지 못한 일이에요. 하지만 당시 사람들은 매일 조금씩 조금씩 길들여져 갔어요. 나는 수용소에서 그 일들에 대해 갑자기 알게 되었을 때, 그러니까 당시 사진이나 학살 구덩이 같은 것들을 보게 되었을 때 정신이 확 들었어요. 하지만 그것을 몰랐던 건 우리 책임이 아니에요. 당연히 내 책임도 아니고요. 그건 아니에요. 나는 러시아인들이 점령한 부헨발트와 작센하우젠의 강제 수용소, 그리고 동베를린의 한 공장에 갇혀 있었어요. 하지만 러시아의 감옥에는 가지 않았어요. 거기서 일어난 일들에 대해서도 우린 아는 게 전혀 없었어요. 우리는 고립되어 있었죠.

괴벨스에 관해 말하자면, 괴벨스와 그의 아내가 어떤 사람인지 정확하게 깨달은 건 마지막에 이르러서였어요. 괴벨스 부부는 그때 도망칠 수 있었어요. 내가 정말 의문스럽게 생각하는 건 이거예요. 왜 스스로 목숨을 끊었을까? 특히 도대체 왜 아이들까지 죽여야 했을까? 그래요. 러시아인들이 벌써 들어와 있기는 했죠. 하지만 한나 라이치*가 비

* Hanna Reitsch(1912~1979). 독일 제3제국 시절에 대중에게 인기가 많았던 시험 비행 여자 조종사. 1945년 4월 23일 괴링이 히틀러에 의해 모든 관직을 박탈당했을 때 한나 라이치는 1945년 4월 26일 괴링의 후임자로 예정된 로베르트 리터 폰 그라임을 비행기에 태우고 연합군에 포위된 베를린으로 날아갔다.

행기로 베를린을 벗어나게 해주겠다고 제안했을 때 괴벨스는 어떻게 했나요? 작은 비행기에 괴벨스 가족을 태워 베를린 밖으로 내보내 주겠다는 제안을 거부했대요. 특히 이해가 안 되는 건 애들 어머니의 태도였어요. 그건 도저히 이해할 수가 없어요.

들은 이야기로는, 언제 그걸 들었는지는 모르겠지만, 아무튼 들은 이야기로는 괴벨스의 큰딸이 아주 격렬하게 반항하며 수면제를 먹으려고 하지 않았나 봐요. 부모가 그전에 아이들에게 수면제를 줬던 거 같아요. 그런데 큰애는 자신에게 무슨 일이 일어날지 알았거나 아니면 그냥 눈치를 챘는지, 약을 먹으려고 하지 않았다고 해요. 정말 상상하고 싶지도 않은 끔찍한 일이에요.

괴벨스가 스스로 목숨을 끊은 건, 그래요, 그건 달리 방법이 없었다고 이해해요. 하지만 다른 건 너무 비겁한 짓이었어요. 특히 아이들까지 희생시킨 건 도저히 용서할 수 없는 일이에요! 아이들이 무슨 죄가 있어요? 그런 일만 없었다면 지금도 어엿한 성인으로 살아가고 있을 거 아니에요. 너무 잔인한 짓이었어요. 그것도 자기 배로 낳은 아이들을 어머니가 죽이다니! 물론 깊이 생각해서 스스로 목숨을 끊는 경우도 있어요. 그런 자발적인 죽음은 간혹 자신의 행위에 대한 사죄가 될 수도 있겠죠. 하지만 아이들을 죽인 건 전쟁 자체만큼이나 큰 범죄라고 생각해요. 그러니까 이 모든 일을 야기한 사람들이 그런 식으로 도망을 치고 가장 가까운 사람들에게 책임을 떠넘긴 건 내가 보기엔 너무 비겁해요. 그 인간들은 약을 먹고 죽었어요. 괴링도 음독자살을 했고요. 그러다 보니 다른 사람들이 책임을 져야 했어요. 진짜 책임자는 저 위에 있는데도요. 히틀러죠!

나치 시절에 강제 수용소가 있었다는 건 나도 일찍부터 알고 있었어요. 하지만 거기서 사람들을 독가스로 죽여 불태운 건 전혀 알지 못했어요. 나 자신이 부헨발트 수용소에서 그런 가스가 나왔던 샤워기 아래 서 있었다는 상상을 하면…… 같은 곳에서 샤워를 했다는 상상을 하면……. 그래요, 나는 목욕탕 건물에 들어가면 옷을 벗어 47번 갈고리에 걸어 뒀어요. 내 고유 번호였죠. 내가 샤워를 하는 동안 옷은 빨아 다른 방에 걸어 뒀어요. 같은 번호 밑에요. 그러면 나중에 그걸 다시 찾을 수 있었죠. 그사이 나는 15분 정도 타일이 깔린 커다란 목욕탕에서 샤워를 했어요. 머리 위에는 일정한 간격으로 커다란 샤워기가 달려 있었어요. 우리는 샤워기 밑에 서서 꼭지를 틀었어요. 그러면 거기서 물이 시원하게 쏟아졌죠. 우리는 작은 비누 조각을 하나씩 받아 몸을 씻었어요. 샤워 중에는 내내 따뜻한 물이 나왔어요.

그러다 차가운 물이 나오기 시작하면 샤워를 마치고 다른 방으로 이동했어요. 거기도 늘 따뜻했죠. 거기서 우리는 옷을 입고 다시 나갔어요. 나중에 난 유대인들이 겪은 일들을 상상하면서 너무 가슴이 아팠어요. 우리 막사 안에는 차가운 물밖에 나오지 않아서 따뜻한 물이 나오는 목욕탕에 가는 걸 늘 기뻐했는데, 똑같은 장소에서 똑같은 기구를 사용해 유대인들을 가스로 죽였다고 생각하니 정말 너무 끔찍했던 거죠. 저들이 정확히 꼭 그런 방식으로 했는지는 모르지만, 어쨌든 거기서 그렇게 죽였다고 해요.

그런데 나는 러시아인들이 나만 꼭 집어서 잡아간 것이 전적으로 부당하고 잘못된 일이라고 느꼈어요. 왜냐하면 나는 괴벨스 밑에서 타자를 친 것 말고는 한 일이 없었기 때문이죠. 도대체 내가 뭘 잘못했는지 알 수가 없었어요. 뭐라도 한 게 있다면 책임을 져야겠죠. 하지만 난 아무것도 한 게 없어요. 그냥 러시아 군인들이 선전부 지하 벙커로 들이닥쳤을 때 불행하게도 집에 남을 수 있는 좋은 기회를 버리고 거기에 가서 붙잡힌 것뿐이에요.

물론 어리석었다는 면에서는 책임이 있어요. 하지만 원래 어리석게 행동하려는 사람이 어디 있겠어요? 저들은 제1차 세계 대전의 패전 후에 우리에게 새로운 도약을 약속했고, 처음 몇 년 동안은 실제로 그리될 것도 같았어요. 전쟁에 패배한 뒤 도저히 성장을 기대할 수 없는 배상 협정에 묶여 있던 낙담한 국민들에게 민족의 부흥을 약속하는데 누가 마음이 동하지 않겠어요?

나치의 잔학한 행동에 대해 알고 있었던 사람은 주로 그런 시설이나 감옥과 직접적인 관련이 있는 사람들이었어요. 하지만 그들은 그런 이야기를 하지 않았어요. 그랬다가는 처벌을 받을 수 있었기 때문이죠. 그게 두려웠던 거예요. 그런데 그 사람들이라고 해서 전부 당원은 아니었어요. 그 중 상당수는 그냥 평범하고 소박하고, 어쩌면 약간은 어리석은 사람들이었어요. 그러니까 그런 문제에 대해선 생각해 본 적이 없는, 정치적으로 어리석은 인간들이었죠.

나는 동조자가 아니었어요. 그랬다면 더 많은 것을 알고 있어야 했겠죠. 나는 많은 사람들이 들어간 그 미련한 당에 별 생각 없이 경솔하게 끌려 들어간 것뿐이에요.

그런데 수용소에 수감되면서 불행 중 다행인 것도 있었어요. 처음에 난 러시아군이 독일 국경을 넘었다는 얘기를 들었을 때 엄청난 두려움을 느꼈어요. 그 사람들이 독일 여자들한테 무슨 짓을 하지 않을까 하는 두려움이었죠. 그래요, 그건 우리 모두에게 정말 상상할 없는 공포였어요.

하지만 그런 일은 일어나지 않았어요. 아무튼 당시 세상이 어떻게 흘러갈지는 아무도 몰랐어요. 전쟁이 끝나자 대부분의 사람들은 그저 망연자실해서 손을 놓은 채 앞으로 뭘 먹고 살아가야 할지 걱정했어요. 다니던 회사들은 다 망해서 이젠 월급도 받을 수 없게 됐어요. 돈도 가치가 없어졌고요. 1945년 여름 우리가 이전의 부헨발트 강제 수용소 막사 앞에 앉아 있던 기억이 납니다. 우리는 강제 노역 같은 건 하지 않았고, 빈둥거리며 앉아 여기 들어오기 전에 살았던 얘기랑, 앞으로 어떻게 될지, 앞으로 어떤 일이 닥칠지 그런 이야기들을 했어요. 한번은 내가 이런 말을 했던 기억이 나요. 「그래도 우린 이런 수용소에 있으면서 아침 점심 저녁으로 꼬박꼬박 멀건 스프라도 먹고 있지만, 밖에 있는 사람들은 그런 스프도 못 먹을지 누가 알겠어요?」 그만큼 우리에겐 정보가 없었어요. 물론 독일에 있는 모든 사람이 그랬겠지만.

수용소라고 해서 항상 나쁜 일만 있었던 건 아니에요. 가끔 좋은 일도 있었죠. 예를 들어 그 악명 높은 부헨발트 수용소에서조차 평생 잊지 못할 아름다운 순간들이 있었어요. 내가 거기서 연극 무대에 섰으니까요. 단순하고 짧은 연극이었는데, 수감자 중 한 사람이 극본을 쓰고 친절한 러시아 대위가 후원했죠. 수용소 소장이었던 이 대위는 아쉽게도 나중에 다른 사람으로 교체되었어요. 물론 교체되어 온 새 소장도 독일에 호감을 갖고 있어서 수감자들에게 많은 편의를 봐주곤 했죠.

부헨발트 수용소에는 나치 시절에 이미 제법 꼴을 갖춘 극장이 설치되어 있었어요. 오케스트라 자리까지 있는 무대였는데, 특별 대우를 받던 수감자들은 물론이고 수용소에서 일하는 사람들을 위한 오락거리였어요. 내가 있었던 수용소 소장은 이전의 무대 시설을 깔끔하게 정비하게 했어요. 그러고는 처음엔 주로 러시안 병사들을 위해, 그중에서도 보초병들을 위해 광대극 같은 것을 상연하게 했죠. 분장한 배우들이 나오는 서커스 공연 같은 프로그램이었던 것으로 기억해요.

상상이 안 갈지 모르겠지만, 수용소엔 하인리히 게오르게 같은 배우들도 있었어요. 베를린 놀렌도르프 극장장도 있었어요. 그 사람도 우리와 같은 수감자였죠. 그 외에 필하모닉 단원도 있었고, 오케스트라 단원도 있었어요. 러시아 군인들이 그 사람들한테 악기를 구해 줬어요. 그냥 아무 집으로 쳐들어가 민간인들에게 바이올린이나 플루트 같은 악기를 빼앗아서는 수용소로 가져와 버린 거죠. 어쨌든 그렇게 해서 아주 기가 막힌 악단이 꾸려졌어요. 처음엔 공연 프로그램이 러시아 군인들에 맞게 계획되었지만, 차츰 독일적인 것들이 조금씩 포함되기 시작했어요.

나중에는 그 극장장이 독일 연극을 올리겠다고 하는 것도 소장이 허락했어요. 그런데 공연 8일 전에 여주인공을 역을 맡은 수감자가 러시아 군인과 뜨거운 사랑에 빠진 것이 들통나는 바람에 그 군인은 본국으로 소환되고, 여자는 즉시 극단에서 쫓겨났어요. 그로써 여주인공이 없어지게 됐어요. 그래서 다들 급하게 대체 배우를 찾았어요. 연극 제목은 〈기능장 학교 여학생〉이었는데, 누군가 나한테 물었어요. 내가 그 역할을 맡아 줄 수 있겠느냐고. 그래서 난 당연히 할 수 있다고 했죠.

다시 1년이 지났고, 그런데도 여전히 수용소에서 나가지 못했어요. 수용 생활 중에도 당연히 고민 같은 건 있었어요. 집에 돌아가면 뭘 해야 할까? 예전처럼 사람들을 만날 수 있을까? 직장은 구할 수 있을까? 직장은 수용소에서도 있었어요. 나는 재봉사 작업장에서 러시아인들의 일을 거들었거든요. 오랫동안 일을 하지 않으면 좀이 쑤시는 체질이었어요.

나는 항상 운이 좋은 편이었어요. 1950년 1월에 마침내 수용소에서 석방되어 고향으로 돌아갔는데 모든 것이 예전 그대로인 걸 보고 깜짝 놀랐어요. 새 방송국도 하나 생겨나 있었고, 나는 거기 비서로 채용까지 됐어요. 돌아올 때만 해도 처음엔 베를린 RIAS 방송국에서 일할 수 있지 않을까 생각했는데, 아니었어요. 그 사람들은 전직 나치를 받아주지 않았어요. 선전부에서 일했으니 당신도 나치라는 거죠. 그래요, 그 사람들의 눈엔 나도 분명 나치였어요. 거기엔 일말의 예외도 없었어요. 그 뒤 나는 쥐트베스트 방송국에 들어갔어요. 거긴 예전에 알던 사람이 몇 명 있었어요. 선전부에서 전쟁 소식을 전하던 기자들이었죠. 그 사람들을 거기서 다시 만났어요. 당시 프로미에서 탈출한 사람들이 누구누구였는지는 정확히 기억나지 않아요. 쿠르트 프로바인은 분명해요. 그 뒤로 본 적은 없지만요. 나우만 박사도 프로미에서 탈출했어요. 마지막까지 총통 본영에 함께 있다가 마르틴 보어만*과 슈배거만과 함께 베를린에서 탈출하는 데 성공했죠.

내가 바덴바덴에 있을 때 난데없이 나우만 박사한테 연락이 왔어요. 이런 내용의 편지였던 걸로 기억해요. 「폼젤 양,

* Martin Bormann(1900~1945). 국가 사회주의 정권 시절 당의 중요 직책을 맡은 히틀러의 최측근으로 마지막에는 제국 장관 직책에 해당하는 당의 사무총장까지 역임했다. 1945년 5월 초 총통 벙커에서 탈출한 후 행방불명된 것으로 알려졌으나, 실은 1945년 5월 2일에 스스로 목숨을 끊은 것으로 밝혀졌다. 1973년 레르터 역 근처에서 지하 케이블을 매설하다가 유골이 발견되어 확인한 결과 그의 시신으로 판명된 것이다.

오랜만에 소식 전합니다. 당신이 그 혹독한 전쟁을 잘 이겨내고, 지금은 일상으로 돌아가 잘 지내고 심지어 쥐트베스트 방송국에 괜찮은 일자리까지 얻었다는 소식을 듣고 무척 기뻤어요. 혹시 나한테 연락 한번 주지 않겠어요? 그럼 무척 행복할 것 같아요. 좋은 친구들을 몇 명 다시 만났어요.」

나우만은 베르너 티체도 만났어요. 당시 쥐트베스트 방송국의 편집국장이었죠. 괴를리츠에서 태어난 두 사람은 초등학교 동창이라고 하는데, 우연히 본에서 만났다나 봐요. 둘 다 제국 방송국을 거쳐 프로미로 흘러들어간 사람들이었어요.

아무튼 나는 반가운 마음에 당시 내 직속상관을 찾아갔어요. 프로그램 편성국장 로타르 하르트만 씨였는데, 나중에 나랑 같이 뮌헨으로 옮긴 사람이에요. 나는 하르트만 씨한테 물었어요. 이런 편지를 받았는데 어떻게 하는 게 좋겠느냐고. 그러자 나우만한테 연락을 하지 말라고 충고하더군요. 그래서 나도 그렇게 했죠. 그러고 며칠 뒤 『슈피겔』에 나우만이 자유 민주당에 잠입하려는 공모에 가담했다는 기사가 나왔어요. 그러니까 그 사람은 여전히 나치였던 거죠. 그 뒤로는 소식을 듣지 못했어요. 나보다 최소한 몇 살은 많았던 사람들이니까, 지금은 모두 죽었겠죠.

신문에 기사가 계속 났어요. 그러면 누군가 한 사람은 반드시 등장했죠. 심지어 전쟁 뒤에도 독일 법정에서 일한 나치들이 나왔어요. 많은 사람들이 책임을 회피하는 데 아주 능숙했어요. 하지만 난 그러질 못했어요. 그럴 이유도 없었고요.

나는 나치가 저지른 그 끔찍한 일들을 석방 뒤에야 제대로 알게 됐어요. 강제 수용소 일도 그렇고, 유대인들이 잔인하게 대량 학살된 것도요. 사실 석방될 때까지는 누구와도 그런 얘기를 하지 않았어요. 찾아오는 가족도 없었고 동료도 없었죠. 나는 러시아인들이 관리하는 수용소에 있었어요. 만나는 사람들이라고는 러시아인들뿐이었죠. 나중에 일어난 일들, 그러니까 뉘른베르크 전범 재판이라든지, 새로운 화폐라든지, 아니면 동독에 관한 이야기라든지 모두 1950년 1월에 집에 돌아와서야 알게 됐어요. 그때 난 어머니 앞에 24마르크를 내놓으며 말했어요. 「엄마, 이게 5년 동안 번 돈이에요.」 수용소 생활 마지막 날에 그 사람들이 내게 지불한 돈이었죠. 그러자 어머니가 대답했어요. 「얘야, 이건 휴지통에나 버려라. 여기선 아무 쓸데가 없어. 동독 돈이잖니.」

웃기는 일도 있었어요. 집에 돌아와 처음 저녁을 먹을 때였어요. 「엄마, 우리가 언제부터 항상 흰 빵만 먹었어요?」 「흰 빵이라니? 이건 흰 빵이 아냐.」 그래요, 그건 보통 빵이었어요. 그런데 나한테는 그게 흰 빵이었어요. 우리가 수용소에 있을 때 어떤 빵을 먹었는지 아세요? 검은 빵이었어요. 그것도 형편없는 시커먼 빵이었죠. 완전히 세상이 바뀐 느낌이었어요.

예전에 심문을 받을 때 이런 질문을 받기도 했어요. 혹시 어딘가에서 청산가리 캡슐을 받은 적이 없느냐고. 그런 건 받은 적이 없었어요. 받았다면 나도 먹었을지 몰라요. 원래는 스스로 목숨을 끊는다는 건 생각지도 않던 사람이지만요. 하지만 작센하우젠에 있을 때는 정말 먹었을 것 같아요. 그때는 생의 에너지가 거의 다 바닥났거든요. 석방되기 3개월 전의 일이었죠. 그때 난 칼을 갖고 있었어요. 당연히 소지해선 안 되는 물건이었어요. 지금도 또렷이 기억나요. 그때 내가 늘 칼을 만지작거리면서, 이걸로 동맥을 끊을 수 있을까? 하고 생각했던 게요. 그런데 그 칼은 너무 뭉툭해서 안 될 것 같았어요. 그래서 늘 머릿속으로만 그런 생각을 하다가 곧 다시 그만두고는 이런 생각을 했죠. 〈안 돼, 안 돼, 이런 바보 같은 짓을 해선 안 돼!〉 사실 난 힘들다고 삶을 빨리 포기해 버리는 그런 사람이 아니었어요. 총통의 비서들 중 한 명은 당시 히틀러에게서 그런 캡슐을 받고 얼마나 자랑스러웠는지 모르겠다고 글을 쓰기도 했지만, 우리 선전부 여직원들은 건너편 총통 벙커에는 얼씬도 하지 않았어요.

어쨌든 난 늘 운이 좋았어요. 어떤 순간에건 항상 탈출구가 있었으니까요. 물론 그 탈출구는 늘 달랐어요. 나는 절망할 때가 많았지만, 어쨌든 어떤 식으로건 그런 출구들을 지나 살아왔고, 그러다 보니 지금까지 오게 됐어요. 당연히 나는 이제 더 이상 세상을 즐거운 곳인 줄로만 아는 순진한 처녀애가 아니에요. 이미 세상의 많은 것을 겪은 여자죠.

아 참, 에바 뢰벤탈이 생각나는군요. 석방되고 나서도 늘 머릿속을 떠나지 않았던 친구죠. 그 험한 세월 중에 어떻게 됐는지 궁금했는데, 몇 십 년 뒤에야 베를린의 한 추모관에 갔다가 에바한테 일어난 일을 알게 됐어요. 추모관을 죽 둘러본 뒤 나는 사무실로 찾아가 혹시 실종자에 대한 정보를 알 수 있는지 물어봤어요. 그러고는 에바의 이름과 대충의 나이를 말해 줬어요. 「제가 알고 싶은 사람은 에바 뢰벤탈입니다.」 그랬더니 사무실 직원이 나를 한 곳으로 안내하더군요. 그곳 자료에는 이름들만 아래로 죽 적혀 있었는데, 거기서 우린 에바 이름을 발견했어요. 나보다 한 살이 많든가, 한 살이 적든가 했던 것 같아요. 어쨌든 그 자료에 따르면 에바는 이미 죽었더군요. 사망 연도도 거기 적혀 있었어요. 1945년 초니까 전쟁 막바지였죠. 그거 말고는 더 이상 정보가 없었어요.

에바는 어릴 때부터 우리와 잘 어울렸던 친구예요. 우리 그룹이었죠. 영리한 아이였어요. 책도 많이 읽었고요. 그래서 에바에 비하면 난 참 머리가 나쁘다고 느낀 적도 많았어요. 걔는 사립 학교에 다니고 나는 공립 학교에 다녀서 그런가 보다 하는 생각을 하기도 했어요. 그런 친구가 죽었어요. 그때 난 그걸 이해할 수가 없었어요. 우리 동네는 다른 동네에 비해 유대인 탄압이 그렇게 심하지 않았거든요. 대부분의 사람들은 제때 도망을 쳤어요. 돈도 있고 외국에 연고도 있던 사람들이었죠. 유대인들은 대개 자기들끼리만 지냈어요. 외부 사람들과는 접촉이 별로 없었죠. 예를 들어 내가 다녔던 회사 사장님이던 골트베르크 박사 같은 경우도, 이런저런 파티에 나를 자주 초대해 주셨던 그 사장님 말이에요, 그분 주위 사람들도 대개 슈하우스 라이저 회사의 일가붙이였어요. 그 사람들은 자식을 무척 많이 낳았어요. 아이를 낳지 못할 때까지요. 그러니 당연히 일가가 많을 수밖에요. 게다가 재산도 우리 같은 사람들하고는 비교도 안 될 만큼 많았어요. 그러니 자식들 교육도 우리와는 다르게 시켰죠. 다들 사립 학교에 보냈으니까요.

그처럼 에바는 우리에겐 좀 특별한 아이였어요. 그런데 시절이 변하면서 상황이 무척 힘들어졌어요. 오히려 우리의 도움이 필요한 처지가 됐죠. 에바는 직장도 구할 수가 없었어요. 당시엔 면접을 보면 어떤 종교를 믿는지 물어봤으니까요. 시절이 그랬어요. 물론 유대인들도 그런 구별을 했지만요. 어쨌든 피해를 본 유대인들이 많았어요. 이웃집에 살던 로자 레만 오펜하이머도 그중 하나예요. 비누 가겟집 딸 말이에요. 어릴 때 난 그 집에 놀러가는 걸 무척 좋아했어요. 비누 가게에 들어가면 늘 석유 냄새가 났어요. 심지어 로자의 몸에서도 그런 냄새가 났어요. 로자는 내가 가면 항상 별로 깨끗하지 않은 손으로 껍질도 안 싼 사탕을 한줌 집어서 줬어요. 참 따뜻한 아이였죠. 아, 로자 레만 오펜하이머! 그 친구도 끌려갔다는 건 나중에 들었어요. 그것도 한참이 지나서요. 그런 불쌍한 유대인이 한둘이 아니었어요. 로자도 그중 하나였고요.

6
난 책임이 없어요

백세 노인의 총평

히틀러가 권력을 잡았을 땐 모든 게 이미 너무 늦어 버린 상황이었어요.

— 브룬힐데 폼젤

모든 게 그래요. 아무리 아름다워도 오점은 있고, 아무리 끔찍해도 밝은 부분이 있기 마련이죠. 흑백이라고 해서 완벽하게 흑과 백은 없어요. 흑과 백 속에는 항상 어느 정도씩 회색이 들어 있어요.

나는 대중에 휩쓸린 적이 한 번도 없었어요. 운동을 하거나, 단체로 여행을 가거나, 브리지 카드놀이를 할 때만 사람들과 어울렸어요. 그것도 아주 즐겁게요. 하지만 난 체질적으로 외톨이에 가까운 사람이었어요. 결혼도 하지 않았고 아이도 낳지 않았어요. 결혼 제도에 반대하는 사람이라서 그런 게 아니에요. 심지어 난 아이도 갖고 싶어 했어요. 하지만 예전에는 결혼을 하지 않으면 아이를 가질 수 없었죠. 처녀가 아이를 낳는 건 굉장히 수치스러운 일이었거든요. 나도 남의 손가락질을 받고 싶지는 않았어요.

나는 혼자 있는 걸 좋아했고, 실제로도 항상 혼자 있었어요. 내 방이 없던 어린 시절부터 혼자 있고 싶다는 소망을 가졌던 것 같아요. 난 항상 남동생들과 방을 같이 썼어요. 그러다 보니 무척 좁았죠. 난 늘 혼자 있고 싶어 했어요. 물론 좋은 사람들이랑 함께 있는 것은 좋아했어요. 약간 이기적으로 비칠 수도 있지만, 그렇다고 해서 최소한 남에게 피해를 주는 이기주의자는 아니었어요. 그래요, 그런 식의 개인주의자는 아니었죠. 나는 내가 좋아하는 일이나 내 가슴을 떨리게 하는 일을 혼자 할 수 있고, 남들이 그런 나를 방해하지 않는다는 느낌만 있으면 남들과 함께했어요. 그리고 내가 선전부에 가지 않았더라도 역사는 똑같이 흘러갔을 거예요. 나 하나 잘못해서 그리된 일이 아니라는 거죠.

개인은 모두 어딘가에 소속될 수밖에 없어요. 그건 당연해요. 그리고 어디 소속되면 항상 영향을 받아요. 일부는 교육을 통해, 일부는 자신이 속한 그룹을 통해서요.

그전에도 그랬지만 히틀러가 정권을 잡았을 당시에도 독일 사회는 별로 개방된 사회가 아니었어요. 지금과는 완전히 다른 세상이었죠. 아마 오늘날의 사람들은 그런 좁고 답답한 삶이 도저히 이해가 안 될 거예요. 그건 가정 교육에서부터 시작됐어요. 아이들이 버릇없이 굴면 바로 손찌검이 날아갔어요. 사랑이니 이해니 하는 것들과는 거리가 먼 세상이었죠. 부모들은 아이들이 버르장머리 없이 행동하면 바로 귀싸대기를 올리거나, 바지를 내려 엉덩이를 찰싹찰싹 세 번 때렸어요. 그러면 바로 해결되었죠. 용서라는 걸 모르는 시절이었어요.

게다가 미국이나 다른 외국에 아는 사람이라고는 전혀 없던 시절이었어요. 미용사로 일하던 한 동창이 견습생 시절에 당시 독일과 미국을 오가던 멋진 배였던 브레멘 호를 타고 미국에 가는 행운을 누렸을 때 우린 그런 기회를 잡은 걔를 얼마나 부러워했는지 몰라요. 외국은 물론이거니와 외국인 구경도 못하던 시절이었으니까요. 처음엔 라디오도 없었어요. 그러니 요즘 세상에 있는 그런 신기한 기계들은 말할 것도 없었죠. 그 당시엔 아무것도 없었어요. 우린 그저 외딴 섬에 살았어요. 물론 우리만 그랬던 건 아니고 다른 나라들도 마찬가지였지만요. 네트워크니 뭐니 하는 것도 없었고, 오직 무역만 있었어요. 외부 세계와는 완전히 차단된 세계였죠. 오늘날과 비교하면 저개발 국가나 다름없었어요.

내가 요즘 아이들과 청소년들에게 기대하는 건 세상일들에 이성적으로 생각하라는 거예요. 우리는 당연히 늘 어떤 식으로건 영향을 받을 수밖에 없어요. 대부분의 사람은 어떤 나이에 이르면 쉽게 감격할 준비가 되어 있고, 뭔가에 푹 빠지죠. 그건 멈추지 않아요. 나중에 좀 더 진지한 삶이 주어지고 책임을 맡게 되면, 예를 들어 가정을 꾸린다든지 하게 되면 그제야 서서히 멈추죠. 과거 그때에 그런 일이 일어날 수 있었던 건 불만스런 대중이 많았기 때문이에요. 그런 사람들이 거리로 뛰쳐나왔죠.

예전에 난 정치에 관심이 없었어요. 하지만 나이가 든 요즘은 정치적 상황에 관심이 많아요. 예전에는 정치보다 훨씬 더 중요한 게 있었어요. 내 개인 삶이었죠.

독일은 국가 이기주의와 그에 따른 행동으로 벌을 받았어요. 거기엔 사회와 정치에 대한 무관심도 한몫했겠죠. 요즘은 그런 일이 일어날 가능성이 거의 없다고 봐요.

돌아보면 그렇게 험악한 시절을 지나온 건 참 힘든 일이었어요. 결국 남은 건 내 삶이자 내 운명뿐이었어요. 결국엔 다들 항상 자기 자신만 생각했죠. 그럴 때면 난 간혹 양심의 가책이 일면서 이 모든 게 어쩐지 우리 탓이라는 생각이 들었어요. 그런 다음엔, 그래도 넌 이 모든 것에서 항상 잘 빠져나오지 않았느냐고 다독였어요. 그래요, 난 그 끔찍하고 추악한 일들을 보통 사람들보다 조금 더 많이 겪은 것뿐이에요. 하지만 그조차도 항상 잘 견뎌 냈죠.

아마 내가 요즘 젊은 사람이었다면 예전과는 다르게 행

동했을 거예요. 요즘 젊은이들은 예전 같지 않아요. 일찍부터 현실에 관심을 보이거든요. 라디오든 텔레비전이든 젊은 사람들이 참여하지 않는 일들이 없어요.

요즘은 우리가 우리 자신의 운명을 이끌 때가 많아요. 우리 운명을 결정하는 누군가 다른 존재가 있을 거라는 생각에 대해서는 나를 포함해서 많은 사람들이 거부감을 느낄 거예요. 정말 끔찍한 생각 아닌가요? 우리의 운명을 결정하는 신과 같은 인격체가 있다는 게요. 그래서 나한테, 우리한테 그런 잔인한 일들이 일어났다고 하는 게요! 나는 그런 존재 때문에 나한테 그런 일이 일어났다고 생각하지 않아요. 나는 그저 운이 나빴을 뿐이었어요. 하지만 어떤 것도 그렇게 끔찍하거나 잔혹하지는 않았어요. 반대로 내가 너무 예민해서 가끔 힘들 때가 있었어요. 어떤 사람들은 날 말 많은 여자라고 욕했어요. 하지만 그렇게 생각하지 않는 사람도 많았어요. 별로 내세울 게 없는 여자지만 알면 알수록 좋아지는 그런 사람으로 생각했죠. 고백하자면 난 열등감이 있었어요. 하지만 자존감도 어느 정도 있었어요. 그건 분명한 사실이에요. 그런 게 있었죠. 나는 회사에서 좋은 동료였다고 생각해요.

나는 나 자신한테 상당히 잘했어요. 만일 내가 결혼해서 아이를 낳았더라면…… 어떤 남자를 만났을지는 알 수 없지만, 어쨌든 결혼을 했더라면 지금껏 해온 것처럼 나 자신만 생각하면서 살지는 않았을 거예요. 나는 하고 싶은 것이 있으면 스스로에게 많은 것을 허락했어요. 남들은 질병이나 자식, 아니면 불행한 결혼 생활 같은 것들 때문에 포기할 수밖에 없었던 것들을요. 그런 식으로 난 너무 큰 위험을 걸지 않았어요. 어떻게 보면 약간 비겁했죠. 나는 조심성도 있었고, 영악한 구석도 있었어요. 그런 걸 자랑으로 여기지는 않았지만요. 하지만 나중에는 항상 내가 다시 뭔가를 해내고 있는 것을 보고는 기뻐했어요. 그렇다고 나는 무언가를 반드시 해내지 않으면 안 된다고 생각하는 그런 타입은 아니었어요. 하지만 뭔가를 해내면, 그래요, 그게 만족이고 행복이었죠.

영원히 풀릴 것 같지 않던 책임에 대한 문제만큼은 스스로 답을 일찍 찾았어요. 그래요, 난 책임이 없어요. 어떤 책임도 없어요. 대체 뭣에 책임을 져야 하죠? 아무리 생각해도 난 잘못한 게 없어요. 그러니 져야 할 책임도 없죠. 혹시 나치가 결국 정권을 잡는 데 결정적인 역할을 한 독일 민족 전체에게 책임을 묻는다면 그건 어쩔 수 없지만요. 그래요, 그건 우리 모두가 그랬어요. 나도 물론이고요.

선전부에 들어간 것도 내 개인적인 의지와는 전혀 상관이 없는 일이었어요. 그건 상부 지시였고, 근무 지침상 따라야 할 의무였어요. 당시 그런 지시가 무엇을 의미했는지는 요즘 사람들은 아마 상상이 잘 안 될 거예요. 나는 선전부로 옮기라는 상부 지시를 받았어요. 내가 지원한 것이 아니었어요. 그건 전근 명령이었고, 나는 따를 수밖에 없었어요. 만일 내가 가고 싶지 않다고 말했다면 그 사람들은 이렇게 대답했을 거예요. 〈뭐, 가기 싫다고? 여기선 그런 게 안 통해!〉

게다가 내가 속해 있던 방송국 시사국은 1942년 무렵엔 일이 없었어요. 그래서 회사에 출근해도 빈둥거리는 사람들이 많았어요. 예를 들어 가정주부이기도 한 여직원들은 집 텃밭에서 경작하고 수확한 채소를 사무실로 가져왔어요. 상관도 없고 타이핑할 일도 없다 보니 그냥 사무실에 앉아 콩이나 까서 절임용 유리병에 담아 다시 자전거에 실어 집으로 가져갔죠. 사정이 이렇다 보니 나로서도 방송국을 떠나는 것이 그리 힘들지 않았어요. 우리 부서 남자들도 모두 떠났어요. 하나도 남김없이요. 모두 전쟁터로 떠났죠. 운이 좋은 사람은 파리 지국으로 가기도 했고요. 어쨌든 다들 나를 잊지 않았어요. 우리는 하나같이 전쟁이 끝나고 나면 다시 함께 모일 날을 꿈꾸었어요.

당시 나는 어떻게든 돈을 벌어야 했어요. 돈을 번다는 건 착실하고 명예로운 일이었죠. 하지만 프로미에 들어간 건 좀 순진했어요. 난 가끔 그랬죠. 하지만 프로미에 들어간 건 내 책임이 아니에요. 혹시 책임이 있다고 해도 나는 몇 번에 걸쳐 벌을 나누어 받았다고 생각해요.

나는 인간들이 똑같은 것에 다시 한번 속을 정도로 그렇게 어리석다고는 생각하지 않아요. 그런 일은 도저히 상상이 되지 않아요. 하지만 대중은 여전히 대중이라고 생각해요. 숙고하고 비판하는 일에는 좀 게으르고 나태하다는 말이죠. 사람들은 배만 부르면 그만이에요. 그래서 정치판에 누군가 나타나 자신들의 걱정을 일부라도 해결해 주면 만족해해요. 그러지 못하면요? 그다음은 아무도 모르죠!

가끔 텔레비전을 보면서 느끼는 거지만, 나는 요즘 젊은이들이 이런저런 사회적 문제들에 아주 적극적인 관심을 보이는 것이 놀랍다는 생각이 들어요. 우린 그러지 못했어요. 꿈도 꾸지 못할 일이었죠. 내가 보기에 요즘 젊은이들은 우리보다 훨씬 성숙해요. 그건 백번 인정해요. 나는 우리도 그런 교육을 받고 컸으면 얼마나 좋았을까 하는 생각을 해요. 하지만 우리 때는 무조건 복종해야 했어요. 복종하지 않으면 아주 호되게 야단을 맞거나 따끔한 벌을 받았죠. 그러다 보니 모든 게 순조롭게 잘 흘러갔고, 질서도 잘 잡혔어요. 그게 바람직한 일인지는 다른 문제겠지만요.

나는 요즘 젊은이들이 텔레비전에 나와, 그것도 학생들

이 나와 토론하는 모습을 보면서 이런 생각이 들 때가 많아요. 세상에나, 어떻게 저리 나이 어린 사람들이 뚜렷한 자기 생각을 가지고 있고, 또 자기들 앞의 삶과 관련해서 저렇게 적극적으로 토론할 능력이 있을까!

그에 비하면 예전의 우리는 바보였어요. 세상 모든 일에 대해 깊이 생각해 본다는 건, 그래요, 일단 서민들한테는 그럴 시간이 없었어요. 먹고살기 바빠서요. 반면에 다른 사람들, 예를 들어 내 주변 사람들은 그런 문제들에 둔감했어요. 그런 문제들로 딱히 피해를 받은 것도 없고 해서 별로 관심이 없었죠. 물론 지금은 달라요. 오랜 세월을 살아 놓고 보니 요즘은 그런 일에 관심이 무척 많아졌어요. 여러분에게 분명히 밝히고 싶은 건, 인생이라는 곳에 처음 나온 젊은이들에게는 하나의 방향이 필요하다는 거예요. 하지만 그게 항상 하나의 영향으로만 정해져서는 안 돼요. 오늘날에는 그걸 잘 알고 있는 것 같아요.

요즘 텔레비전을 보면 선거를 앞두고 학생들이 낯선 어른들을 설득하는 장면이 나와요. 열여섯 살쯤 된 청소년들인데, 난 그러는 아이들이 정말 놀라워요. 반면에 나이든 사람들은 귀찮다는 듯이 반응하는 경우가 많아요. 그런 데 관심이 없다느니, 그런 소리는 듣고 싶지도 않다고 하면서요. 그러면서 아이들을 무시했어요. 그런데도 아이들은 열마나 열심히 나이 든 사람들한테로 달려가서 그런 문제들에 관심을 가질 것을 설득하는지 몰라요. 옛날엔 당연히 그런 일이 없었죠. 우린 그냥 각자 알아서 했어요. 보이스카우트나 독일 소녀 동맹 같은 데에 가입하지만 않았다면요. 나는 개인적으로 그런 단체에 가입하고 싶지 않았어요. 똑같은 제복을 입고 남들과 단체로 행진하는 게 싫어서였죠.

나는 젊은 사람들을 아주 잘 이해해요. 젊은이들과는 공통점도 많아요. 나는 젊은이들을 아무것도 모르는 철부지나, 아직 스스로 판단을 내릴 만큼 성숙하지 않은 아이로 여기는 어른이 아니에요. 나는 아이들도 나름대로 자의식이 있다고 생각해요. 아이들은 제대로 교육을 받고 보살핌만 받으면 열 살이 안 된 나이에도 자기가 무엇을 하고, 무슨 생각을 하는지 충분히 자각할 수 있어요.

하지만 우린 그런 교육을 받지 못했어요. 내 경우만 봐도 그래요. 아버지가 사회적인 이슈를 갖고 우리와 대화를 한다는 건 상상도 할 수 없는 일이었어요. 아버지가 어떤 당에 투표를 했는지도 우리는 알아선 안 되었어요. 옛날에는 선거가 참 많았는데, 그때마다 우린 부모님이 어디다 투표했는지 알고 싶어 했어요. 그러면 항상 〈너희하곤 상관없는 일이다!〉 하는 대답이 돌아왔죠.

그래요, 우린 그런 데 관심을 가지면 안 됐어요. 아마 그

반대였더라면 나는 다른 사람으로 성장했을 수도 있고, 사회적인 책임감이 좀 더 커졌을 수도 있고, 또 내가 하는 일이 어떤 일이고, 누구한테 도움이 되고, 내가 어디로 빠져들고 있는지에 대해서도 좀 더 관심을 가졌을 거예요. 하지만 당시 난 그저 명랑하고, 약간 외향적인 성격이었을 뿐이에요. 물론 그런 성격이 사회생활에 도움이 되기는 했죠!

지금 생각하면 참 쓸데없는 일들이 많았어요. 선전부라는 것만 해도 그래요. 그건 나치 전에는 없었고, 나치 후에도 없었어요. 그런 게 없다고 세상이 돌아가지 않는 것도 아니에요. 선전부는 정신 나간 나치의 일방적인 자기 과시에 불과해요. 가장 강력한 이기주의자들이죠. 조국애를 내세우지만 속을 들여다보면 그런 것도 아니에요. 오직 이기주의일 뿐이에요. 그것도 정말 끔찍한 이기주의요. 이상주의하고도 아무 상관이 없어요. 하지만 당시에는 그런 걸 전혀 알지 못했어요.

그건 내 책임이 아니에요. 난 아무것도 하지 않았고, 내가 잘못한 것 같은 느낌도 없어요. 그건 세상으로부터 나치라고 지목된 많은 사람들도 마찬가지예요. 그 사람들에게 책임을 물을 순 없어요. 민족이라는 게 뭐죠? 모두가 함께 속한 바다와 같은 게 아닌가요? 이리저리 출렁이는 바다 말이에요.

나한테 영향을 끼친 건 특정한 몇 사람뿐이었어요. 〈독일 민족의 책임〉이니 하는 그런 일반적인 개념들은 말도 안 되는 소리예요. 우리는 항상 하나의 특정한 이기주의자 계층에 의해 조종되어 왔어요. 어떤 때는 그 계층이 좀 더 부드럽고, 어떤 때는 좀 더 잔인했을 뿐이죠. 지난 역사를 돌아보세요. 옛날에 지배자라고 하는 인간들이 어떤 짓들을 했는지. 그런데 나는 누군가 나를 의도적으로 그런 일의 공범자로 만들 수 있을 거라고는 상상할 수 없어요. 체질상 난 그런 인간이 아니에요. 그런 인간이 될 수도 없고요.

어쩌면 나는 내 인생에서 내가 아는 것보다 더 많은 범죄자들과 일을 했을지도 몰라요. 하지만 그건 당시에는 알 수 없어요. 내가 선전부에서 일할 당시 나한테 가장 높은 사람은 괴벨스였어요. 히틀러 바로 다음이었죠. 그런 사람의 지시가 부서를 거쳐 나한테 내려왔어요. 그럼 따를 수밖에 없죠. 러시아 군인이나 프랑스, 영국 군인들한테 총을 쏘라고 명령받은 우리 병사들처럼요. 명령에 따라 총을 쏜 사람들을 두고 살인자라고 할 수는 없지 않나요? 병사들은 그저 의무를 다한 것뿐이에요. 나도 마찬가지예요. 내가 비난을 받을 수 있다면 그건 내가 누군가에게 개인적으로 부당한 짓을 한 경우에만 그럴 거예요. 하지만 난 누구한테도 그런 짓을 한 기억이 나지 않아요.

우리는 한마디로, 할 수 있는 것이 없었어요. 1933년 이후에는 모든 것이 이미 늦어 버렸죠. 물론 개인적으로 누군가를 도울 수는 있었겠죠. 예를 들어 내 경우, 에바 뢰벤탈를 매일 찾아가 도움을 줄 수는 있었을 거예요. 하지만 그러기엔 에바 집이 가깝지 않았어요. 게다가 실질적으로 도움을 주는 방법도 없었어요. 아무리 적은 돈이라도 자기가 번 돈을 먹는 데 쓰지 않고 담배를 사는 데 써버리는 사람을 도울 수는 없다고 생각한 거죠. 우리 친구들의 생각이 그랬어요. 아무튼 사람은 자기 판단대로 살 수밖에요.

에바 같은 경우는 많았을 거예요. 유대인을 돕던 독일인 친구 중에는 그 일로 위험에 빠진 사람도 더러 있었어요. 나중에 드러난 바에 따르면 말이에요. 하지만 오늘날의 사람들은 이렇게 말할지도 몰라요. 당시에 우리가 탄압받던 그 불쌍한 유대인들을 위해 좀 더 적극적으로 나섰어야 했다고 말이에요. 물론 선의로 그런 말을 하는 것이겠지만, 그 사람들도 막상 그 시대에 살았다면 우리와 다르지 않았을 거라고 생각해요. 나치가 권력을 잡은 뒤로는 온 나라가 거대한 수용소 같았어요. 자유라고는 없이 모두가 감시 속에서 살았죠. 히틀러가 정권을 잡은 뒤로는 모든 것이 이미 너무 늦었어요. 다들 처리해야 할 일들이 있었어요. 유대인 탄압도 그중 하나였지만, 그 밖에 다른 일도 많았어요. 거기다 전쟁에 나간 가족들에 대한 걱정도 늘 달고 살았죠. 사죄할 일들이 아니라고 생각해요.

완전히 잘못된 예언으로 사람들을 호도한 나치 자신들, 즉 나치 지도부만 빼면 이 모든 것을 가능하게 한 것은 사람들의 무관심이었어요. 어떤 특정한 사람들이나 계층만의 무관심을 말하는 게 아니에요. 오늘날에도 늘 반복해서 볼 수 있는, 사람들의 일반적인 무관심을 말하는 거예요. 오늘날 우리는 시리아에서 벌어지고 있는 그 끔찍한 일들을 텔레비전으로 생생하게 보고 있어요. 또 수백 명의 난민들이 바다를 건너다 죽는 것도 보고 있어요. 하지만 그게 끝이에요. 방송이 끝나면 금세 무슨 일이 있었냐는 듯이 고개를 돌리고 즐겁게 저녁을 보내죠. 그런 걸 본다고 해서 우리의 삶이 바뀌지도 않아요. 그런 게 인생이겠죠. 모든 게 그렇게 섞여 있는 게 난 인생이라고 생각해요.

그 당시 사람들에 대해 그나마 가장 괜찮은 말은 이런 거였어요. 그 사람들은 이상주의자였고, 독일이 비상할 거라고 철석같이 믿은 어리석은 사람들이었다는 거죠. 그전까지 독일 민족은 참으로 근근이 먹고 살았어요. 그래서 많은 사람이 독일이 비상할 거라는 예언을 믿고 싶었고, 그런 생각에 동조했어요. 다시 말해 진정한 조국애에서, 그리고 진정한 확신 속에서, 지금 모든 것을 틀어쥔 이 남자들이 자신들의 삶을 더 나은 쪽으로 바꿔 주리라 믿었던 거죠.

그전에 내가 이 모든 걸 예감하거나 알았더라면 방송국이나 선전부에 들어가는 일은 결코 없었을 거예요. 내가 볼 때 괴벨스는 사람들을 선동할 줄 아는 정치인이었어요. 하지만 그런 것에 대해선 깊이 생각해 보지 않았어요. 그 사람의 장황설이건 연설이건 한 번도 제대로 들어 본 적이 없어요. 매번 똑같은 소리만 하니까요. 요즘도 난 연방 의회 연설 같은 건 듣지 않아요. 나오는 얘기라고 해봤자 모두 뻔한 잡소리이니까요.

나는 오늘날의 젊은이들에게 충고해 줄 말이 없어요. 영향을 줄 사람도 없고, 영향을 줘서도 안 된다고 생각해요. 그럴 의무도 책임도 없는 사람이에요. 그저 내가 원하는 것을 혼자 가만히 생각할 수 있을 뿐이죠. 혼자서만 생활하고 이런 문제에 관심이 없는 사람한테는 그런 의무 같은 건 없고, 그래서 충고해 줄 말도 없어요. 하지만 공동체 속에서 살아간다면 다르겠죠. 공동체는 하나의 가족이니까요. 또한 나이가 좀 더 젊고, 이야기 나눌 친구가 많을 경우에도 다르겠죠. 하지만 난 사람들에게서 고립되어 있어요. 세상과 담을 쌓고 살고 있죠. 말할 사람도 더 이상 없어요. 혹시 손님이 오더라도 우린 전혀 다른 문제들에 대해서만 얘기해요. 하지만 어떤 상황에서건 맹목적인 복종은 나빠요. 물론 경우에 따라서는 복종해야 할 일도 있겠지만, 그냥 편하게 살기 위해 〈예〉라고 말하는 건 안 될 일이에요.

나는 자식이 없어요. 만일 있었더라면 어려서부터 복종을 가르쳤을 거예요. 우리는 다들 순종적인 인간으로 교육받고, 그게 정상인 줄 알았으니까요.

사람은 자기가 커온 환경에 좌우되기 마련이에요. 내면이 발전하는 과정도 그렇고, 외부적으로 발전하는 것도 그래요. 게다가 정치적인 생각이나 인격도 마찬가지일 거예요. 나는 현재의 모든 것에 순응하고 만족해요. 가끔 자신에게 닥친 모든 일을 항상 신앙과 연결시키고 거기서 위안을 얻는 사람들이 부럽기는 해요. 하지만 난 그러지 못해요. 그럴 신앙도 없고요. 그래서 대신 이렇게 말하죠. 이 모든 건 우연이다. 나 자신이 만들어 낸 일이 아니다. 모두 그저 순수한 우연일 뿐이라고요.

오늘날의 사람들에게는 정말 혼란스러울 정도로 많은 가능성이 주어져 있어요. 하지만 자신의 발전을 위해 주어진 그 가능성을 모두 받아들일 수는 없어요. 그 가능성을 전부 인지하지도 못하고요.

이런 조언 정도는 할 수 있을 것 같아요. 실제 삶에서 정의라는 건 없다고요. 사법부에도 정의는 없어요. 많은 문제들에 대해 사람들의 의견은 계속 바뀌어요. 옛날에는 호모라고 하면 비웃음이나 멸시의 대상이었는데 지금은 어떤가요? 요즘은 결혼을 하고 심지어 아이까지 입양할 수 있지 않나요? 이제는 나도 그런 게 전혀 놀랍지 않아요.

요즘은 살면서 너무 많은 일들이 일어나요. 50년 전에는 상상할 수도 없었죠. 그건 생활과 관련해서도 마찬가지예요. 나는 언제나 뭐든 배울 수 있다고 생각하면서 살아왔어요. 하지만 요즘은 너무 힘들어요. 핸드폰만 해도 그래요. 배우기가 너무 힘들어요. 그사이 내가 바보가 된 기분이에요.

가끔 난 그렇게 많은 일들을 헤쳐 왔는데도 이렇게 나이 들 때까지 살아 있구나 하는 생각에 깜짝 놀라곤 해요. 난 이제 문도 쉽게 열지 못하고, 눈도 제대로 보이지 않고, 걷는 것도 서툰 힘없고 불쌍한 늙은이가 되고 말았어요. 그런데도 여직 삶이 끝나지 않았어요. 간혹 내가 지금 잠이 들었나 하는 생각이 들 때가 있어요. 실제로 잠이 들었을 때였을 거예요. 나는 아파서 죽을 것 같지는 않아요. 그냥 언젠가 잠들 듯이 떠날 것 같아요. 뭐 그것도 어찌 되든 상관없지만요.

2013년 다큐멘터리 촬영 후 브룬힐데 폼젤은 2016년 11월 그동안 밝히지 않았던 자신의 개인적인 갈등을 제작진에게 또 한 차례 털어놓았다. 이 갈등은 어쩌면 생존 전략으로서 심리적 억압의 지극히 개인적인 측면을 보여 주는데, 바로 이것이야말로 폼젤이 현실로부터 애써 눈을 돌린 채 오직 시키는 대로만 했다고 진술한 결정적인 이유가 아닐지 모른다.

1936년 올림픽 대회 전에 그녀는 베를린의 한 술집에서 고트프리트 키르히바흐를 만나 사귀기 시작했다. 1888년 뮌헨에서 태어난 이 남자는 독일 화가 프랑크 키르히바흐의 아들로 그래픽 디자이너이자 삽화가였다. 주로 슈투트가르트 광고 사무실에서 일했고, 가외로 사회 민주당이나 사회 민주주의 독립당 같은 정당의 선거 현수막이나 홍보물을 제작하기도 했다. 그런데 어머니가 유대인이라서 나치의 인종법이 제정된 뒤로는 반쪽 유대인으로 이 법의 대상이 되었다. 브룬힐데 폼젤의 말에 따르면 그는 직접적인 탄압을 받지는 않았지만 나치들이 유대인들을 어떻게 하려는지 정확히 알고 있었다고 한다. 또한 폼젤이 제국 방송국에서 어떤 위치에 있었는지도 알고 있었다고 한다. 하지만 두 사람은 그런 문제에 대해서는 거의 이야기를 나누지 않았다. 폼젤은 나치의 인종법이 엄격하게 시행되는 가운데 둘의 일상적인 관계가 어땠는지에 대해서는 상세하게 털어놓지 않은 채, 키르히바흐가 1936년 올림픽 경기 이후 나치의 탄압을 피해 암스테르담으로 도주한 과정만 설명했다. 그때 그녀도 짐을 싸서 그의 뒤를 따를 채비를 했지만, 남자가 오지 못하게 했다. 자신이 가족을 먹여 살릴 수 있는 조건을 갖추는 것이 먼저라는 것이다. 결국 브룬힐데 폼젤은 남자의 아이를 뱃속에 품은 채 혼자 남았고, 이후 산모의 폐병 때문에 아이를 품고 있는 것이 너무 위험할 수 있다는 의사의 조언에 따라 아이를 유산시켜야 했다. 그녀는 이 과정을 아주 가슴 아프게 묘사했다. 폼젤은 그 뒤로 키르히바흐를 암스테르담에서 몇 번 더 만났다. 외국으로 꾸준히 나가는 것이 당국의 의심을 사서 너무 위험한 일이 되기 전까지의 일이다. 그러다 전쟁이 발발하면서 두 사람의 접촉은 완전히 끊어졌고, 폼젤은 연인을 더 이상 만나지 못했다. 고트프리트 키르히바흐는 1942년 암스테르담에서 죽었고, 폼젤은 이후 평생을 자식도 없이 혼자 살다가 2017년 1월 27일, 그러니까 〈국제 홀로코스트 희생자 추모의 날〉 저녁에 106세의 나이로 뮌헨에서 삶을 마감했다.

괴벨스 비서의 이야기는 오늘의 우리에게 무엇을 말해 주고 있는가

토레 D. 한젠

브룬힐데 폼젤은 나치 정권의 다른 어떤 산증인들보다 더 솔직하게 자신의 기회주의를 인정한다. 그녀가 정치에 대한 자신의 무관심과 훗날 국가 사회주의 체제에서 자신의 역할을 설명하기 위해 전면에 내세운 것은 청소년기의 이기심과 개인적인 욕망이다. 가난의 경험, 사회적 추락에 대한 공포, 부와 출세에 대한 동경. 이것이 그녀의 어린 시절과 청소년기를 지나 성인기까지 관통하는 키워드이다. 폼젤에게 가장 중요한 것은 직업적 출세였다. 그랬기에 상사인 요제프 괴벨스의 행위들을 단 한 번이라도 진지하게 고민해 보면서 뭔가 개인적인 출구를 모색한 것이 아니라 그냥 손쉽게 외면하는 쪽을 택하고 말았다.

요제프 괴벨스는 국가 사회주의 체제의 건설에 결정적인 역할을 한 사람들 중 하나다. 영화와 라디오, 즉 대중을 손에 넣기 위한 1930년대의 이 획기적인 매체들은 단순히 체제 선전용을 넘어 독일 민족을 정치적으로 교화하고 유대인과 공산주의자 들을 비롯한 다른 사회적 비주류 집단들에 대해 흑색선전을 할 목적으로 적극 활용되었다. 게다가 괴벨스의 연설은 오늘날까지도 여론을 조작하고 대중을 휘어잡는 기술에 있어서 가장 뛰어난 사례로 꼽힌다. 그의 반유대주의적 선전 활동은 훗날 유대인 대학살의 이데올로기적 토대로 작용했다.

이런 상황에서 우리는 다음과 같은 질문을 던질 수밖에 없다. 당시의 정치적 상황 때문에 연인과 친한 친구까지 잃은 한 젊은 여자가 어떻게 그게 괴벨스의 행위와 직접적인 관련이 있음을 인지하지 못할 수 있을까? 그것도 의무감에서건, 아니면 대책 없는 사실 왜곡 속에서건 괴벨스의 충직한 비서로 일했고, 그러다 마지막엔 포로로 붙잡혀 소련 특별 수용소에 갇혔다가 자신의 유대인 친구 에바 뢰벤탈이 독살되었던 것과 비슷한 시설에서 샤워까지 했다는 사람이?

그런데 다큐멘터리 영화 「어느 독일인의 삶」 시사회에서 관객과 기자들은 요제프 괴벨스의 전직 비서에 대한 일방적인 매도를 경계했다. 이런 식의 경계심이 작동한 이유는 오늘날에도 시민들 사이에서 무지와 수동성, 무관심이 다시 고개를 치켜드는 가운데 사회 일각에서 극단적인 정치 흐름이 나타나고 있다는 자각에서였다. 잡지 『VICE』의 파울 가르불스키는 이와 관련해서 이렇게 정리했다. 〈나는 늘 타인들을 조심하면서 살아왔는데, 그러는 나는 내 속의 보통 사람입니다. 그 보통 사람 속에는 군대 전체의 배반과 폭력을 조장하기에 충분한 관성적 부조리함이 깃들어 있습니다. 우리는 우리 속에 다들 얼마씩 품고 있는 폼젤을 늘 조심해야 합니다.〉*

브룬힐데 폼젤은 자신이 어떻게 해서 그런 인간이 되었는지를 어린 시절의 기억에서부터 풀어 나간다. 1911년 베를린에서 한 인테리어업자의 딸로 태어난 그녀는 제1차 세계 대전 직후의 경험과 1930년대 세계적 대공황 시절의 힘든 삶에 대해 묘사한다. 그녀의 집은 상대적으로 형편이 나았음에도 그녀의 마음속에서는 부와 출세에 대한 동경이 싹튼다. 성장 과정에서 그녀에게 크게 영향을 끼친 것은 가정 교육, 즉 아버지의 엄격한 교육 방식이었다. 자식은 총 다섯 명이었는데, 누구라도 버릇없이 굴면 즉시 호되게 매를 맞았다.

* Paul Garbulski: 당신 속의 나치 비서를 조심하라. VICE Magazine Online, 2016. 08.17. auf: http://www.vice.com/de/read/sind-wir-nicht-alle-ein-bisschen-pomsel, Stand 28. December 2016.

「우리는 집에서 자연스럽게 순종을 배웠어요. 가정 안에서 사랑과 배려 같은 건 부족했죠. 오히려 우리는 순종하는 가운데 조금씩 서로를 속이고, 거짓말하고, 남에게 책임을 전가하는 일에 익숙해졌어요.」

국가 사회주의자들도 얼마 지나지 않아 1930년대 독일 상황에 대한 책임을 구체적인 집단, 즉 유대인들 탓으로 몰아갔다. 브룬힐데 폼젤은 당시 유대인들을 위해 좀 더 적극적으로 나섰어야 했다고 주장하는 오늘날의 사람들에게 다음과 같이 분명하게 답한다.

「오늘날의 사람들은 이렇게 말할지도 몰라요. 당시에 우리가 탄압받던 그 불쌍한 유대인들을 위해 좀 더 적극적으로 나섰어야 했다고 말이에요. 물론 선의로 그런 말을 하는 것이겠지만, 그 사람들도 막상 그 시대에 살았다면 우리와 다르지 않았을 거라고 생각해요. 나치가 권력을 잡은 뒤로는 온 나라가 거대한 수용소 같았어요. 자유라고는 없이 모두가 감시 속에서 살았죠. 히틀러가 정권을 잡은 뒤로는 모든 것이 이미 너무 늦었어요. 다들 처리해야 할 일들이 있었어요. 유대인 탄압도 그중 하나였지만, 그 밖에 다른 일도 많았어요. 거기다 전쟁에 나간 가족들에 대한 걱정도 늘 달고 살았죠. 사죄할 일들이 아니라고 생각해요.」

지난 세기의 20년대에 히틀러가 어떻게 부상할 수 있었는지, 또 그 뒤로는 히틀러를 제지하는 것이 왜 불가능했는지 하는 문제에서 다들 합의할 수 있는 답은 오직 하나뿐이다. 그 문제들은 결코 단 한 가지 이유로 설명될 수 없다는 것이다. 그것은 이데올로기와 선전 때문만도 아니었고, 히틀러의 암시력 때문만도 아니었고, 나치 돌격대의 노상 테러 때문만도 아니었고, 정치·사회적 환경 때문만도 아니었고, 또 베르사유 조약으로 인한 독일의 굴욕 때문만도 아니었고, 공산주의의 위협이나 대량 실업 때문만도 아니었다. 이 상황들 중 하나만으로 나치의 부상과 집권을 설명하기엔 턱없이 부족하다. 다만 이 모든 요인들이 합쳐져서 치명적인 결과로 이어졌다.

제2차 세계 대전 직후 독일과 이탈리아, 오스트리아에서 새로운 헌법을 구상하던 제헌 의회 대표자들의 머릿속에는 국가 사회주의가 활개 치게 된 원인을 규명하면서 새로운 민주적 시스템이 또다시 극단적인 세력들에 의해 파괴되고, 그 끔찍했던 역사가 반복되지 않을까 하는 걱정으로 가득했다.

나치 권력 기구 내부의 마지막 산증인으로 추정되는 브

룬힐데 폼젤은 21세기를 살아가는 우리에게, 오늘날 왜 우익 포퓰리즘과 권위주의적 체제, 심지어 독재 정권까지 다시 돌아오고 있는지, 그런 흐름이 왜 오래전부터 국제적으로 다양한 특색을 갖고 전개되고 있는지, 또 거기엔 어떤 원인들이 작용하고 있는지 깨달을 기회를 제공한다.

물론 이런 측면들만 보고 역사가 반복되고 있다고 주장하는 것은 너무 성급한 판단이지만, 마찬가지로 유럽이 결국엔 몰락할 수도 있음을 보여 주는 여러 징후들, 심지어 군사적 충돌까지 배제할 수 없는 일련의 과정이 점점 가까워지고 있음을 예고하는 많은 징조들을 간과하는 것도 너무 경솔하고 안이한 판단일 것이다.

국가 사회주의 체제에서 나름대로 성공한 브룬힐데 폼젤이 밝힌 정말 순진무구하기 짝이 없는 기억과 통속적으로 들리는 동기들을 통해 그녀에게 접근하게 되면 현재와의 비교가 절로 떠오른다. 오늘날 서구 민주주의 사회의 주민들은 대부분 사실이 아닌 감정을 통해서만 도달할 수 있는 어느 한 지점에 이르렀다. 부당함의 감정이 주민들 일부를 극단적인 생각으로 몰아가고 있고, 급기야 그들을 좀 더 간단하고 나쁜 해결책으로 내몰기 위해서는 적당한 적을 찾아내 악의 이미지만 덧씌우면 된다. 브룬힐데 폼젤의 이야기는 우리가 열린 사회의 존속을 위해 내적으로나 외적으로나 얼마나 더 많이 노력해야 하는지 자성할 계기를 제공한다.

브룬힐데 폼젤의 이야기를 듣다 보면 그녀가 솔직하게 말하고 있지 않다는 느낌이 드는 대목이 군데군데 있다. 선전부에서 했던 일의 특정 부분들에 대해서는 그녀 본인이 애써 떠올리려고 하지 않는 것이 분명했다. 그럼에도 선전부에서 진행되었던 일들에 대한 그녀의 앎은 수십 년 동안 머릿속에서 떠나지 않았던 것으로 보인다.

「돌아보면 그렇게 험악한 시절을 지나온 건 참 힘든 일이었어요. 결국 남은 건 내 삶이자 내 운명뿐이었어요. 결국엔 다들 항상 자기 자신만 생각했죠. 그럴 때면 난 간혹 양심의 가책이 일면서 이 모든 게 어쩌면 우리 탓이라는 생각이 들었어요. 그런 다음엔, 그래도 넌 이 모든 것에서 항상 잘 빠져나오지 않았느냐고 스스로를 다독였어요. 그래요, 난 그 끔찍하고 추악한 일들을 보통 사람들보다 조금 더 많이 겪은 것뿐이에요. 하지만 그조차도 항상 잘 견뎌냈죠.」

폼젤은 어떤 끔찍한 일들에 대해 좀 더 구체적으로 알고 있었는지에 대해서는 본인 입으로 상세히 밝히지 않는다. 결국 그녀가 〈아무것도 몰랐다〉고 하는 것은 정말 〈알 수가 없어서〉 몰랐던 것이 아니라 〈알려고 하지 않아서〉 몰랐던 것뿐이다.

「우리는 많은 것을 알려고 하지 않았어요. 그런 일로 괜히 심적인 부담감을 안기도 싫었고요. 배급 상황이 점점 나빠지면서 다들 자기 몸 하나 건사하기도 힘든 상황이었어요. 그만큼 나는 미련했어요. 하지만 고민할 것도 많고 이겨내야 할 것도 많은 어려운 시절에 자신이 모든 것을 잘못했을 거라는 갈등에 빠지게 되면 스스로에게 그것을 인정하고 싶지 않은 게 인간이죠.」

폼젤이 알 수 있었을 내용은 이미 오늘날의 세상에 충분히 알려져 있다. 우리는 그녀와의 대화를 통해 국가 사회주의의 역사에 대한 새로운 정보나 인식을 기대하지 않았다. 왜냐하면 그녀는 세부적인 것들에 대해서는 입을 열지 않거나, 기억을 할 수 없었기 때문이다. 그녀의 진술이 우리 시대에 가치가 있는 것은 오히려 진술의 행간에 있다. 기억의 온갖 공백에도 불구하고 마침내 그녀는 자신의 삶을 반성하고 있기 때문이다. 다음 이야기들은 자신의 삶에 대해 이따금 가혹하게 들리기도 하는 이례적인 고백이다.

「물론 어리석었다는 면에서는 책임이 있어요. 하지만 원래 어리석게 행동하려는 사람이 어디 있겠어요? 저들은 제1차 세계 대전의 패전 후에 우리에게 새로운 도약을 약속했고, 처음 몇 년 동안은 실제로 그리될 것도 같았어요. 전쟁에 패배한 뒤 도저히 성장을 기대할 수 없는 배상 협정에 묶여 있던 낙담한 국민들에게 민족의 부흥을 약속하는데 누가 마음이 동하지 않겠어요?」

브룬힐데 폼젤이 유대인 탄압의 실제 규모에 대해 아무것도 몰랐다고 주장한다면 당연히 이런 반론이 제기될 수 있다. 다른 부처도 아니고 사실을 왜곡하거나 미화하고 여론을 조작하거나 오도하는 일을 전담하던 부처에 근무하던 사람이라면 마음만 먹으면 얼마든지 진실을 알 수 있지 않았을까? 게다가 1942년 이후에는 유대인들이 외국으로 이주하는 것이 아니라 강제 수용소로 이송되고 있다는 소문이 이미 온 나라에 파다하게 돌고 있었다. 1990년대까지 나치 시대의 산증인들을 상대로 익명의 설문 조사를 한 결과 독일 주민의 40퍼센트가 이미 종전 전에 홀로코스트에 대해 알고 있었다고 한다. 그러나 브룬힐데 폼젤은 백장미단이든 그 악명 높던 인민재판에 넘겨진 다른 사건들이든 자신에게 넘어온 소송 자료를 얼마든지 남들 모르게 살펴볼 수 있었을 텐데도 그렇게 하지 않았고, 그냥 시키는 대로 금고 속에 넣으면서 상관의 지시를 충실히 따르고 그렇게 신임을 얻은 것에 뿌듯함을 느꼈다고 한다. 그러니까 이 젊은 비서의 가슴에 충만했던 것은 직장에서 인정받고 싶은 개인적 욕구와 상관에 대한 맹목적인 충성심이었다.

「약간 선택받은 느낌이었어요. 그래서 거기서 일하는 것이 만족스러웠어요. 모든 것이 편했고 마음에 들었죠. 쫙 빼입은 사람들, 친절한 사람들……. 그래요, 난 그 시절 껍데기로만 살았어요. 어리석게도요.」

당시 껍데기로만 살았다는 이 고백은 폼젤이 여기서 스스로를 질책하는 유일한 내용이다. 반면에 나치 범죄에 대한 자신의 개인적 책임에 대해서는 단호하게 부인하면서 그 책임을 일반화한다.

「아무리 생각해도 난 잘못한 게 없어요. 그러니 져야 할 책임도 없죠. 혹시 나치가 결국 정권을 잡는 데 결정적인 역할을 한 독일 민족 전체에게 책임을 묻는다면 그건 어쩔 수 없지만요. 그래요, 그건 우리 모두가 그랬어요.」

이 입장은 당연히 옛날이건 지금이건 인간이라면 누구나 자신의 결정과 사회적 지위에 대해 책임을 져야 한다는 사실을 무시하고 있다. 물론 결과적 측면에서 보자면 브룬힐데 폼젤의 평가도 옳다. 나치 〈운동〉의 실질적인 목표가 무엇인지에 대해선 무관심하면서 무턱대고 나치당을 열렬히 지지한 독일 국민이 없었더라면 지난 역사는 다르게 흘러갔을 것이기 때문이다.

그렇다면 정치적 무관심 자체가 잘못된 것일까? 브룬힐데 폼젤의 생애에서 우리 시대에 맞는 교훈을 끄집어내는 문제에서는 그녀가 확고한 국가 사회주의자인지, 그렇지 않은지는 중요하지 않다. 물론 폼젤은 철저한 국가 사회주의자는 분명 아닌 듯하다. 그녀는 개인적인 어리석음과 순진함을 자기 보호의 수단으로 내세우고 있지만, 그녀의 책임 문제는 적극적인 동조와 적극적인 외면 사이에 걸쳐 있다. 도덕적으로 보자면 외면했다는 사실 하나만으로도 책임을 면하기는 어렵다. 우리의 삶은 항상 남들과 함께 사는 것이기 때문이다. 이는 보편적 인권이 기본권의 핵심 축을 이루는 민주주의에도 해당되는, 아니 바로 그런 민주주의이기에 해당되어야 하는 내용이다. 당시엔 많은 사람들이 민주적 제도에서 등을 돌렸다. 그들은 사회적·인간적 연대를 해체시키는 메커니즘의 배후를 캐묻지 않았기 때문이다. 아니, 어쩌면 캐물으려고 하지 않았을지 모른다. 아무튼 폼젤의 인생에서는 자신의 출세를 제외하면 나머지는 별로 중요하지 않았던 것처럼 보인다.

「그게 내 운명이었어요. 사실 그런 격동의 세월에 자신의 운명을 스스로 결정할 수 있는 사람이 몇이나 되겠어요? 혹시 나는 이런 이유에서 이렇게 했고 저런 이유에서 저렇게 했다고 자신 있게 말할 수 있는 소수의 사람들은 몰라도요. 우리는 그저 시대에 끌려갔을 뿐이에요! 우리 의지와는 무관하게.」

그전에 히틀러의 비서였던 트라우들 융에도 자신은 홀로코스트에 대해 아는 것이 전혀 없다고 주장한 바 있다. 또한 총통 호위대의 전화 교환수 로쿠스 미시도 줄곧 〈최종해결책〉*에 대해 들은 바가 없다고 말했다. 이들 모두의 공통점은 생애 마지막에 이르러 부끄러워하고, 변명하거나 숨으려 했다는 점이다. 상관들의 범죄를 알고 있었던 것이 과거나 지금이나 마음의 큰 짐으로 남아 있었던 모양이다.

오늘날까지도 요제프 괴벨스의 측근들 그룹에서 이른바

* 유대인들을 체계적으로 절멸할 계획을 가리키는 나치 내부의 은밀하고도 완곡한 표현 — 옮긴이주.

〈최종 해결책〉과 관련해 실제로 어떤 말들이 오갔는지에 대해선 직접적인 정보가 거의 없다. 그러나 요제프 괴벨스의 개인 참모들만 유대인 말살 계획을 알고 있었던 것이 사실이라고 해도 그것을 전혀 몰랐다고 하는 브룬힐데 폼젤의 주장은 믿기 어렵다. 오늘날 남아 있는 선전부의 개별 문서들을 보면 속기 약호가 없어 누가 그것을 받았는지 명확히 알 수는 없지만, 그렇다고 하더라도 최상층부에서 근무하던 속기사가 그런 문서의 내용을 몰랐다고 하는 것은 도저히 이해가 되지 않는다.*

브룬힐데 폼젤은 비난받을 점이 많다. 그중 하나가 자신의 생애에 대한 과시적 거리감이다. 이 거리감은 그녀가 선전부 현장에서 일한 것에 대한 잠재의식적인 책임에서 벗어나고자 하는 심리에서 생겨난 것으로 보인다. 그녀는 70년 가까이 이 인터뷰를 준비할 시간이 있었다. 하지만 그녀가 온 국민을 호도하고 조작하고 구렁텅이로 몰아넣은 한 남자를 위해 일했다는 것은 바꿀 수 없는 사실이다. 그녀는 계속해서 국가 사회주의 범죄에 대한 모든 개인적 책임을 명시적으로 부인하고, 심지어 그런 범죄 사실조차 전

* 참조. 스벤 펠릭스 켈러호프Sven Felix Kellerhoff: 괴벨스 비서는 〈아무것도 몰랐다〉고 한다. Welt24 Online; 2016.06.30. auf: https://www.welt.de/geschichte/zweiter-weltkrieg/article156710123/Goebbels-Sekretaer-in-will-nichts-gewusst-haben.html, Stand 28. December 2016.

혀 몰랐다고 주장하는데, 어쩌면 그 때문에 개인적인 진실에 좀 더 다가가고 자신의 속내를 솔직히 털어놓는 것이 더 쉬웠을지 모른다. 실제로 그녀의 진술은 군데군데 국가 사회주의 지도부의 다른 많은 공범자들이 털어놓는 진술보다 훨씬 더 믿을 만하게 들린다. 전쟁 후 자신의 이력을 세탁하고, 범죄를 부정하거나 미화하려고 애썼던 사람들에 비해서 말이다.

「어쩌면 나는 내 인생에서 내가 아는 것보다 더 많은 범죄자들과 일을 했을지도 몰라요. 하지만 그건 당시에는 알 수 없었어요. 내가 선전부에서 일할 당시 나한테 가장 높은 사람은 괴벨스였어요. 히틀러 바로 다음이었죠. 그런 사람의 지시가 부서를 거쳐 나한테 내려왔어요. 그럼 따를 수밖에 없죠. 러시아 군인이나 프랑스, 영국 군인들한테 총을 쏘라고 명령받은 우리 병사들처럼요. 명령에 따라 총을 쏜 사람들을 두고 살인자라고 할 수는 없지 않나요? 병사들은 그저 의무를 다한 것뿐이에요. 나도 마찬가지예요. 내가 비난을 받을 수 있다면 그건 내가 누군가에게 개인적으로 부당한 짓을 한 경우에만 그럴 거예요. 하지만 난 누구한테도 그런 짓을 한 기억이 나지 않아요.」

브룬힐데 폼젤의 이야기는 독재 체제의 출현을 간과하다가 나중에 그 속에서 살아간다는 것, 즉 육체적으로나 심리적으로 살아남는다는 것이 무슨 의미인지를 깨달을 기회를 우리에게 제공한다. 또한 오늘날의 포퓰리스트들이 서구적 색채의 민주주의를 망가뜨리는 것을 팔짱만 끼고 지켜보다가는 어떤 일이 생길 수 있는지를 명확하게 보여 주기도 한다. 우리가 현재 백여섯 살의 브룬힐데 폼젤에게 관심을 가지는 이유는 그녀의 노골적인 〈비겁함〉과 비정치적인 태도 속에서 현재에도 오래전부터 다시 번성하기 시작한 무언가를 뚜렷이 보고 있기 때문이다. 그것은 광범하게 퍼져 있는 정치적 무관심이다. 좀 더 구체적으로 풀이하자면 난민들의 운명, 정치 엘리트들에 대한 타오르는 증오, 그리고 민주주의와 유럽의 통합에 강력한 투쟁을 예고한 우익 포퓰리즘의 새로운 비상에 대한 정치적 태만과 무감각이다.

브룬힐데 폼젤의 노골적인 이기심, 나중에 방송국 기자가 된 불프 블라이의 매력적인 이직 제안, 출세욕과 상류층에 끼고 싶은 욕망, 이것들이 그녀가 나치당에 가입하고 라디오 방송국에 들어가게 된 주된 동기였다. 이렇게 해서 그녀는 나치 핵심부로 깊숙이 빨려 들어가기 시작한다.

「나는 불프 블라이를 만난 행운으로 방송국에 취직할 수 있었어요. 그것도 꽤 좋은 조건으로요. 지금은 정확히 기억나지 않지만, 아마 매달 200마르크 넘게 받았을 거예요. 당시엔 큰돈이었죠. 내가 몇 년 동안 쥐꼬리만큼 벌면서 고생한 걸 생각하면 한마디로 갑자기 부자가 된 기분이었어요. 난 처음에 이사회에서 일하다가 나중에 전직 이사들의 사무실로 옮겼어요. 거긴 그렇게 내세울 만한 자리가 아니었어요. 좀 밀려난 사람들이 그리로 갔으니까요. 예전에는 괜찮은 직책의 상사들을 모셨던 비서들이죠. 그 상사들은 유대인들이었어요. 그것도 주로 감사직에 있던 유대인들이었죠. 이 사람들은 모두 해고되거나 강제 수용소로 보내졌는데, 어쨌든 다들 방송국에서 쫓겨났어요.」

브룬힐데 폼젤의 생애는 열린사회를 만들어 가려는 노력의 부족과 민주주의를 위협하는 현대의 잘못된 발전 상황에 대해 제때 적절하게 대응하지 못한 민주적 정치 엘리트들의 무능함이 어떤 결과를 불러올 수 있는지를 보여 주는 하나의 나침반이 될 수 있다. 1930년대와 현재 사이의 공통점을 찾다 보면 우리는 불가피하게 다음 몇 가지 물음에 부딪힌다. 유럽과 미국에서는 지금 어떤 일이 벌어지고 있는가? 아직은 새로운 선동가들의 말에 넘어가 극단적인 경향을 보이는 사람이 다수가 아니지만, 대중의 상당수가 현재의 사회적 상황에 수동적이고, 무지하고, 무관심하게 대응하고 있지 않은가? 브룬힐데 폼젤이 22~34세까지의 시대에 자신과 주변 상황에 대해 설명하고 있는 것처럼 말이다. 오늘날의 젊은이들도 마찬가지로 비정치적이지 않은가? 현세대의 정치 혐오야말로 민주주의의 근간을 위협하는 요소가 아닐까? 점점 커져 가는 정치 혐오의 원인과 결과를 오랫동안 간과한 것이 정치인들의 결정적인 실책이 아닐까? 현재 우리의 수동적인 태도와 무관심을 보면 암흑의 30년대로 눈을 돌려야 할까? 브룬힐데 폼젤의 생애를 통해 정말 우리를 행동으로 이끄는 결론을 끄집어낼 수 있을까?

오늘날 이 세상에 두 번 다시 전체주의 국가가 생기는 것을 원치 않는다면 30년대의 경험과 모순에 찬 브룬힐데 폼젤의 삶을 진지하게 살펴보는 것과 동시에 그 과정에서 불가피하게 떠오르는 현재와의 공통점을 찬찬히 따져 보아야 한다.

지금 우리는 터키에서 독재 정권이 어떻게 탄생하고 있는지를 보고 있다. 세계의 눈들이 볼 때, 레제프 타이이프 에르도안 대통령의 지시로 대통령 일인 지배를 강화하기 위해 야당과 의회, 언론을 일사불란하게 통제하고 있는 사람들은 바로 브룬힐데 폼젤 같은 단순한 공무원과 일꾼들이다. 터키 경찰과 공무원, 하수인들이 이런 일의 대가로 어떤 혜택과 기회를 누리는지는 정확히 알 수 없지만, 그들이 민주주의와 법치 국가, 인권을 짓밟고 있는 것은 변하지 않는 사실이다. 국제 사면 위원회의 추산에 따르면 터키 남동부 지역에서 당국의 무자비한 조처로 1년 사이에 50만 명에 이르는 쿠르드족이 집에서 끌려 나와 추방당했다고 한다. 이것은 인종 탄압이나 다름없다.* 게다가 2016년 쿠데타 시도 이후 공무원, 교사, 학자, 정치인 등 1만 명이 해고되거나 감금되었고, 사형 제도도 다시 도입되었다. 터키 의회는 마비되었고, 대통령의 권한만 무한정 강화되었다. 이 모든 것은 나치 독재의 태동 과정을 떠올리게 하는 신호들인데, 브룬힐데 폼젤이 유대인들을 싹 몰아낸 제국 방송국에서 직장 생활을 시작한 것도 그 무렵이었다.

우리가 지금 터키에서 보고 있는 것은 세계의 다른 지역에서도 일어나는 일이다. 하지만 보스포루스 해협에 있는 이 나라의 경우는 〈민주주의〉라는 공통 가치를 지향하는 유럽 연합의 회원국이 되겠다고 애쓰는 국가다. 시리아 내

* 참조. 국제 사면 위원회: 터키 동남부 지역에서 수십만 명의 쿠르드인이 쫓겨났다. Amnesty International, 2016.12.06. auf: https://www.amnesty.de/2016/12/6/hunderttausende-kurden-im-suedosten-der-tuerkei-vertrieben, Stand 28. December 2016.

전을 피해 터키를 지나 유럽으로 오고자 하는 난민들에 대한 공포는 유럽 민주주의의 운명과 직결되어 있다. 유럽 연합은 난민 정책에서 각국의 국가 이기주의로 인해 터키와 거래에 나설 수밖에 없고, 에르도안 정권은 이 인간 경멸적 거래를 이용해 터키 내부 문제에 대한 외부의 간섭을 차단하고 있다. 전쟁 지역 시리아의 난민들은 국제 정치의 놀이공이 되고 말았다. 그러니까 난민들에게 다시 국경을 개방하겠다는 터키 당국의 위협은 유럽 국가들에 패닉을 불러일으켰다. 왜냐하면 독일뿐 아니라 유럽의 거의 모든 나라들에서는 또다시 난민을 받아들인다는 생각이 심각한 반발에 부딪히고 있을 뿐 아니라, 그랬다가는 우익 포퓰리즘이 재차 활개 칠 거라는 공포가 팽배하기 때문이다. 그런데 이 공포는 난민들에게 숙식을 제공하고, 난민들을 처리하는 제반 문제와는 별개로 이미 유럽 사회를 인간의 권리와 존엄에 대해 무관심하게 만들고 있다.

예를 들어 독일에서는 이미 극단적인 페기다PEGIDA(서양의 이슬람화에 반대하는 유럽 애국 시민 모임) 및 극우 보수당인 〈독일을 위한 대안AfD〉(독일 대안당)과 함께 〈추악한 독일인〉이 다시 등장하고 있다. 외국에서 이주해 들어온 주민들은 독일 사회의 이런 우경화 바람과 독일 대안당 같은 정당들의 출현을 걱정스럽게 바라보면서, 과연 독일이 앞으로 자신들에게 얼마만큼 안전한 나라인지 심각하게 고민하고 있다. 또한 이슬람 국가IS가 유럽 도시들에서의 테러를 통해 유럽 사회의 분위기를 완전히 바꿔 놓고, 그것을 핑계로 우익 포퓰리스트들이 더더욱 세력을 확장하지 않을까 불안에 떨고 있다.

민주주의는 개인의 권리를 보장하고 연대의 힘으로 그것을 지켜 내려는 부단한 시도였고, 또 그 시도이다. 만일 우익 포퓰리스트들이 다시 권력을 잡게 되면 개인들의 권리부터 박탈해 버릴 것이다. 〈싹부터 잘라라!〉라고 하는 이 오래된 반파시즘적 경고는 독일에선 오래전에 이미 늦어 버렸다. 잔혹한 내전으로 생겨난 시리아 난민들과 좌절한 아프리카 국가들에서 온 난민들은 이제 총탄의 위협에까지 노출된 실정이기 때문이다. 2015년 독일 대안당의 당수 프라우케 페트리가 총기를 사용해서라도 난민들의 진입을 막아야 한다고 목소리를 높인 것이다. 물론 얼마 뒤 여론의 뭇매를 맞고 파장이 가라앉기는 했지만 그 뒤로도 그들의 비인간적인 도발은 끊이지 않았다. 아무튼 그런 구호들은 인터넷을 통해 급속도로 확산되었고, 그로써 점점 더 많은 사람들 사이에서 〈난민에 대한 적대적인 이미지〉가 고착화되었으며, 그와 함께 폭력화의 경향도 노골화되었다.

오스트리아에서는 노르베르트 호퍼가 우익 포퓰리즘 계

열의 오스트리아 자유당FPÖ 대통령 후보로 나섰다. 자신이 선거에서 승리할 경우 의회를 해산하고 새 선거를 실시하겠다고 여러 번 공언한 인물이다. 의회 해산의 의도는 분명하다. 재선거를 통해 오스트리아 자유당의 당수 하인츠크리스티안 슈트라헤를 행정부 수반으로 올리겠다는 것이다. 호퍼의 상대 후보 알렉산더 반 데어 벨렌은 우익 포퓰리즘의 승리를 저지할 만큼 표를 얻기는 했지만, 선거 결과(반 데어 벨렌: 53.8%, 노르베르트 호퍼: 46.2%)가 두 후보 진영 간에 별로 큰 격차가 없는 것으로 드러나자 안도의 한숨을 내쉬기보다는 오히려 경보등의 의미로 받아들여야 한다는 의견이 비등해졌다. 오스트리아 국민의 절반 가까이가 선거 구호로 〈오스트리아 우선주의〉와 외국인 적대주의를 내건 우익 포퓰리스트들에게 표를 던진 것은 심각한 상황이라는 것이다. 이들의 현실적인 목표는 분명하다. 기존 체제에 대한 투쟁과 반 난민 여론 조성이다.

유럽 대부분의 지역에서 난민들은 개성이라고는 없는 대규모 합숙소 같은 곳에 격리된 채 수용되거나, 아니면 헝가리처럼 국경 지대에서부터 경찰과 군인 들의 최루탄과 곤봉에 가로막힌다. 우리는 이 불행한 사태를 정말 팔짱을 끼고 구경만 하고 있어야 할까? 지금껏 시리아 내전으로 40만 명이 죽은 것은 차치하더라도 전쟁과 사선을 넘어 유럽으로 건너오려다 목숨을 잃는 사람의 수는 매일 증가하고 있다. 거기에는 아프리카 국가들에서 건너오는 난민들도 포함되어 있다. 지중해를 건너다 죽거나 행방불명된 난민의 수는 2000년에서 2014년까지만 해도 약 2만 3,000명에 달한다.* 심지어 『르 몽드 디플로마티크』는 그 수를 2만 3,258명이라는 구체적 수치로 밝히기까지 했다.** 그런데 사람들을 죽음으로 내모는 것은 바다만이 아니다. 수많은 사람이 굶주림과 갈증, 추위, 또는 저체온증으로 죽었고, 화물차 안에서 질식하거나 지뢰밭을 건너다가 목숨을 잃은 사람도 부지기수다. 유엔 난민 기구의 추산에 따르면 2014년부터 2016년까지 유럽으로 살길을 찾아 떠났다가 물에 빠져 죽은 사람은 또다시 1만 명에 이른다고 한다. 문제는 아직도 끝이 보이지 않는다는 것이다.***

* 참조. 질케 그룬발트/앨리스 콜: 유럽 문 앞에서의 죽음들, 노이에 취리히 차이퉁 온라인, 2014.04.02. auf: https://www.nzz.ch/die-toten-vor-europas-tueren-1.18272891, Stand 28. December 2016.

** 참조. 장마르크 마나슈: Ces gens-là sont morts, ce ne sont plus des migrants, in: Le Monde diplomatique Online, 2014.03.31, auf: https://www.monde-diplomatique.fr/carnet/2014-03-31-morts-aux-frontieres, Stand 28. December 2016.

*** 참조. 루츠 하버캄프, 마르쿠스 그라비츠: 2014년 이후 지중해에서 1만 명이 죽었다. in: Der Tagesspiegel Online, 2016.06.07., auf: https://www.tagesspiegel.de/politik/europaeische-union-und-die-fluechtlinge-10-000-seit-2014-im-mittelmeer/13701608.html, Stand 28. December 2016.

브룬힐데 폼젤도 자신의 경험을 토대로 오늘날 벌어지고 있는 일들에 대해 이렇게 주석을 달고 있다.

「오늘날에도 늘 반복해서 볼 수 있는, 사람들의 일반적인 무관심을 말하는 거예요. 오늘날 우리는 시리아에서 벌어지고 있는 그 끔찍한 일들을 텔레비전으로 생생하게 보고 있어요. 또 수백 명의 난민들이 바다를 건너다 죽는 것도 보고 있어요. 하지만 그게 끝이에요. 방송이 끝나면 금세 무슨 일이 있었냐는 듯이 고개를 돌리고 즐겁게 저녁을 보내죠. 그런 걸 본다고 해서 우리의 삶이 바뀌지도 않아요. 그런 게 인생이겠죠. 모든 게 그렇게 섞여 있는 게 난 인생이라고 생각해요.」

브룬힐데 폼젤의 생애에서 핵심적인 진술과 단계들을 골라내 보면, 서구 민주주의의 발전과 운명에 있어서 개인의 행동이 늦어도 지금 이 시점에 왜 그렇게 중요한지 더더욱 분명해진다.

아직은 유럽 국가들에서 다수의 목소리가 높다. 유럽 민주주의의 토대는 자유, 평등, 박애에 뿌리를 둔 프랑스 혁명의 정신이다. 그런데 이 토대는 결코 거저 지켜지는 것이 아니다. 이런 민주적 가치들을 명시적이고 열정적으로 지지하는 것이 무엇보다 중요한 이때, 인간들이 계속 침묵하고 수동적인 태도를 보이고, 또 불의에 눈감고 개인의 사생활만 즐긴다면 소수에 불과한 극우 세력은 자신의 세계상에 맞지 않는 개인들에 대한 증오를 더욱 부추기면서 우리의 정치적 일상을 지배할 것이다. 그들은 우리의 환경을 점점 오염시키고, 거짓과 증오의 확산으로 동조자를 점점 늘려 가고 있다. 그러다 보면 결국엔 그들이 권력을 쟁취하는 날이 올지도 모른다. 우리가 무관심과 수동성으로 도덕적 붕괴에 빠질 위험은 상존한다. 충격적인 사건이 일어나도 무덤덤하게 대하고, 자신의 안전에 대한 걱정이 앞서 시리아와 지중해에서 벌어지는 난민들의 운명에는 눈을 돌리고, 또 그것을 넘어 난민들의 유입을 오히려 자신의 안전을 위협하는 일로 낙인찍고, 마지막엔 그들에 대한 인간적인 연민까지 느끼지 못하는 도덕적 붕괴 말이다. 그로써 제2차 세계 대전 이후 70년 넘게 구축되어 온 휴머니즘 정신까지 완전히 무너지는 일이 생기지 않는다고 누가 장담하겠는가?

독재로 돌아가고 있는 터키의 정세, 유럽 연합에서 경제 규모가 두 번째로 큰 영국의 유럽 연합 탈퇴(브렉시트), 이탈리아 정부의 위기, 헝가리와 폴란드에서 민주적 원칙과 법치 질서의 와해, 독일에서 독일 대안당의 선거 승리, 오스트리아에서 비록 집권은 못했지만 지켜보는 사람들의 간담을 서늘하게 한 극우 세력의 놀라운 부상, 프랑스의 우익 포퓰리스트 마린 르 펜과 네덜란드의 극우 세력 헤이르트 빌더르스의 성공, 이것들은 모두 제2차 세계 대전 이후 유럽 평화 체제의 존속을 위협하는 가장 큰 도전들이다. 이유는 분명하다. 우익 포퓰리스트들의 실제적인 목표는 유럽 통합의 해체이고, 그들의 꿈은 단일 민족 국가로의 회귀이기 때문이다.

2016년 3월 독일의 작센안할트 주 선거에서 독일 대안당 같은 정당이 20퍼센트 넘게 득표했다면 이 수치는 우익 혁명의 잠재력을 보여 준다. 비록 이 투표가 일시적인 항의의 성격을 띠고 있기는 했지만 말이다. 그리고 바로 거기에 위험이 있다. 독일 대안당의 급속한 부상을 보면 나치가 바이마르 공화국에서 치고 올라갔던 속도가 떠오른다. 그들은 처음엔 18퍼센트에 불과했지만 그다음엔 30퍼센트를 얻었고, 그러다 결국 1933년 선거에서 승리함으로써 민주주의의 문을 닫아 버렸다. 우리는 독일 대안당이 일정 득표율 이상으로는 결코 지지자를 확보하지 못할 거라든지, 오스트리아 자유당이 머잖은 시기에는 절대 오스트리아 총리를 배출하지 못할 거라든지 하는 순진한 전제에서 출발해서는 안 된다. 현재 우리는 전 유럽에서 민주주의가 요동치는 것을 보고 있다. 그것은 지금까지 민주주의의 보루 역할을 해 오던 미국도 마찬가지다.

공화당 후보 도널드 트럼프는 기어코 미합중국의 대통령으로 선출되었다. 그 과정에서 그는 아메리칸드림의 몰락, 특히 미국 백인 중산층의 몰락에 책임이 있는 사람들로 무슬림과 라티노를 비롯한 다른 소수 민족들, 그리고 워싱턴의 기득권층을 지목했다. 트럼프의 당선과 함께 급부상한 세력은 바로 대안 우파Alt-right이다. 대안 우파는 다문화주의와 불법 이민자에 반대하고, 백인 우월주의와 자국 우선주의, 우익 포퓰리즘, 반유대주의를 표방하는 초극우적인 운동 세력인데, 이 운동의 간판격인 리처드 스펜서는 트럼프의 선거 승리 직후 다음과 같은 말로 승리를 축하하자고 목소리를 높였다. 〈우리 모두 1933년 때처럼 파티를 벌입시다!〉 1933년은 히틀러가 정권을 잡은 해이다.*

트럼프가 성공을 거둔 데에는 이주민이나 난민 들에 대

* 참조. John Woodrow Cox: Let's party like it's 1933: Inside the altright world of Richard Spencer, in: Washington Post Online, 2016.11.22., auf: https://www.washingtonpost.com/local/lets-party-like-its-1933-inside-the-disturbing-alt-right-world-of-richard-spencer/2016/11/22/cf81dc74-aff7-11e6-840f-e3ebab6bcdd3_story.html, Stand 28. December 2016

한 분노만 자양분으로 작용한 것이 아니라 민주 정치의 기득권층에 대한 분노도 크게 작용했다. 〈유혹자〉 도널드 트럼프가 〈미국을 다시 위대하게!〉라는 구호를 비롯해 무슬림과 멕시코인, 라티노에 대한 인종주의적 발언들로 상심한 미국인들의 폭넓은 계층을 자기편으로 끌어들였다는 사실은 유럽 우익 포퓰리스트들의 방식과 결코 차이가 없다. 유럽에서 먹히는 것이 미국이라고 해서 왜 먹히지 않겠는가, 하는 것이 도널드 트럼프의 생각이었을 것이다. 예비 선거 동안 그는 백인 노동자들과 교육받은 백인 계층의 좌절과 환멸을 이용해서 성차별적인 발언과 인종주의적 구호들로 표를 얻었다. 그와 함께 갑자기 미국 내의 소수 집단들에 대한 폄하가 곳곳에서 부각되었다. 왜냐하면 이는 단순히 사회적인 계급 투쟁이 아니라 이미 미국의 백인 주민들이 자유주의 시대의 성취들로부터 자신을 지켜 내려는 하나의 문화 투쟁이기 때문이다. 외국인들에 대한 관용 및 여성과 동성애자들의 권리, 이 모든 것이 갑자기 다시 거부되었고, 거부되고 있다. 문제는 사회적 연대가 해체되고 있다는 것이다.

도널드 트럼프는 백악관으로 들어가면서 아예 작정하고 금기의 파괴를 즐기기 시작했다. 워싱턴의 자유주의적 엘리트를 비롯해 이민 국가인 미국의 거의 모든 소수 민족들을 최하층에 이르기까지 폄하했다. 그것을 보고 있노라면 민주주의의 근간을 깨부수거나, 최소한 상당 부분 약화시키는 것이 그의 목적이 아닐까 하는 의심이 들 정도다.

카리스마 넘치는 부동산 재벌 도널드 트럼프의 연설은 처음엔 그의 삐딱한 태도로 인해 실제보다 무해한 것으로 인식되었다. 그는 곧 매스컴의 좋은 표적이 되었다. 하지만 그런 상황을 자신에게 유리한 쪽으로 활용할 줄 알았다. 요제프 괴벨스와 그의 연설, 그리고 흥분한 청중들의 반응에 대한 브룬힐데 폼젤의 기억이 우리에게 던져 주는 것이 하나 있다. 대중 선동가들이 단순하고 극단적인 해결책으로 한 민족을 유혹하는 것은 당시든 오늘날이든 똑같이 통한다는 것이다. 브룬힐데 폼젤은 자신이 모시고 있는 상관이 어떤 사람인지 서서히 알게 되었다고 한다. 이 역시 그녀의 타고난 순진함과 결부되어 있는 듯하다. 제국 방송국과 선전부로 그녀를 이끌었던 것도 그 순진함 말이다.

「나는 괴벨스의 진면목을 나중에야 알게 됐어요. 아직도 생생하게 기억나요. 베를린 체육관에서 열린 행사 말이에요. 〈총력전을 원하는가?〉라는 구호로 유명한 행사였죠.

그러다 화산 폭발과 같은 순간이 찾아왔어요. 무슨 정신병원에서 일어난 광란의 폭발 같았어요. 〈이제 여러분이 원하는 대로 할 수 있다.〉 괴벨스가 이렇게 외치는 순간이었어요. 그러자 마치 다들 말벌에 쏘인 것처럼 갑자기 벌떡 일어나 함성을 지르고 발을 구르고 두 팔을 미친 듯이 휘둘러댔어요. 귀청이 찢어지는 줄 알았어요.

나랑 같이 온 동료는 두 손을 깍지 낀 채 뻣뻣하게 서 있기만 했어요. 우린 둘 다 숨조차 쉴 수 없었어요. 이 갑작스러운 사태에 경악한 거죠. 괴벨스 때문만도 아니고 이 군중들 때문만도 아니었어요. 어떻게 이런 일이 한꺼번에 일어날 수 있는지 도무지 이해가 안 됐던 거예요. 우리 둘은 군중의 일부가 아니었어요. 우린 아마 유일한 관객이었을 거예요.

많은 세월이 흘러 그사이 또 많은 일이 일어난 지금, 난 그때 일을 완전히 다르게 봐요. 훨씬 충격적이고 훨씬 섬뜩하게 생각하죠. 한 사람에 의해 그렇게 많은 군중이 고함을 지르고, 또 지르고, 또 지를 수 있다는 것을요. 〈그래, 우린 총력전을 원해!〉 어떻게 이 한마디에 모두가 넘어갈 수 있죠? 아마 오늘날 누군가 이런 말을 하면 다들 고개를 절레 절레 흔들며 이렇게 말할 거예요. 〈제정신이야? 취한 거 아냐?〉 하지만 당시 사람들은 고함을 지르고 환호를 보냈어요. 다들 단 한 사람의 주술에 걸린 사람들 같았어요.

그 순간 나는 그 사람때문에 소름이 끼쳤어요. 무섭기도 했고요. 하지만 그런 생각도 곧 지워 버렸죠.」

미국의 언론들도 선거전에서 도널드 트럼프의 태도와 연설에서 드러난 선동적이고 공격적인 분위기를 비슷하게 묘사했다. 하지만 매스컴을 통해 전 세계에 알려진 트럼프의 험담과 인신공격은 정작 미국 내에서는 놀랄 정도로 경미한 분노만 불러일으켰다. 어쨌든 전후 유럽의 세계에 자유민주주의의 모델을 수출한 나라에서 말이다. 어쩌면 세간에 정치 광대 정도로만 여겨지던 이 트럼프라는 인간이 정말 백악관에 입성하게 되리라고는 누구도 상상하고 싶지 않았고 상상할 수도 없어서 그랬을지 모른다. 사실 자신의 승리에 트럼프 자신도 깜짝 놀랐을 가능성을 배제할 수 없다. 또한 유럽에서도 이와 비슷한 일이 생기지 않는다고 배제하기 어려워 보인다.

트럼프는 예전과 달리 상당히 톤을 낮춘 승리 선언 연설에서 자신이 대통령직으로 가는 길 위에서 하나의 〈운동〉을 이끌었다고 공표했다. 이 말은 곧 자신이 민주적으로 설립된 기관들을 원칙적으로 인정하지 않는다는 것을 잠재의식적으로 드러내고 있다. 왜냐하면 자신의 집권을 국민들 속에서 생겨난 운동과 관련시키는 것은 권위주의 지도자들이 민주적으로 합법화된 기관들의 통제에서 벗어나기 위해 자주 내세우는 수단이기 때문이다. 〈트럼프가 권력을 손에 넣은 지금, 그의 백악관 입성을 막으려 했던 바로 그 세력들에 의해 강한 통제를 받으리라는 예상은 《구름 위 뻐꾸기 집》*의 구제 불능 주민들이나 진지하게 믿을 법한 이야기다.〉 『벨트*Welt*』의 리하르트 헤르칭거가 경고한 말이다.** 트럼프가 미국 헌법에 명시된 〈견제와 균형〉, 즉 헌법 기관들의 상호 견제를 통해 국가 질서의 균형 잡힌 안정을 추구하는 이 시스템 때문에 그의 예고보다 더 온건하게 굴 수밖에 없음에도 자기 나라의 정치적 환경을 몇 십 년은 아니더라도 최소한 몇 년은 오염시킬 것이 분명하다. 아메리칸드림을 잃은 사람들에게는 희생양이 필요했고, 그런 그들에게 도널드 트럼프는 희생양을 찾아 주었다. 그러니까 많이 벌지 못하는 사람들의 불만스러운 상황에 대한 책임이 전체적으로 이주민들, 즉 무슬림과 라틴계 미국인, 중국인들에게 있고, 미국인들에게 일자리를 빼앗아 간 것이 이들이라는 것이다. 결국 그걸 가능하게 한 세계화가 공공의 적으

* 고대 그리스 작가 아리스토파네스의 희극 「새들」에 나오는 구름 위의 도시를 가리킨다. 새들이 하늘과 땅 중간에 지었다고 하는 이 도시는 현실 감각이 없는 유토피아를 의미한다 — 옮긴이주.

** Richard Herzinger: 트럼프를 계속 과소평가하는 건 자살과 같은 짓이다. in: Welt24 Online, 2016.11.10., auf: https://www.welt.de/debatte/kommentare/article159392876/Trump-weiter-zu-unterschaetzen-ist-selbstmoerderisch.html, Stand 28. December 2016.

로 부상했다.

민주적 기득권층에 대한 선전포고와 함께 유럽의 우익 포퓰리스트들에게 엄청난 흥분과 감격을 안긴 미국 대통령은 도널드 트럼프가 처음이었다. 유럽의 극우들은 트럼프를 모방함으로써 민족주의 국가로 회귀할 역사적 기회가 자신들에게도 생겼다고 보기 때문이다.

정치학자 알브레히트 폰 루케는 트럼프가 민주주의에 대해 생각하는 것이 어떤 것인지 정확하게 짚어 냈다. 트럼프의 피아(彼我) 이데올로기, 국제 무대로부터의 전향과 국내 문제로의 집중은 유럽 극우들의 환호까지도 설명해 주는 중차대한 문제로 이어진다. 〈트럼프는 더 이상 다원성과 다양성으로 이루어진 민주주의가 아닌, 오직 단일 민족적으로만 이해되는 새로운 민주주의의 창끝이 될 수 있다. 헝가리 총리 빅토르 오르반은 《진정한 민주주의》의 승리를 자기 멋대로 상상하면서 선거의 본래적인 의미를 재단했는데, 여기서 나타나는 것이 법치와 야당이 존재하지 않는 다른 형태의 민주주의였다.〉* 루케가 염려하는 것은 결국 〈국민의 뜻〉이라는 미명하에 카리스마 넘치는 지도자가 그 뜻을 실현하는 것이다. 예전에 나치가 부르짖었던 다음의 해

* Albrecht von Lucke: 트럼프와 그 여파: 갈림길에 선 민주주의. Blätter für deutsche und internationale Politik; 2016/12, p. 5-9.

결책과도 일맥상통한다. 〈하나의 민족, 하나의 국가, 하나의 지도자!〉

이런 흐름이 발전하기엔 현 유럽의 토양은 비옥하다. 지금까지 서구에서 우익 포퓰리스트들의 진군은 성공적이었다. 왜냐하면 그들은 싸울 능력이 있고 사회적 취약 계층을 쉽게 자기편으로 끌어들인 반면에 일반 시민들은 잠자는 숲속의 공주처럼 수면 상태에 빠져서 다양성이 사라지고 연대가 해체된 사회의 위험성을 인지하지 못하고, 서구적 민주주의가 급속도로 붕괴하고 있음을 깨닫지 못하고 있기 때문이다.

브룬힐데 폼젤이 설명한 주변의 정치적 무관심, 특히 부유한 동네였던 베를린 쥐트엔데 주민들의 정치적 무관심은 오늘날에도 평소엔 남을 돕기 좋아하는 독일인들 사이에서도 쉽게 찾아볼 수 있다. 그들은 반이슬람 단체인 페기다의 가두 행진에도 별로 크게 항의하지 않는다. 예를 들어 드레스덴에서 러시아워 시간에 터키계 독일인 아키프 피린키가 시민들에게 무슬림에 대한 증오를 부추기고, 무슬림의 인권과 존엄을 공개적으로 훼손하는데도 말이다.

우리가 물에 빠져 죽은 난민들의 숫자를 듣고도, 난민들에게 국경을 폐쇄하는 것을 보고도, 극우들의 증오가 별로 욕을 먹지 않으면서 확산되는 것을 보고도 무덤덤하게 반응하는 이유는 불안과 무지 탓인 듯하다. 이 일련의 과정들은 인류사에서 가장 어두웠던 시기가 반복될 신호처럼 보인다.

브룬힐데 폼젤은 이웃의 비누 가겟집 딸 로자 레만 오펜하이머가 사라졌을 때는 어쩌면 주변에서 무슨 일이 일어나고 있는지 인식할 수 있었을 것이다. 또한 늦어도 유대인 친구 에바 뢰벤탈이 1943년에 없어졌을 때는 당국의 선전과는 달리 유대인들이 동쪽으로 이주하는 것이 아니고, 강제 수용소가 단순히 체제 저항적인 인간들의 〈사상 개조〉에만 사용되는 공간이 아니라는 사실을 알 수 있었을 것이다. 그러나 그녀는 알지 못했다고 한다.

브룬힐데 폼젤이 우리에게 관심을 끄는 것은 그녀가 우리를 다음과 같은 것에 주목하게 하기 때문이다. 우리 자신, 우리의 불안, 힘겹게 피로 얻어 낸 자유에 대한 자만과 경시, 세계화의 시대에 이루어지고 있는 연대 해체와 야만화의 메커니즘에 대한 무시가 그것이다.

히틀러가 집권할 때까지 폼젤 가족 내에서는 유대인에 대해 선입견을 가진 사람이 아무도 없었다. 브룬힐데 폼젤은 스물두 살 때의 친구들을 정치에는 아무 관심이 없는 철부지 아이들로 묘사했다. 머릿속에 그려지는 하나의 그림이 있다. 흰색 셔츠에다 멜빵바지를 입거나 콤비 재킷을 걸치고, 무거운 가죽 신발을 신고, 옆가르마에 단정하게 포마드를 발라 머리를 넘기고, 유행하는 옷을 입은 여자애들과 시시덕거리는 그런 남자애들 말이다. 모두 베를린의 평균 젊은이들보다 좀 더 세련돼 보인다. 오토바이를 타고 다니는 건 사치였고, 술집에서 친구들과 맥주 한잔 기울이는 것은 경제적으로 어렵고 정치적 격변기의 시대엔 하나의 작은 보상이자 도피처였다. 전화기가 있는 집은 드물었고, 신문은 어른들만 읽었으며, 라디오와 텔레비전은 막 발전 단계에 있었고, 현대는 이제야 스타트를 준비하고 있었다. 정치는 그런 젊은 패거리들에겐 관심의 대상일 수 없었고, 어차피 그들을 진지하게 받아 줄 영역도 아니었다. 게다가 당시는 스물한 살이 돼야 성인으로 인정받던 시절이었다. 폼젤의 친구 그룹에는 유대인이 없었다. 가깝게 지내던 에바 뢰벤탈만 예외였다.

「1933년 전에는 누구도 유대인에 대해 깊이 생각하지 않았어요. 순전히 나중에 나치에 의해 만들어진 거죠. 우리는 국가 사회주의를 통해서야 유대인들이 우리와 다른 인간이라고 의식하게 됐어요. 그게 모두 나중에 유대인 말살 프로그램으로 이어졌죠. 우리는 유대인들에 대한 반감이 전혀 없었어요. 아니 그 반대였어요. 아버지는 손님 중에서 특히 유대인들을 좋아했어요. 돈이 많을 뿐 아니라 항상 값을 후하게 치렀거든요. 우리는 유대인 아이들과 놀기도 했어요. 그중에는 힐데라는 마음씨 고운 여자아이도 있었어요. 또 바로 옆집에 내 또래의 유대인 아이가 있어서 종종 함께 어울렸어요. 비누 가겟집 딸 로자 레만 오펜하이머는 지금도 또렷이 기억나요. 우리는 그 애들이 이상하다고 느낀 적이 한 번도 없어요. 그건 다 커서도 마찬가지였죠. 국가 사회주의가 점점 가까이 다가왔을 때도 우리는 무슨 일이 벌어질지 몰랐어요. 다만 우리는 친애하는 지도자를 향해 반갑게 손만 흔들어 주었을 뿐이에요. 왜 안 그러겠어요? 1933년 이전에 유대인 문제를 생각한 사람들은 소수였어요. 처음에 사람들은 일자리를 얻었고 돈이 생겼어요. 나중에 우리는 전쟁으로 모든 것을 잃고, 베르사유 조약으로 사기를 당했다고 배웠어요.

한마디로 우리는 히틀러의 등장과 함께 우리한테 무슨 일이 닥칠지 전혀 몰랐어요.」

브룬힐데 폼젤은 히틀러의 집권이 무엇을 뜻하고 또 그로 인해 어떤 일이 일어날지 몰랐다고 주장하지만, 오늘날처럼 인터넷을 통해 정보가 넘치고 대중 매체가 발달한 시대에는 원칙적으로 그런 무지가 별로 가능해 보이지 않는다. 우익 포퓰리스트들의 모든 이상 발달 상황, 거의 모든 발언, 한계를 넘은 행위들은 인터넷이나 소셜 미디어를 통해 전 세계에 순식간에 퍼지고, 지속적으로 저장되고, 소셜 미디어를 통해 무한정 증폭된다. 인터넷의 거인 페이스북은 지금껏 증오의 포스팅과 선전의 확산에 대한 자신들의 책임을 부인한다.

그러나 이런저런 플랫폼이 수백만 명의 사람들에게 극단적인 생각의 확산과 인력 동원의 핵심 도구가 된 것은 이미 오래된 일이다. 페이스북 알고리즘은 관심 영역에 따라, 그리고 진실과 무관하게 극단적인 인간들이 열망하는 모든 것을 제공한다. 그 결과 알고리즘을 통해 주어진 내용들은 선입견을 강화하고, 기존의 세계상을 공고히 한다. 그사이 소셜 미디어들은 어두운 쪽으로 사용될 잠재력을 한껏 키우고 있다. 그것은 인터넷의 선구자들이 인터넷 망을 새로운 천년기의 시작으로, 투명성과 민주주의, 자유 운동의 수단으로 환호했던 그 열정과는 아무 관련이 없다. 인터넷 망은 증오를 배출하고 확산하는 장으로 타락해 버렸다. 사회 각 영역에 존재하는 불만들은 과거보다 더 쉽게 하나로 뭉쳐져 확산되기 때문이다.

우익 포퓰리스트들은 인터넷을 통하면 기자들 없이도 얼

마든지 여론을 조성하고 사람들에게 다가갈 수 있음을 간파했다. 그와 동시에 국가 사회주의자들이 사용했던 것과 비슷한 전략을 사용하고 있다. 즉, 주류 언론을 〈거짓말쟁이 언론〉으로 줄기차게 매도하는 것이다. 거짓말쟁이 언론은 요제프 괴벨스가 자신의 비판자들을 공격하기 위해 사용한 말이자, 나치당의 대표적 이데올로그인 알프레트 로젠베르크가 순수한 민족의 뜻과 상반되는 세력을 지칭하기 위해 사용한 말이다. 현재의 우익 포퓰리스트들은 여기서 한걸음 더 나아가 현실을 호도하고 사람들의 합리적 생각까지 마비시키는 전략을 구사한다. 2016년 독일에서 올해의 말로 선정된 〈포스트팍티시Postfaktisch〉*는 거짓말과 선동의 확산을 통해 대중의 지지를 얻으려는 우익 포퓰리스트들의 오래되고도 새로운 전략과 동의어로 사용되고 있다.

만일 언론에 대한 일방적인 매도나 소셜 미디어를 통한 왜곡된 진실의 확산이 없었더라면 도널드 트럼프의 선거전은 좀 더 힘들게 돌아갔을 것이다. 네트워크는 사용자들이 외부의 방해 없이 같은 생각을 가진 사람들과 의견을 나누면서 함께 극단적인 방향으로 나아갈 고립된 공간을 제공

* 직역하면 〈사실에서 벗어난〉, 〈탈(脫)사실적〉이라는 뜻의 형용사이다. 객관적 사실이 아닌 주관적 감정에 호소하는 것을 말한다. 영어로는 〈post-truth〉이다 — 옮긴이주.

한다.* 포퓰리스트들은 고전적 매체들에 대한 대중들의 불신을 자신들의 선동에 최대한으로 이용할 줄 안다. 금융 위기와 관련한 음모론이나 자국 내에서 점점 늘어나는 난민과 세계화에 대한 공포는 불안에 떠는 사람들을 유혹하는 좋은 도구가 된다.

고전적 언론 매체에 대한 불신은 특히 18~35세 사이의 연령대에서 엄청나게 나타난다. 그 때문에 젊은 층은 대부분의 정보를 소셜 미디어에서 얻는다. 오스트리아 주민 9만 명을 상대로 조사한 결과 충격적인 결과가 나왔다. 그 연령대의 85퍼센트가 전통적인 매체를 믿지 않는다는 것이다.** 신뢰 지수에 대한 조사도 적잖은 충격을 안겨 준다. 세계적 PR 전문 기업 에델만은 2015년부터 2016년까지 총 28개국에서 3만 명 이상의 사람을 대상으로 사회적 엘리트들에 대한 신뢰를 조사했는데, 유럽 국가의 절반 이상에서 정치, 경제, 특히 언론에 대한 대중의 신뢰가 50퍼센트 이하로 나

* 참조. 티모 슈테파트Timo Steppat: 포퓰리스트들은 어떻게 페이스북을 통해 커졌나. in: Frankfurter Allgemeine Zeitung Online, 2016.11.11., auf: http://www.faz.net/aktuell/politik/inland/wie-facebook-populisten-wie-trump-afd-und-pegida-gross-macht-14518781.html, Stand 28. December 2016.

** 참조. 하스나인 카짐Hasnain Kazim: 여과되지 않은 오스트리아 자유당, in: Spiegel Online, 2016.11.30., auf: http://www.spiegel.de/kultur/gesellschaft/rechte-medien-in-oesterreich-ungefiltert-fpoe-a-1123653.html, Stand 28. December 2016.

타났다.*

유럽에서는 인터넷을 통한 가짜 뉴스와 거짓 정보의 확산이 선거에 막대한 영향을 끼칠 수 있다는 우려가 점점 커지고 있는데, 대통령 선거 이후 미국 사회에서 심도 깊게 논의가 이루어진 이 우려는 충분히 타당해 보인다. 왜냐하면 트럼프 지지자들, 그중에는 인종주의 계열로 분류되는 〈브레이트바트 뉴스 네트워크Breitbart News Network〉도 포함되어 있는데, 이 지지자들이 의도적으로 가짜 뉴스를 뿌려 인터넷 상에서 무슬림과 다른 소수 인종들에 대한 반감을 부추겼기 때문이다. 심지어 브레이트바트는 민주당 대통령 후보인 힐러리 클린턴에 대한 온갖 소문들을 마치 사실인 양 꾸며 전 세계에 대량으로 유포하기도 했다.

이 과정에서 클린턴은 이메일 스캔들로 공격을 받고 월스트리트의 조종을 받는 탐욕스런 마리오네트로 내몰렸을 뿐 아니라 이미 오래전에 무혐의 판정을 받았음에도 불구하고 2012년 9월 11일 리비아 벵가지 미 영사관 테러 사건이 모두 자기 책임인 것처럼 매도당했고, 또 아무런 증거도 없는 상태에서 그녀의 남편이자 전직 대통령인 빌 클린턴

* 참조. 에델만Edelman: 신뢰 지수 – 세계적인 조사 결과. 2016.01.17., auf: http://www.edelman.com/insights/intellectual-property/2016-edelman-trust-barometer-global-results, Stand 28. December 2016.

의 새로운 섹스 스캔들을 공개할 것처럼 예고함으로써 도덕적으로 상처를 입기도 했다.

독일의 정치 월간지 『콤팍트*COMPACT*』 같은 언론들도 트럼프가 세상에 퍼뜨린 음모론에 전혀 뒤지지 않는 조야한 음모론을 성공적으로 확산시켰다. 이 음모론의 핵심은 이주민들을 통한 독일 민족의 고의적인 〈인종 교체〉인데, 여기서 민주적으로 합법화된 정당들은 〈민족의 반역자들〉로 폄훼되었다. 또 이 매체들은 난민들이 저질렀다고 하는 강간에 관한 확인되지 않은 뉴스들을 무한정 확산시킨다. 이 뉴스들은 나중에 거짓으로 판명되지만 이미 소셜 미디어에선 선동 세력에 의해 들불처럼 번진 뒤다. 우익 포퓰리스트들에게 성역은 없다. 미국과 마찬가지로 선동과 가짜 뉴스 전략이 유럽의 임박한 선거들에서도 성과를 낼 것처럼 보인다. 왜냐하면 예전에 요제프 괴벨스에 의해 〈오직〉 라디오와 영화로만 확산되던 것들이 오늘날에는 인터넷이라는 매체를 통해 그보다 훨씬 강력한 힘으로 전파되고, 그 파장도 엄청나기 때문이다.

브룬힐데 폼젤은 나중에 유대인 대량 학살로 이어진 선동의 본격적인 상승 작용을 다음과 같이 기억한다.

「…… 그러다 1938년 11월 그 끔찍한 사건이 일어났어요. 수정(水晶)의 밤 사건 말이에요.

그 일이 일어났을 때 우린 마비된 사람처럼 얼어붙었어요. 그 사람들은 유대인들을, 아니 그냥 인간들을 때려죽이고 유대인 상점을 부수고 물건들을 가져갔어요. 도시 곳곳에서 그런 일이 일어났죠. 그래요, 그때 시작된 거였어요. 우린 머리를 크게 한 대 얻어맞은 것처럼 퍼뜩 정신이 들었어요. 친구인지 친척인지 누가 이런 얘기를 했어요. 제복 입은 사람들이 이웃집 남자를 끌고 가서는 차에 태워 어디론가 보냈다고요. 어디로 보냈는지는 알 수 없었어요. 평소 정치에 관심이 없던 사람이라면 더더욱 알 수가 없었죠. 거기엔 우리도 포함되어 있었어요. 경악할 일이지만.」

우리가 경악만 하는 것으로 소수 인종에 대한 극우적 생각이 점점 더 많은 사람들에게로 스며들어가는 것을 막을 수 있을까? 이미 독재가 전 사회에 퍼져 있었기에 사람들이 경악하는 것 말고는 달리 방법이 없었을 브룬힐데의 시대에도 이미 극우적 생각은 사람들 속으로 조금씩 파고들고 있었다. 국가 사회주의자들도 집권 후 유대인을 적대시하는 법률을 제정하고 마침내 명백한 탄압으로 나아가기 전에 유대인 주민들에 대한 비방전을 먼저 펼쳤다. 유대인들에 대한 탄압은 수정의 밤 사건에서 뚜렷이 드러났고, 그에 대한 독일 주민들의 반발이나 저항은 딱히 없었다. 소수 인종과 엘리트에 대한 비방과 증오는 오늘날에도 이미 오래 전부터 그 효과가 나타나고 있다. 유럽에서건 미국에서건.

2016년 미 대통령 도널드 트럼프는 무슬림과 다른 소수 인종들을 향해 단호하게 반기를 든 선거전과 함께 사회적 분위기를 오염시켰다. 그것은 전통적으로 이민 국가이자 다문화적 삶의 모범으로 여겨져 온 그의 나라에 심대한 결과를 낳고 있다. 트럼프의 대중 인기 영합적 수사학은 실제로 인류 역사상 가장 나빴던 시절을 떠올리게 한다. 증오를 부추기는 메커니즘과 그 결과가 이미 싹에서부터 나치 독재가 한창이던 시기와 동일한 것으로 보이기 때문이다. 미국에서 무슬림에 대한 공격 횟수는 2001년 9월 11일 세계무역 센터에 대한 테러 때 일시적으로 상승했지만, 몇 년 뒤에는 다시 진정세를 보였다. 그런데 도널드 트럼프의 선거 승리 전에 이미 소수자들, 특히 무슬림에 대한 범죄 행위가 다시 증가할 거라는 우려가 비등했고, 그 우려는 사실로 드러났다. 선거일인 2016년 11월 8일 이후 미국에서 〈증오 범죄〉의 수가 급등했기 때문이다. 인권 단체 남부 빈곤 법률 센터The Southern Poverty Law Center의 보고에 따르면 도널드 트럼프가 미국의 45대 대통령에 선출된 직후 증오 범죄로 보이는 사건이 900건 이상 발생했다고 한다.*

브렉시트를 결정한 뒤에야 그 의미를 깨달은 영국인들은 국민 투표 바로 다음 날 외국인들에 대한 범죄가 순식간에 몇 배로 증가하는 것을 보면서 우익 포퓰리스트들에 대한 자신들의 불안과 수동성, 무지로 인해 큰 충격에 빠졌다. 런던 경찰청은 영국이 유럽 연합에서 탈퇴하기로 결정한 불과 며칠 만에 브렉시트 이전 동유럽 이주민들에 대해 펼쳐졌던 여론 조작과 직접적 관련성이 있어 보이는 증오 범죄의 수를 발표했는데, 런던에서만 2016년 6월 23일 선거일과 7월 말 사이에 인종주의적 동기에서 발생한 것으로 추정되는 사건이 2,000건이 넘는 것으로 밝혀졌다.**

폴란드 국적의 사람들이 영국에서 인종주의자들의 공격을 받는 동안 폴란드에서는 이미 2015년 11월 11일에 극우 단체들이 난민 수용 정책에 반대하며 바르샤바 거리를 행

* 참조. The Southern Poverty Law Center: Ten Days After: Harassment and Intimidation in the Aftermath of the Election, November 2016, auf: https://www.splcenter.org/20161129/tendays-after-harassment-and-intimidation-aftermath-election#antimuslim, Stand 28. December 2016.

** 참조. 베네딕트 페터스Benedikt Peters: 외국인에 대한 폭력은 없어지지 않는다. in: Süddeutsche Zeitung Online, 2016.09.30., auf: http://www.sueddeutsche.de/politik/grossbritannien-gewalt-gegen-auslaender-geht-nicht-mehr-weg-1.3185999, Stand 28. December 2016.

진하면서 이렇게 또박또박 구호를 외쳤다. 〈폴란드는 폴란드인에게로!〉 그런데 이 시위의 참석자 중에는 전형적인 국수주의자들만 있는 것이 아니라 정치적으로 중도로 추정되는 사람들도 포함되어 있었다.*

독일 연방 공화국에서 외국인 증오는 이미 1990년대에 난민 숙소들에 대한 무자비한 테러와 함께 심각한 양상을 띠었다. 1991년에는 호이어스베르다 난민 숙소가, 1992년에는 로스토크리히텐하겐 난민 숙소가 며칠째 포위당한 채 극우 세력의 공격을 받았고, 1993년에는 묄른과 1996년 졸링겐에서 터키계 가정들이 치명적인 테러를 당했다. 이 사건들로 총 여덟 명이 목숨을 잃었다.

난민 위기 이후 독일의 분위기는 아주 거칠어졌다. 반인종주의 단체인 아마데우 안토니오 재단과 난민 단체인 프로아질의 추산에 따르면 2015년 한 해에만 독일에서 난민 숙소가 공격당한 사례는 1,072건인데, 그중에서 방화도 136건이나 된다고 한다. 이 공격들로 총 267명이 다쳤다. 더 우려스러운 것은 이런 행위의 증가가 무엇보다 독일 대안당의 부상과 맞물려 있다는 점이다. 다시 말해 우익 테러

* 참조. 외르크 빈터바우어Jörg Winterbauer: 물리적인 폭력의 형태로 점점 첨예화되는 난민 문제. in: Welt24 Online, 2015.12.04., auf: http://www.welt.de/politik/ausland/article149607210/Fluechtlingsfrage-eskaliert-in-Form-von-koerperlicher-Gewalt.html, Stand 28. December 2016.

의 신기록 달성에는 외국인에 대한 혐오를 노골적으로 표방한 독일 대안당과 페기다 같은 극우 세력이 배후에 자리하고 있다는 말이다. 2016년 우익 테러의 발생 건수는 전년에 비해 무려 44퍼센트나 증가했다. 그것도 사람이 다쳤거나, 숨질 뻔한 공격만 따져서 그렇다. 이제 외국인들의 숙소에 돌과 폭죽, 소이제를 던지는 일은 예사고, 심지어 권총이나 폭발물을 사용한 공격까지 일어나고 있다. 그런데도 지난 세기의 90년대에 비하면 이런 테러에 대한 시민들의 강력한 반대나 항의 시위는 거의 없는 실정이다.

브룬힐데 폼젤은 나치 내부의 발전 상황을 아마 막바지 무렵에는 경악 속에서 인지했을 것이다. 그렇다면 오늘날의 우리는 어떤가? 90년대 묄른과 졸링겐의 테러 후 희생자들을 기리는 콘서트와 촛불 물결이 몇 주간 온 나라를 뒤덮었다. 이런 극단주의적 행태를 결코 용납하지 않겠다는 결의의 표명이었다. 1992년 12월 프랑크푸르트에서만 15만 명이 〈오늘은 그들이, 하지만 내일은 네가!〉라는 모토를 내건 콘서트에 참석했다. 또한 1992년 12월 6일에는 뮌헨에서 40만 명이 넘는 시민이 촛불을 들고 외국인 적대주의와 우익 포퓰리즘에 반대하는 시가행진을 벌이기도 했다.*

* 참조. 지오바니 디 로렌조Giovanni di Lorenzo: 뮌헨이 〈No〉라고 말했을 때. in: Welt24 Online, 2012.12.02., auf: https://www.welt.de/print/wams/

그렇다면 오늘날은 어떨까? 2016년 독일 연방 형사청은 난민 숙소 운영자들과 외국인, 정치인들에 대한 극우적 동기의 폭력 사태가 일어날 가능성에 대해 심각한 우려를 표했는데, 결국 이 지경까지 이르게 된 데에는 일반 시민들의 안주와 나태도 책임이 있지 않을까? 그전까지는 그렇게 분열되어 싸우던 극우 단체들도 난민이라는 새로운 적과 관련해서는 정말 찰떡궁합이라고 할 정도로 의견 일치를 보고 있는데, 민주적 기본 질서와 법치 국가의 원칙을 옹호하는, 아직은 주류에 속하는 대부분의 사람들은 그들보다 훨씬 결속력이 약한 듯하다.

아무리 민주주의 사회에 자유가 있다고 해도 어떻게 새 난민 숙소의 반대자들이 중부 작센의 클라우스니츠에서 난민들의 수용을 힘으로 저지할 수 있을까? 당시 100여 명의 시위자들은 난민들이 탄 버스를 가로막고는 리듬에 맞춰 탑승자들을 향해 〈우리가 주인이다!〉고 소리 높여 외쳤고, 그래서 겁에 질려 버스에서 내리지도 못하고 있던 전쟁 난민들은 경찰의 도움을 받아 간신히 안전한 곳으로 이동할 수 있었다. 이 영상은 인터넷을 통해 전 세계에 중계되었는데, 우리는 정말 이대로 팔짱만 끼고 지켜보아야 할까? 그

muenchen/article111757587/Als-Muenchen-Nein-sagte.html, Stand 28. December 2016.

러다 요제프 괴벨스의 비서처럼 잔혹한 사건들을 보면서 묵묵히 경악만 하다가 또다시 아무 일 없었다는 듯이 일상으로 돌아가는 게 아닐까?

히틀러와 제3제국을 떠올려보면 어떤 시대건 홀로코스트는 문명의 파괴로 기록될 것으로 보인다. 그러나 국가 사회주의의 역사는 그보다 훨씬 이전에 시작되었고, 나치 돌격대의 깡패 부대는 더 일찍 활동했으며, 민주주의자들의 방관은 더 일찍 시작되었다. 히틀러가 첫 번째 폭동을 일으킨 것은 1923년이었고, 국가 사회주의의 이념과 조직은 시간을 두고 단계적으로 구축되었다. 브룬힐데 폼젤이 국내 정치 상황에 대해서는 무관심한 채 일상 세계에서 태평하게 사는 동안 그런 일은 서서히 진행되었다. 오늘날의 상황과 비교한답시고 국가 사회주의를 상대화시켜서는 안 된다. 핵심은 일대일로 비교하는 방식이 아니라 현재 새롭게 대두하고 있는 극단적인 경향들의 위험성을 그 징후부터 분명하게 인식하는 것이다. 오늘날의 이러한 징후들은 전부 합칠 경우 더더욱 무겁게 다가온다.

우익 포퓰리스트들은 특정 집단을 열등한 경쟁자로 폄하하면서 사람들의 가장 저급한 충동을 일깨운다. 그러다 스스로를 더 나은 존재로 느끼기 위해 사람들로 하여금 타인을 증오하게 만든다. 문제는 자신의 자존감 부족에서 온 것일 텐데 말이다. 그로써 경멸과 증오는 자존감 상승의 집단적 사건이 된다.

포퓰리스트들이 얼마나 거침없이 노골적인 인종주의로 되돌아가려고 하는지, 또 정치적 반대파들에게 얼마나 직접적으로 제거 위협을 가하는지는 자료로 남아 있는 그들의 선동 연설에서 여실히 드러난다.

예를 들어 2015년 12월 도널드 트럼프는 공화당 대통령 후보 경선에서 지지자들의 우레와 같은 박수를 받으며 무슬림에 대한 입국 금지를 요구했고, 얼마 뒤에는 인종 프로파일링, 즉 피부색, 종교, 국적, 인종에 의거해 의심이 가거나 혐의가 있는 것으로 판정된 사람들에 대해 경찰이 임의로 단속 수사할 수 있는 조치를 요구했다.*

2016년 10월에는 튀링겐 주의회의 독일 대안당 원내총무 뵈른 회케가 대중 연설에서 〈엘리트들〉의 제거를 거리낌 없이 요구했다. 「우리에겐 쓸모없는 낡은 엘리트들이 있습니다. 나는 그들을 그렇게 부릅니다. 우리에게는 낡은 정당들만 있는 것이 아니라 낡은 언론도 있고 낡은 엘리트들도 있습니다. 이 나라에서 그중 몇은 깔끔하게 청소해야 합

* 참조. Emily Schutheis: Donald Trump: U.S. must start thinking about racial profiling, in: CBS News Online, 2016.06.19., auf: http://www.cbsnews.com/news/donald-trump-after-orlando-racial-profiling-not-the-worst-things-to-do, Stand 28. December 2016.

니다. 낡은 엘리트들은 이 땅에서 없어져야 할 정도로 쓸모가 없습니다. 우리는 그 낡은 엘리트들을 폐기 처분해야 합니다.」*

회케의 외침은 요제프 괴벨스가 1932년 7월, 그러니까 나치 집권 반년 전에 라디오 연설에서 했던 요구를 자동으로 연상시킨다. 「우리는 우리에게 적대적인 시스템과 정당들을 제거하는 것밖에는 그것들과 타협의 여지가 없습니다.」** 그리고 반년도 되지 않아 국가 사회주의자들은 권력을 잡았고, 그와 함께 정치적 반대파를 숙청하기 시작했다.

2017년 1월 회케는 참석자들의 열렬한 환호를 받으며 베를린의 홀로코스트 기념관과 관련해서 이렇게 강조했다. 「우리 독일인들, 그러니까 우리 민족은 수도 심장부에 치욕의 기념관을 세운 세계 유일의 민족입니다.」*** 이 말과 함께

* Björn Höcke. 2016년 10월 11일 트리어 근처의 오스부르크에서 했던 연설에 나오는 대목이다. 참조. http://www.fliesstexte.de/2016/10/11/thueringer-afd-chef-will-menschen-entsorgen-empoert-das-irgendwen, Stand October 2016.

** 참조. 베네딕트 페터스Benedikt Peters: 외국인에 대한 폭력은 없어지지 않는다. in: Süddeutsche Zeitung Online, 2016.09.30., auf: http://www.sueddeutsche.de/politik/grossbritannien-gewalt-gegen-auslaender-geht-nicht-mehr-weg-1.3185999, Stand 28. December 2016.

*** 참조. 좌파 정치인들이 회케를 형사 고발하다. in: Spiegel-Online, 2017.01.18., auf: http://www.spiegel.de/politik/deutschland/bjoern-hoecke-zentralrat-der-juden-ist-empoert-ueber-rede-des-afd-politikers-a-1130520.html, Stand 18. January 2017.

그는 살해된 600만 명의 유대인에 대한 추모의 정신을 발로 걷어찼을 뿐 아니라 인류 역사상 유례를 찾아볼 수 없을 만큼 추악한 범죄의 의미를 퇴색시켰다.

2015년 9월 프랑스의 극우주의자 마린 르 펜은 앙겔라 메르켈 독일 총리의 난민 정책을 프랑스 대통령이 되려는 자신의 야망에 필요한 디딤돌로 활용했다. 브뤼셀의 한 연설에서 그녀는 이렇게 설명했다. 유럽 연합 국가들의 주권이 〈여기서 몇 개 거리밖에 떨어지지 않은 곳에서 근무하면서 음모를 꾸미고 있는 (……) 한 적에 의해 위협받고 있다〉고 말이다. 여기서 적은 「유럽위원회의 유로 독재」를 의미하는데, 이들은 〈여러 민족을 압살하는 기구이자, 긴축 정책의 씨를 뿌리는 자이자 (……), 지구의 모든 불법적인 인간들에 대한 친절한 안내원〉이라는 본색을 숨기고 있다는 것이다.*

브룬힐데 폼젤의 생애 이야기를 들으면서 우리가 그녀를 나치의 단순가담자로 비판한다면 당연히 이런 의문이 제기될 수밖에 없다. 현재 우리는 제3제국 시절 단순가담자들의 행동과 비교해서 과연 얼마나 다른가? 우리는 극우주의

* 참조. AFP/dsa | EurActiv.de: 르 펜이 〈여황제〉 메르켈의 난민 정책을 공격하다. in: EurActiv Online, 2015.09.17., auf: https://www.euractiv.de/section/eu-innenpolitik/news/le-pen-attackiert-fluchtlingspolitik-von-kaiserin-merkel, Stand 28. December 2016.

자들의 그런 선동적인 연설이 우리를 어디로 끌고 갈지 알고 있음에도 불구하고 아무 반응을 보이지 않는다면 이미 오래전에 아주 심각한 무지와 무관심의 단계에 도달한 것이 아닐까? 그 옛날 아돌프 히틀러나 베니토 무솔리니가 경제적인 어려움에 빠진 자기들을 구해 줄 거라고 믿었거나, 두 사람이 권력을 잡았을 때 최소한 암묵적으로 동조했던 세대들과는 달리 오늘날의 우리는 역사에 대한 지식을 근거로 그런 독재의 결과를 충분히 알고 있다. 그런데도 다수는 수동적이고 소극적으로 행동한다. 반면에 폼젤은 오늘날의 젊은이들이 자기 시대보다 훨씬 덜 순진하고 무지하다고 말한다.

「우리는 대부분 정치에 무관심했어요. 나는 요즘 여학생들이 자신의 주장이나 의견을 당당하게 얘기하는 걸 보면 이런 생각이 들어요. 어쩜 이렇게 달라졌을까. 세상이 바뀌어도 너무 바뀌었어! 이런 생각을 할 때면 내가 백 살이 아니라 마치 삼백 살은 된 것 같은 기분이 들어요. 그만큼 세상살이가 그때랑 너무 달라졌어요.」

하지만 2016년 독일과 오스트리아 젊은이들을 상대로 설문 조사한 결과 정치에 관심이 있다고 대답한 사람은 5분의 1이 되지 않았다.* 오늘날의 젊은이들이 전반적으로 정치에 관심이 없었던 첫 세대는 아니다. 그 바로 직전, 그러니까 1980년부터 새천년 전환기에 태어난 〈Y세대〉도 정치에 관심이 없기는 매한가지였다. 다임러 벤츠의 최고경영자를 지낸 에트차르트 로이터는 이 세대를 가리켜 현재의 위기 상황에 완전히 무방비 상태라고 말한다. 그들은 이제껏 한 번도 정치에 관심을 가져 본 적이 없고, 현실에 참여해 본 적도 없기 때문이라는 것이다. 그래서 현재 포퓰리스트들이 활개 치게 된 것도 이 세대 탓이 크다고 말한다. 이제 포퓰리스트들의 일은 아주 쉬워졌다. 내용적으로 아무도 따지고 들지 않는 위협 시나리오만 짜면 되니까 말이다. 지난 세기의 20년대 말과 30년대 초의 여론 조작도 이와 비슷했다. 서구의 68 세대는 많은 것을 잘못했다. 하지만 그들은 어쨌든 싸웠고, 참여하고 개입했다. 전직 다임러 벤츠 회장은 민주적인 엘리트들도 현 사태에 책임이 없지 않다고 말한다. 정치적 책임이 있는 집단들은 정치가 민주주의의 포기할 수 없는 요소라는 사실을 알지 못했다. 논쟁은 단지 다음 선거를 위해서만 연출되었고, 진정한 문제들은

* 참조. The Millennial Dialogue REPORT, 2016, auf: http://www.millennialdialogue.com/media/1072/germany-italy-poland-report.pdf, Stand 28. December 2016.

언급되지 않았다. 「젊은이들이 누구도 자신들에게 진실을 말하지 않는다고 생각하는 것도 무리가 아닙니다.」*

콘스탄츠 대학교의 조사에 따르면 독일 대학생들도 점점 정치에 관심을 보이지 않는 것으로 나타났다.** 설문 조사를 좀 더 자세히 들여다보면 정치적 혐오와 소극성은 갈수록 점점 심해지는 경향을 보인다. 질문을 받은 다수의 학생이 가장 중요하게 생각하는 것은 자신의 미래와 출세였다. 그들은 대학 수업으로 훌륭한 전공 교육만 기대하는 것이 아니라 안정적이고 괜찮은 일자리와 좋은 연봉을 원했다. 이러한 결과는 17차 셸-청년 연구 보고서와도 일치한다.*** 그러니까 이 조사에서도 대학생 대부분은 주로 개인적 행복과 경제적으로 안정된 미래를 가장 중시했고, 정치와 공동선에 대해서는 큰 관심이 없는 것으로 드러났다.

* Edzard Reuter: Y세대는 정치에 관심 있었던 적이 한 번도 없었다, in: Zeit Online, 2016.03.02., auf: http://www.zeit.de/wirtschaft/2016-03/edzard-reuter-generation-y-ex-deimler-chef-kritik, Stand 28. December 2016.

** 참조. 베네딕트 페터스Benedikt Peters: 외국인에 대한 폭력은 없어지지 않는다. in: Süddeutsche Zeitung Online, 2016.09.30., auf: http://www.sueddeutsche.de/politik/grossbritannien-gewalt-gegen-auslaender-geht-nicht-mehr-weg-1.3185999, Stand 28. December 2016.

*** 참조. 셸Shell 독일 홀딩(출간): 청춘 2015년(구상과 좌표: K. Hurrelmann, Gudrun Quenzel, TNS Infratest Sozialforschung), Frankfurt a. M. 2015.

미국의 결과도 크게 다르지 않다. 2008년 9월 18~29세 사이의 젊은이들 가운데 65퍼센트가 투표를 했지만, 2012년 9월에는 그 수치가 48퍼센트로 확 줄었다. 그리고 2008년에는 투표장에 가겠다고 사전에 의사를 표시한 사람이 72퍼센트였다면 2012년에는 63퍼센트에 불과했다.*

젊은 세대의 정치적 무관심이 치명적인 결과로 이어질 수 있다는 사실은 영국의 유럽 연합 탈퇴 여부를 결정하는 투표에서도 드러났다. 2016년 6월 23일 투표장에 가지 않은 영국의 젊은 유권자들은 이런 결과가 나올 줄은 꿈에도 상상하지 못했다고 경악했다. 그러니까 유럽 연합에 잔류하겠다는 쪽이 어차피 이기지 않겠느냐고 단순하게 믿은 것이다. 투표장에 가지 않은 젊은층이 투표 다음 날에 바로 유럽 연합의 이점을 상실한 것을 안타까워했다는 사실은 정치적 무관심의 직접적인 결과다. 왜냐하면 그들이 투표권만 행사했더라도 자신들에게 유리한 결과를 만들어 낼 수 있었기 때문이다.

젊은 세대의 또 다른 일부는 오직 자기 자신에게만 관심을 기울인다. 왜냐하면 소셜 미디어로 증오와 거짓을 퍼뜨

* 참조. 퓨 리서치 센터Pew Research Center: Youth Engagement Falls; Registration Also Declines, in: Pew Research Center Online, 2012.09.28., auf: http://www.people-press.org/2012/09/28/youth-engagement-falls-registration-also-declines/, Stand 28. December 2016.

리는 가상공간 속에서는 현재의 사회적 전개 상황에 대한 무지와 무관심의 다른 형태를 주목하게 하는 또 하나의 현상이 나타나고 때문이다. 젊은 세대의 상당수에게는 일상적 생활의 중심지에서 자신을 표현하고자 하는 욕구가 중요하다. 그에 대한 완벽한 무대는 페이스북, 인스타그램, 트위터 같은 플랫폼을 가진 인터넷이 제공한다. 이것들은 주목받고자 하는 욕망과 자기도취적 연출의 허기를 달래준다. 예전에는 스타들만 대중 언론의 화려한 지면을 통해 했던 것들을 오늘날에는 수백만 명의 젊은이들이 인터넷 속에서 직접 모방하고 있는 것이다.

그런데 에트차르트 로이터처럼 젊은 세대를 비판한다고 해서 오늘날의 젊은이들이 불확실한 현실과 미래를 마주하고 있다는 사실을 간과해서는 안 된다. 젊은이들은 점점 더 힘들어지는 고용 상황에 처해 있다. 그중 일부는 부업이라도 해서 부족한 생활비를 메꾸어야 한다. 게다가 9·11 테러 이후에는 제2차 세계 대전 후 어떤 세대들보다 더 큰 테러와 폭력의 위험 속에서 살아가고 있다고 느낀다.

그런데 오늘날의 젊은이들이 30년대의 젊은 세대보다 확실히 앞서는 것이 두 가지 있다. 비교할 수 없을 정도로 훌륭한 교육을 받았다는 것과 역사적 경험을 통해 보편적으로 자리 잡은 양도할 수 없는 인권 의식과 함께 성장했다는 사실이다.*

하지만 사실 젊은 세대 중 많은 사람이 좋은 교육을 받았음에도 그에 대한 합당한 대우를 받을 가능성은 거의 없다. 이는 특히 유럽에서 2008년 금융 위기 발발과 유로 위기 이후 청년 실업률이 신기록을 세운 그리스와 스페인, 포르투갈 같은 나라와 동독 일부 지역에 해당된다. 유럽과 미국의 많은 젊은이들에게 미래에 대한 긍정적인 전망이 더 이상 존재하지 않는다는 것은 이미 부인할 수 없는 사실이다. 〈그들은 제2차 세계 대전 이후 생활 수준과 삶의 질 면에서 자신들의 부모를 도저히 넘어설 수 없을 뿐 아니라 따라가지도 못할 것을 염려하는 첫 세대이다.〉** 사회학자 지그문트 바우만의 분석이다. 이로 말미암아 한편으론 분노와 증오가, 다른 한편으론 정치에 대한 무관심과 체념이 생겨난다. 정치 참여로도 자신의 상황이 개선되지 않을 거라는 체념이다.

오늘날엔 많은 것이 예전과는 다르다고 해도, 그러니까

* 참조. 폴 메이슨Paul Mason: 30년대의 귀환? Blätter für deutsche und internationale Politik; 2016/11, p. 31-32.

** 재인용: 로만 라이크Roman Leick: 사회의 생존이 위협받고 있다는 깊은 불안. in: Spiegel Online, 2016.09.07., auf: http://www.spiegel.de/spiegel/zygmunt-bauman-spiegel-gespraech-zu-fluechtlingen-globalisierung-terror-a-1111032.html, Stand 28. December 2016.

현대적인 생활방식, 인터넷망, 좋은 교육이 지배한다고 해도 젊은 세대의 상당수는 그 옛날 브룬힐데 폼젤이 그랬던 것처럼 비정치적이고 체념적이고, 또 그녀가 자기 〈패거리〉라고 지칭했던 무리처럼 자기 자신의 문제에만 관심을 보인다.

서구 민주주의 사회의 젊은 세대는 9·11 테러 이후 권위적이지는 않지만 불확실하고 불안정한 환경에서 성장했다. 게다가 민주주의가 20세기의 어떤 굴곡을 거쳐 확립되었는지를 알기에 그들의 관심은 당연히 민주주의를 지키는 것이 되어야 한다. 그런데 민주주의의 수호는 자신의 정치적 관심을(그런 게 있기나 한다면 말이다) 온라인 청원을 통해 표명하는 것만으로는 부족하다. 인터넷 상에서 거대한 격분의 물결은 사회에 실질적인 영향을 끼치지 못한다. 그런 식의 항의로 정치적 또는 사회적 변화가 생기지는 않기 때문이다. 물론 인터넷상에서 선전 선동이 확산되는 것은 다르다. 아무튼 환경 보호 프로젝트에 찬성하거나 동물들의 대량 사육에 반대하는 목소리를 내는 것은 일시적이고, 어떤 형태의 의무로도 나아가지 않는다. 온라인 청원과 같은 활동은 젊은 세대의 이미지, 즉 스쳐 지나가듯이 잠깐 참여하고 마는 이미지에 어울린다. 그것은 오히려 쾌락주의적 소비 행태의 성격을 띠는 것처럼 보인다. 요즘 젊은 세대들에게서는 〈정치 활동이 마치 소비 지상주의의 세련된 형태와 다르지 않는 것 같은 인상을 받을 때가 너무 많다. 좀 더 좋은 대우를 받는 사람들, 그러니까 자신의 정체성을 상대적으로 좀 더 선명하게 내보이고, 자신들이 어떤 좋은 물건을 골랐는지 보여 줄 수 있는 그런 사람들에게 인기 있는 소비 지상주의 말이다〉.* 영국의 정치학자 게리 스토커가 『왜 정치가 문제인가』에서 밝힌 말이다.

이 말에 담긴 비난은 어쩌면 회의적으로 비칠 수도 있지만, 실제로 민주 질서에 끼치는 그 부정적인 영향을 생각하면 부인할 수 없을 정도로 심대하다.

세대 분석의 문제점은 항상 다른 세대의 시각으로 평가가 진행된다는 점이다. 브룬힐데 폼젤도 그런 식으로 오늘날 젊은이들의 세계를 자신의 관점으로 자신의 시대와 비교하면서 파악하고, 기술적 진보와 요즘 세대의 더 풍부한 지식을 더 큰 관심과 정치적 적극성으로 오해한다.

「그에 비하면 예전의 우리는 바보였어요. 세상 모든 일에 대해 깊이 생각해 본다는 건, 그래요, 일단 서민들한테는 그럴 시간이 없었어요. 먹고살기 바빠서요. 반면에 다른 사람

* Gerry Stoker: Why Politics Matters. Making Democracy Work, Palgrave Macmillan 2006, p. 88.

들, 예를 들어 내 주변 사람들은 그런 문제들에 둔감했어요. 그런 문제들로 딱히 피해를 받은 것도 없고 해서 별로 관심이 없었죠. 물론 지금은 달라요. 오랜 세월을 살아 놓고 보니 요즘은 그런 일에 관심이 무척 많아졌어요. 여러분에게 분명히 밝히고 싶은 건, 인생이라는 곳에 처음 나온 젊은이들에게는 하나의 방향이 필요하다는 거예요. 하지만 그게 항상 하나의 영향으로만 정해져서는 안 돼요. 오늘날에는 그걸 잘 알고 있는 것 같아요.」

유럽에서 젊은 세대의 적극적인 평화 운동은 핵 위험이 존재하던 과거 냉전 시대만큼이나 아득한 이야기다. 어려운 노동 시장, 거리로 나온 우익 포퓰리스트의 증가, 난민들에 대한 심각한 공격, 시리아 내전 같은 최악의 전쟁에도 불구하고 젊은 세대의 상당수는 마비되어 있거나, 좌절과 체념에 빠져 있거나, 아니면 정치나 사회 문제에서 관심을 돌린 것처럼 보인다. 물론 이런 태도는 결코 새로운 현상이 아니다. 브룬힐데 폼젤도 그 옛날 사적인 세계로 도주했고, 시대의 정치 상황을 성찰하지 않았다. 지금도 그녀는 정치인들의 연설을 중요하게 생각하지 않고 외면한다.

「그전에 내가 이 모든 걸 예감하거나 알았더라면 방송국이나 선전부에 들어가는 일은 결코 없었을 거예요. 내가 볼 때 괴벨스는 사람들을 선동할 줄 아는 정치인이었어요. 하지만 그런 것에 대해선 깊이 생각해 보지 않았어요. 그 사람의 장황설이건 연설이건 한 번도 제대로 들어 본 적이 없어요. 매번 똑같은 소리만 하니까요. 요즘도 난 연방 의회 연설 같은 건 듣지 않아요. 나오는 얘기라고 해봤자 모두 뻔한 잡소리이니까요.」

연방 의회 연설에 대한 폼젤의 이런 생각은 그녀의 지난 과거를 생각하면 비난의 대상이 될 수도 있다. 하지만 이런 폼젤의 모습은 현재 우리 국민 다수의 모습이기도 하다. 이는 현재를 바라보는 좀 더 나이든 세대의 체념을 표현한 것이 아니라 80년대 이후 만들어진 〈정치 혐오〉라는 개념과 일맥상통하는 현실 외면의 한 형태를 가리킨다. 1992년 독일에서 올해의 말로 선정된 이 〈정치 혐오〉는 무지와 무관심의 또 한 형태에 다름 아니다. 왜냐하면 정치에 대한 유권자들의 혐오로는 결코 정치인들의 행동 변화를 이끌어내지 못하기 때문이다. 지난 30년 가까이 서구의 정치 엘리트들은 지금 들불처럼 번지고 있는 현상, 즉 사회의 극단화 경향이 무지와 정치적 무관심과 만나 증폭되는 현상을 무시해 왔다. 극우적 입장들은 갑자기 사회 중심부에 들어온 것이 아니라 이미 오래전부터 사회 깊숙한 곳에 잠복되어 있었다. 문제는 국민의 몇 퍼센트가 극우적 견해에 동조할 것인가만 남았을 뿐이다. 극우의 성공은 불만과 불안에 떠는 사람들의 항의 분위기와 정치적 여론 조성의 비합리성으로도 설명할 수 있다. 이런 사람들에게 일차적으로 중요한 것은 기존의 정치 엘리트들에게 일종의 신호, 즉 경고를 보내는 것이다. 포퓰리스트들의 극단적인 요구를 그 자체로는 명확하게 지지하지 않으면서 말이다. 하지만 그들이 포퓰리스트들에 대해 꼬치꼬치 알려고 하지 않는 것은 위험한 일이다. 이제 분노와 굴욕은 팩트 따위가 더 이상 중요하지 않은 지점을 넘어섰다.*

민주적 정치 엘리트들의 실패가 유권자들에 대한 무지와 무관심에서 비롯된 것인지를 조명하기 전에 우선 1930년대와의 현재의 사회 경제적 공통점을 찾아보려 한다.

1929년 증권 대폭락 이후 30년대의 상황은 오늘날보다 훨씬 더 심각하고 절망적이었다. 2008년의 위기는 1930년대의 세계 경제 위기에 비하면 그렇게 파괴적이고 참혹한

* 참조. 랄프 멜처Ralf Melzer: 우익 포퓰리즘은 어떻게 돌아가는가. in: Spiegel Online, 2016.10.02., auf: http://www.spiegel.de/politik/deutschland/rechtspopulismus-die-kraft-des-einfachen-gastbeitrag-ralf-melzer-a-a1114191.html, Stand 28. December 2016.

결과로 이어지지 않았다. 물론 그럼에도 1930년대 이후 가장 큰 경제 위기와 최악의 불경기를 야기했다. 2008년의 금융 위기가 대량 실업과 사회적 계층 추락으로 나타날 거라는 우려는 국민들의 결속에 상당히 부정적인 영향을 끼쳤다. 지금까지는 금융 위기와 유로 위기가 실물 경제로 전이되는 것을 저지할 수 있었지만, 언제든 그게 다시 발생할 수 있을 거라는 가능성은 누구나 느꼈다. 오늘날 상당히 많은 사람들이 지난 1930년대처럼 사회적 추락의 불안으로 떨고 있고, 바로 그 불안 때문에 사회적 소수자들을 희생해서라도 살아남아야 한다는 충동이 강하게 이는 듯하다. 사회가 얼마나 분열되어 있는지를 보여 주는 이러한 치명적인 반사 행동은 세계화의 과정과 세계화에 뿌리를 둔 경제 시스템과 직접적으로 연결되어 있다.

새로운 우익 포퓰리스트들을 지지하는 유권자의 내면에는 세계화된 세상으로부터 여러모로 손해를 보고 있다는 피해의식이 숨어 있다. 실제로는 지금까지 어떤 형태의 물질적 손해를 본 적이 없는데도 말이다. 이들은 더 이상 자신들의 문제에는 신경 쓰지 않는 낡은 엘리트들을 경멸하고, 스스로를 타인에 의해 결정되는 아무 힘없는 존재라고 느낀다. 서구 언론들의 많은 분석이 그렇다. 오늘날 누구나 디지털로 쉽게 손에 넣을 수 있는 정보의 홍수 속에서 사람들은 너무 복잡해진 세계를 파악하는 것을 더더욱 힘들어 하면서 좀 더 단순한 대답을 열망한다. 그렇게 해서 만들어진 새로운 적이 이주민이다. 이주민들도 안전과 경제적인 도움을 원하지만, 항의하는 유권자들은 그 과정에서 자신들이 손해를 보고 있다고 불안해한다.

무시될 때가 많은 이런 불안과 주관적 느낌은 예를 들어 다음과 같이 표현될 수 있다. 평생 독일 회사에서 일한, 세 자녀 가정의 가장이 결국엔 자신이 사회 복지 시스템에 의지할 수밖에 없으리라는 감정을 갖고 있다면 핵심 문제가 나타난다. 바로 굴욕의 감정이다. 직장인이 20~30년 동안 사회 연금에 돈을 불입했음에도 실직 1년 뒤에는 난민의 수입과 비슷한 수준으로 떨어진다면 그건 많은 이들에겐 납득할 수 없는 사회적 불공정함으로 받아들여질 것이다. 난민들에게 국가의 지원을 받아야 할 충분한 이유가 있다는 사실은 생존의 불안에 떠는 이들에게는 중요하지 않다. 그들은 단지 자신이 개인적으로 부당하게 취급받고 있고, 자신의 생존이 위협받고 있다는 것만 느낄 뿐이다.

〈주관적 진실〉을 위해 실체적 사실을 무시하는 이런 상황의 원인, 즉 2016년도에 화두가 된 〈탈사실적(포스트팍티시)〉 경향의 사회·정치적 원인은 무엇보다 상처받은 감정과 기대, 그리고 부당한 세계에 대한 몰이해이다. 여기서 핵심 문제는 실제적 가난이 아니라 사회학적으로 다층적이고 매우 복잡한 현상인 주관적 가난이다. 왜냐하면 그런 느낌이라는 것은 사회 경제적 조건만이 아니라 개인적 환경, 경험 지평, 사회적 지위, 거기서 더 나아가 세계관에 의해서도 좌우되기 때문이다.

부당한 취급을 받고 있다는 감정은 반사적으로 희생양을 찾게 하고, 좀 더 신속하고 단순한 대답을 갈급하게 만든다. 이성적으로는 제어가 안 되는 일종의 생존 본능이다. 이런 반사 작용은 어떤 고도의 문화에서도 멈출 줄 모른다. 미국이나 유럽 국가들도 예외가 아니고, 어쩌면 전 세계 모든 지역이 마찬가지일 것이다. 심지어 브룬힐데 폼젤조차 제1차 세계 대전의 전승국들이 독일인들을 심한 굴욕감으로 몰아넣었고, 그 굴욕감을 자양분 삼아 히틀러가 쉽게 성장할 수 있었을 거라고 생각한다.

아직도 오늘날의 세계가 지난 30년대의 세계와 비슷해 보이지 않는가? 오늘날이든 당시든 세상은 하루아침에 뒤집히지 않았다. 궁핍과 분노는 서서히 커져 갔다. 경제 위기의 일상 속에서도 특정층은 여전히 상대적으로 생존의 걱정에서 자유로웠다. 그건 30년대의 베를린도 마찬가지였다고 브룬힐데 폼젤은 설명한다. 오늘날 금융 위기의 직격탄을 맞은 디트로이트, 긴축 정책으로 고통받은 아테네, 또는 경기 침체의 늪에 빠졌던 독일의 일부 지역이 그랬던 것 처럼.

「하지만 아무리 입이 마르도록 칭찬해도 어두운 면은 있기 마련이죠. 특히 제1차 세계 대전에 패배한 뒤가 그랬어요. 베를린의 거리 곳곳에 실업자와 거지, 가난한 사람들이 넘쳐 났어요. 하지만 나처럼 베를린 근교의 좋은 동네에 사는 사람들은 그런 모습을 보지 못했어요. 궁핍과 가난이 판치던 시절에도 그런 특별한 지역이 있었던 거죠. 우린 그런 모습을 보려고 하지 않았고, 보지도 않았어요. 그냥 외면해 버렸죠.」

〈외면〉은 브룬힐데 폼젤의 생애를 꿰뚫는 키워드와 같다. 그러나 그녀 혼자만 그랬던 것은 아니다. 바이마르 공화국의 민주 정당들도 민주주의의 몰락에 책임이 있다. 그들에게는 사회 전체에 대해 책임질 용기와 정당들의 경계를 넘어 협력할 각오가 부족했다. 정당 간의 싸움이 거대한 사회적 문제의 해결보다 더 중요했던 것이다. 30년대의 독일은 자신의 내면으로 시선을 돌리지 않았다. 그러니까 당시 국민 상당수의 실제적인 추락과 심리적인 추락을 무시했다. 그러다 마지막에는 〈민족의 적〉이 만들어지고 탄압받고 추방되고 살해되었을 때도 눈을 돌리고 말았다.

당시든 오늘날이든 격변, 즉 사회적 극단화 현상이 일어나기 전에는 고삐 풀린 세계화가 있었다. 20년대에도 시장은 개방되어 있었고, 입국 제한이나 비자 의무가 없는 나라가 많았다. 1929년의 공황 때처럼 2008년에도 주식 투자는 치명적인 결과로 나타났다. 그런데 두 역사적 상황 공히 많은 패배자 반대편에는 소수의 승리자가 있었다. 1930년에는 실질적인 패배자가 많았다면 2008년에는 심리적 패배자가 더 많다는 차이만 있을 뿐이다. 어쨌든 두 역사적 상황에서 유럽과 미국의 상당수 사람들은 일자리를 잃었고, 수입이 줄거나 미래의 걱정으로 떨어야 했다. 당시든 현재든 세계화의 걷잡을 수 없는 힘은 단일 국가의 통제에서 벗어나 있었다. 정치 기구는 문제 해결 능력을 상실했고, 그로써 치명적인 공백이 생겨났다. 국가가 자국민에 대한 보호 기능을 더 이상 수행할 수 없었기 때문이다. 브룬힐데 폼젤은 그때부터 히틀러에겐 모든 일이 손바닥 뒤집기보다 쉬운 일이 되었을 거라고 강조한다.

현재의 금융 시장 자본주의에 의해 저질러진 피해는 2008년 이후 경기 부양 조치와 유례없는 국제적 협력을 통해 최소화하려는 노력들이 이어졌지만, 경제 위기에도 불구하고 은행가들의 연봉은 계속 올라간 반면 유럽과 미국

중앙은행들의 금리 정책과 통화 정책으로 일반 국민들의 구매력과 자산 가치는 단계적으로 줄곧 떨어졌다. 게다가 유럽에서는 복지 정책이 후퇴했고, 노동 시장의 상황도 점점 더 힘들어졌다.

30년대의 사람들은 주식 투자와 세계 경제 위기 사이의 복잡한 관련성을 아직 이해하지 못했다면, 오늘날의 사람들은 불평등과 정치의 직무 유기에 대한 정보를 전 세계적으로 매일 받고 있다.

정치는 오늘날에도 상황의 주인이 되지 못한 채 위기들에 내몰리듯 움직이는 듯하다. 그래서 아주 심각한 공백 상태가 생겨난다.

브룬힐데 폼젤은 히틀러 이전의 시대에 대해 이렇게 말한다.

「제1차 세계 대전이 끝나자 독일은 선장 없는 배나 마찬가지였어요. 나라를 이끌 인물이 없었죠. 그 때문에 히틀러는 손쉽게 권력을 잡았어요. 그때 그 사람의 가장 강력한 무기는 바로 무수한 실업자들이었어요.」

당시 독일 국민들이 인지한 그런 지도력 부재는 현재도 우익 포퓰리스트들에 의해 이용되고 있다. 그러나 가난의 증가와 정치인들의 무능이 뒤섞인 이러한 사회적 상황을 제2차 세계 대전 희생자들에 대한 예의의 차원에서라도 현재와 일대일로 대응시킬 수는 없다.

그러나 통제되지 않는 금융 산업과 그 파장으로 인한 자유 민주주의의 파괴 시나리오는 늦어도 1990년대 말에는 미국에서 다시 점화되었다. 빌 클린턴(1993년~2001년 재임)의 대통령직 이후 미국의 민주당과 좌파, 자유주의 세력, 영국의 신노동당, 그리고 유럽의 사회 민주주의 세력들은 경제학자들의 강력한 경고에도 불구하고 금융 시장이 통제 불능 상태에 빠지면서 신자유주의적 세계화에 굴복하고 말았다. 이어 토니 블레어의 영국에서는 복지 정책의 축소가, 게르하르트 슈뢰더의 독일에서는 〈어젠다 2010〉이라는 구호 아래 복지 체계의 후퇴, 힘겹게 쟁취한 노동 시장 법칙의 와해, 그리고 노동조합의 약화가 진행되었다. 복지 정책의 축소와 함께 금융 시장의 엄청난 팽창과 저임금 시장의 증가가 이어졌고, 그로써 좌파들은 자신들을 찍어 준 유권자들을 결과적으로 배신하게 되었다. 노동자와 중하층 시민들이 바로 그 지지자들인데, 이들이 오늘날 극우로 돌아섰다. 여기서 점점 뚜렷해지는 것은 민주적 정치 엘리트들의 무지와 직무 유기다. 그들은 서구 사회의 분열에 책임이 있고, 그로써 우익 포퓰리스트들이 뿌리를 내리는 데 일

조했다.

〈사회는 개방된 자유주의적 엘리트 세계 시민과 갈수록 계층 추락을 염려하고 그래서 계층 상승을 강하게 열망하는 하층민으로 분열되었다.〉* 알브레히트 폰 루케의 진단이다. 그로 인해 사회적 패닉의 분위기가 생성되었고, 이런 분위기는 그사이 중산층에게까지 전이되어 인종주의의 진입에 좋은 토양이 되어 주었다.

결국 현재 관찰되는 국민 상당수의 극우화는 난민 문제가 불거지기 한참 이전에 이미 약자들에 대한 연대감을 상실한 사회의 무지와 무관심이 부른 결과다. 브룬힐데 폼젤 역시 자신의 시대에 대해 이렇게 이야기한다. 히틀러 이전 궁핍의 시대에는 모든 사람이 오직 자기 자신만 생각하고 다른 문제들은 외면했다고.

수년 전부터 미국과 유럽에서는 지난 30년대처럼 국민 경제가 무너지고 미래에 대한 불안이 커지면서 민주적 시스템이 이러한 상황에 적극 개입해서 위기를 타개해 줄 거라는 믿음이 약화되었다. 더 나쁜 것은 우익 포퓰리즘 세력들이 음모론의 확산을 통해 〈저 위의 것들〉이 자신들의 이익을 위해 다수 국민의 사회적 추락을 결코 저지할 생각이

* Albrecht von Lucke: 트럼프와 그 결과. 갈림길에 선 민주주의, Blätter für deutsche und internationale Politik; 12/2016, p. 5-9.

없다는 의심을 계속 부추기고 있다는 사실이다.

미국도 그렇지만 유럽에서도 위기에 빠진 은행들에 대한 세금 투입을 통한 손실이 사회적 공동 부담으로 작용하면서 균형과 사회의 평화에 기반을 둔 사회적 시장 경제와 민주주의의 성취들은 신자유주의적 이데올로기의 제물이 되었다. 오늘날의 신자유주의 경향도 하루아침에 만들어진 것이 아니었다. 신자유주의는 세계화가 사회적 시장 경제를 확장시킬 거라는 사람들의 믿음을 악용했다. 상황은 정반대로 전개되었고, 세계화는 엘리트와 슈퍼리치들의 프로젝트가 되었다.

브룬힐데 폼젤이 직장 생활을 시작한 30년대에도 오늘날 도널드 트럼프가 미국 선거전에서 강력히 예고했던 자국 산업 보호를 위한 빗장 정책이 전 세계적으로 벌써 오래전부터 가동되고 있었다. 그래서 당시엔 유럽 경제 난민들에 대한 우려에서 선별된 외국인들만 입국을 허용했다. 오늘날에도 비슷하게 부산을 떨며 유럽 각국은 국경을 걸어 잠갔고, 망명법은 더욱 엄격해졌으며, 영국인들은 곧 유럽연합을 완전히 탈퇴하게 될 것이다. 브룬힐데 폼젤이 얘기했듯이 일반 대중은 일상적인 궁핍에 빠져 있는데도 국가와 상류층은 그런 문제에 전혀 관심을 기울이지 않았다. 결국 1929년의 주식 대폭락 이후 거의 전 유럽에서 정치적으로 우파가 득세했다. 2008년 금융 위기 발발 이후 온갖 종류의 민족주의자들에 대한 지지가 계속 증가한 것과 비슷했다. 이런 흐름은 우연히 온 것이 아니다. 민주 엘리트들의 부실한 지도력은 매일 신뢰의 상실로 이어지고 있기 때문이다.

국가수반을 포함해 초일류 스포츠 스타들 10여 명이 은밀하게 역외 금융 사업을 한 것이 언론에 연일 폭로되고 있다. 슈퍼리치와 기업 콘체른이 세금 한 푼 내지 않고 돈을 조세 피난처로 옮기는 것을 보면서 세계화가 더는 일반 공공의 이익에 따라 통제될 수 있는 것이 아니라는 인식이 널리 퍼지고 있다. 세계화의 결과가 공공의 이익과는 정반대로 나아가고 있다는 것이다. 은폐된 수백억 유로의 돈은 소수 슈퍼리치들에게 상상할 수 없는 권력을 부여한다. 그에 대항하는 정부는 무기력해 보인다. 언론인 하랄트 슈만은 말한다. 〈녹색당과 심지어 일부 좌파까지 포함해서 유럽의 모든 정치 세력은 기본적으로 이미 항복했다. 그들은 이제 국가와 지방 자치 단체들의 명운을 틀어쥐고 있는 것이 투자 여부를 결정하는 콘체른과 은행, 슈퍼리치들이라는 것을 안다.〉* 바이마르 공화국의 정치 세력들도 당시 그와 비

* Harald Schumann: 슈퍼리치들의 권력. In: Blätter für deutsche und internationale Politik; 12/2016, p. 67-78.

슷한 판단을 내리고 있었다.

민주주의의 위기는 금융 위기가 터지자 은행들의 구제를 유일한 해결책으로 여긴, 오랫동안 어찌할 바 몰라 허둥대고 무지했던 정치인들이 부른 결과였다. 좌파와 강경 우파는 은행에 대한 구제 금융을 항복으로 느꼈다. 이 두 정치 세력의 공통점은 세계화에 대한 거부였기에 그런 현실적 조처는 금융 산업의 탐욕에 대한 정치 엘리트들의 항복을 의미했다. 우익 포퓰리스트들은 기존 정치인들에 대한 단순한 국민들의 그런 분노와 절망을 자신들의 목적을 위해 철저히 이용했다.

파편화된 서구 사회는 이제 더 이상 연대에 뿌리를 둔 공동체가 아니다. 1930년대처럼 오늘날에도 유럽의 민주 정치 엘리트와 정당들은 주도권을 상실했다. 왜냐하면 그들은 무능한 세력으로 입증되었거나, 아니면 최소한 공공선에 더는 복무할 처지가 아니라는 인상을 일반에 강력히 일깨웠기 때문이다.

난민들에 대한 반사적 거부는 위기의 유럽에 또다시 공통의 정체성과 연대감을 선사하는 요소로 비치기도 한다. 즉 외부에 대한 비인간적인 차단과 민족적 이기주의가 그것이다.

1930년대와 마찬가지로 현재도 서구 국가들의 결속은

경제 위기로 와해되었다. 포퓰리스트들은 30년대 때처럼 위기에 처한 세계를 구할 좀 더 단순한 해결책을 부르짖는다. 그러나 선명한 피아 구도와 단순 해결책은 위험하기 짝이 없다. 그런 틀을 없애기란 처음 만들 때보다 훨씬 힘들기 때문이다. 테러와 채무 위기, 환경 변화, 난민 같은 문제들은 더 이상 국가별로 해결할 수 있는 문제가 아니다. 그럼에도 점점 더 많은 사람들이 그런 단순화와 극단화 경향에 반사적으로 따르고 있다. 반면에 온건한 중도층은 옛날이든 지금이든 자기 자신의 일에만 몰두하고 사는 듯하다.

오늘날 유연한 노동 시장 속에서 개인의 관심은 가정과 직장 사이를 오간다. 자수성가 세대는 금융 위기 발발 이후 악몽으로 드러난 아메리칸드림의 모범에 따라 살아간다. 각자 자기 자신에 대한 책임이 있고, 사회 복지망은 점점 허물어지고, 자유가 아닌 불안이 삶의 감정으로 자리 잡았다. 〈베이비 붐〉 세대에게는 아직 확실해 보이는 믿음, 즉 자기 힘으로 일어서야 하고 열심히 노력하면 성공할 수 있다는 믿음은 이제 미국에서건 유럽에서건 더 이상 유효하지 않다. 이제 서구 자본주의의 축복은 무너져 내렸다. 콘체른과 부자들이 일반 시민들보다 훨씬 더 높은 곳에서 더 나은 혜택과 권력을 누리는 이 민주주의가 과연 우리가 원하던 민주주의인가 하는 의문이 들 정도로 말이다. 이런 상황에서 우파건 좌파건 포퓰리스트들은 사회적 결속의 또 다른 해체를 위한 많은 단서를 발견했다. 미국과 유럽에서 오랫동안 예고되었던 것이 이제 현실이 되었다. 구원을 자처하는 사람들이 다시 등장한 것이다. 브룬힐데 폼젤 역시 히틀러가 권력을 잡았던 때를 이렇게 기억한다.

「히틀러 취임 직후엔 한마디로 그냥 희망이 들끓었어요. 히틀러가 정말 정권을 잡으리라고는 누구도 믿지 못했어요. 정말 깜짝 놀랄 일이었죠. 아마 그 사람들 자신도 깜짝 놀랐을 거예요.」

오늘날 서구 사회가 민족적 이기주의와 포퓰리즘에 대한 무지와 무관심으로 인해 또다시 그 참혹했던 과거로 돌아가게 되지 않을까?

그런데 브룬힐데 폼젤의 시대처럼 우익 포퓰리스트들의 먹잇감이 되는 것은 자신의 안위와 성공만 생각하는 시민들의 무관심과 무지만이 아니다. 제대로 교육받지 못한 계층의 사회적 환경에 대한 자유 민주주의적 엘리트들의 무관심과 오만도 우익 포퓰리스트들에겐 또 다른 비옥한 토양이다. 왜냐하면 극우 세력에게 투표하는 사람들을 가리켜 어리석고 무식한 집단으로 욕하는 자유 민주주의 엘리트들의 자극적인 반응으로는 결코 문제가 해결되지 않기 때문이다. 그래서 〈저 위의 것들〉에게 복수하고 싶어 하는 이른바 〈떨어져 나간〉 유권자들의 항의와 민주주의적 시스템의 위기에는 자유주의적 엘리트들의 오만함도 일부 책임이 있다. 엘리자베트 라에터가 『차이트』의 한 주목할 만한 에세이에서 밝힌 내용이다.* 대학 교육을 받고 웬만큼 안정된 직장을 가진 사람들은 사회적 하층민들이 이주민과 다른 소수자들에 대해 관용적인 태도를 취하지 못하는 것을 경멸한다. 하지만 가만히 생각해 보면, 그들은 이주민들로 인해 일자리를 잃을 걱정이 별로 없는 사람들로서 출세나 경제적 안정을 두고 이주민들과 경쟁해야 할 공포를 느끼지 않는다. 반대로 세계화의 잠재적 낙오자들은 우리 국경 앞에 늘어선 난민들만큼이나 노동청 앞에 길게 줄을 늘어서 있다. 난민과 우익 포퓰리스트들을 보고 있으면 더 나은 세상을 만들겠다는 우리의 노력이 바로 지금 우리 눈앞에서 실패로 끝나고 있는 게 아닌가 하는 우려가 든다. 유권자들의 분노와 불편한 진실까지 진지하게 받아들이는 것이 민주 정당들의 임무다. 불편한 진실은 설문 조사의 형태로

* 참조. Elisabeth Raether: 무엇이 권위주의적 인간들을 그렇게 강하게 만드는가? 우리의 오만인가? in: Zeit Online, 2016.08.18., auf: http://www.zeit.de/2016/33/demokratie-klassenduenkel-rassismus-populismus, Stand 28. December 2016.

도 뚜렷이 나타나는데, 일례로 라이프치히 대학의 연구자들은 2016년 한 설문 조사에서 다음의 사실을 확인했다. 독일 국민의 절반이 여기 사는 많은 무슬림들로 인해 가끔 자신이 외국인인 것 같은 느낌이 들 때가 있고, 국민의 41퍼센트는 무슬림들의 독일 유입을 처음부터 막아야 했다는 의견을 갖고 있다는 것이다. 이 조사는 지금껏 독일 대안당에 투표한 유권자의 수보다 훨씬 많은 독일인들이 그런 생각을 갖고 있음을 보여 준다. 국민 속에 퍼져 있는 이런 불안감과 불만을 부정하거나 억압하는 것은 난민 유입을 얼마큼 제한해야 할지를 두고 공개 논쟁을 벌이는 것보다 훨씬 더 위험하다. 만일 설문 조사와 같은 의견들이 장기적으로 공고화되고 그러다 결국 인구의 절반이 더 이상의 이주민 유입을 거부한다면 그건 결코 무시할 수 없는 일이다.

만일 시민 세력이 적극적으로 개입해서 국민 상당수의 이런 불안과 극단화에 대처하지 않는다면, 그리고 각국 정부를 움직여 난민 발생 원인을 원천적으로 제거하지 않는다면 국경 폐쇄의 대가를 솔직하고 정확하게 일깨우는 것도 필요하다. 즉 우리는 인권과 국제법을 파괴하고 국경수비대를 새로 신설해야 하는 대가를 지불해야 하는 것이다.

영국의 여론 조사 기관 입소스 모리Ipsos MORI의 조사 결과에 따르면 미국과 유럽의 거의 모든 시민들과 마찬가지로 독일인들도 무슬림 이주민들의 홍수 같은 유입과 관련해서 그들의 숫자를 완전히 잘못 추산하고 있다고 한다. 그러니까 조사에 응한 사람들은 현재 독일 주민들 가운데 다섯 중 하나, 즉 총 인구의 21퍼센트가 무슬림일 거라고 대답했다. 그러나 실제로는 스무 명 중 하나에 불과했다. 그러니까 독일 인구 중 무슬림은 5퍼센트에 불과했던 것이다. 그것도 2015년에 난민들이 대거 들어온 뒤의 결과였다. 시리아 내전이 끝나면 얼마나 많은 사람이 다시 자기 나라로 돌아갈지는 명확하지 않지만, 어쨌든 그리되면 무슬림 주민의 비율은 다시 감소할 것이 분명하다.

미국에서의 이러한 잘못된 추산은 좀 더 극단적이다. 즉 실제로는 무슬림의 비율이 1퍼센트에 그쳤지만, 사람들의 심리적 추정치는 17퍼센트에 이르렀던 것이다.* 우익 포퓰리스트들의 선전 매체들이 이 수치를 터무니없이 과장한 것인데, 어쨌든 그로 인해 불안과 증오는 점점 커져 나가고 있다.

현대의 야만화는 민족주의적 폐쇄 정책 대신 다른 믿을 만한 질서 틀을 다시 세우고, 포퓰리스트들과 그들의 비현

* Ipsos MORI: Research Highlights – December 2016, auf: http://www.ipsos-mori.com/researchpublications/publications/1900/Ipsos-MORI-Research-Highlights-December-2016.aspx, Stand 28. December 2016.

실적인 약속 및 거짓말을 낱낱이 밝히는 사회만이 저지할 수 있다. 포퓰리스트들이 내거는 쟁점들에 쫓기듯 따라가서는 안 된다. 모든 민주 세력이 감정에 이끌리는 대신 합심해서 사실을 객관적으로 파헤치고 제대로 알릴 때에만 우익 포퓰리스트들로의 쇄도가 중단될 수 있다. 게다가 신자유주의적 자본주의와 금융 위기, 경제 위기 같은 사회 경제적 문제들과 여기서 언급된 30년대와의 유사점들도 진지하게 검토해 보아야 한다.

우익 포퓰리스트들의 비상에는 뜻하지 않게 반사적으로 좋은 점도 하나 있다. 지금까지 정치권의 어젠다에서 밀려나 있던 사회정책적 문제들이 이슈로 부각된 것이다. 2016년 9월 G20 정상 회담에서 각국 정부는 세계화의 혜택이 좀 더 골고루 나누어져야 한다는 데 의견을 모았다. 이번에는 말로 그치지 않고 실천이 이어질 듯하다. 정치 엘리트들도 30년대로의 회귀를 우려하고 있기 때문이다. 따라서 세계화를 개혁할 기회는 아직 남아 있다.

온건한 시민 계층이 지금까지처럼 계속 팔짱만 끼고 우익 포퓰리스트들의 부상을 지켜볼 것인지, 그리고 우익 포퓰리즘이 전 세대를 아우르는 정치 세력으로까지 나아갈지는 아직 확실치 않다. 다만 트럼프의 당선, 지난 선거에서 박빙의 승부로 간담을 서늘하게 한 오스트리아 극우 세력의 선전, 폴란드와 헝가리에서 민주주의의 후퇴, 브렉시트, 터키와 시리아의 상황, 그리고 곧 있을 프랑스와 네덜란드, 독일의 선거에서 서구 민주주의의 전반적인 황폐화가 마지막 경고의 총성이 되어, 많은 사람들이 지난 암울한 30년대로의 회귀를 막기 위해 나설 가능성은 아직 존재한다. 여기서 방점은 〈가능성〉에 찍힌다. 왜냐하면 지금도 민주주의의 적들은 각국 의회를 향해 계속 돌진하고 있기 때문이다.

우리는 너무 불안하고 무지해서 브룬힐데 폼젤이 설명한 것과 같은 상황에 처해 있는 게 분명하다. 개인적인 이익만을 향한 추구가 사회적 상황의 부정과 기회주의와 짝을 이루며 극단적 세력을 계속 밀어 주는 상황이다. 폼젤이 말한 대로 그런 상황에서 빠져나올 방법은 없는 것일까? 현재 우리가 무지와 무관심으로 이 사회의 우경화에 책임이 크다는 사실은 더 이상 의외의 주장이 아니다. 나치 정권의 가담자들은 무지해서 그랬다고 변명할 여지가 있고, 실제로 그랬을 수도 있다. 하지만 우리는 아니다. 우리는 지난 역사를 알고 있고, 이대로 가다가는 어떻게 될지 더 잘 알고 있다.

우익 포퓰리스트들을 몰아내고, 또 특히 그들을 찍었던 사람들을 다시 민주적 법치 국가와 유럽 통합의 기치 아래로 모이게 하는 것은 길고 힘겨운 싸움이 될 것이다. 그러기 위해선 사람들의 불안에만 대처할 것이 아니라 민주주의로부터 등을 돌린 유권자 집단의 요구에도 귀를 기울이는 것이 필요해 보인다.

안전과 신뢰의 감정을 만들어 내려면 인도주의적 견지에서 소수자들에 대해 더 많은 관용과 보호를 요구하는 것만으로는 불가능하고, 유럽에서 2015년과 2016년의 테러 발생 후 안전하다는 감정을 사람들에게 다시 안겨 주었던 조처들도 같이 시행되어야 한다. 난민을 체계적으로 등록하고, 난민 중에서 이른바 〈위험인물〉과 다른 범죄자들을 걸러 내는 건 당연히 국가로서 해야 할 일이다. 그런데 이는 우익 포퓰리스트들이 주장하는 추방과 폐쇄를 포함해 다른 퇴행적 조처들에 대한 선동적이고 과민 반응적 요구 없이, 또 전체적으로 난민과 이주민들의 인권을 해치거나 자의적으로 처분하는 일 없이 이루어 내야 한다. 대상이 누구건 인권은 우리 시민 모두가 도덕적 용기로 일상에서 지켜 내야 할 권리이기 때문이다.

우리가 잊어서는 안 되는 것은 1930년대와 1940년대에 국제 사회의 난민 정책이 실패하는 것을 보면서 얻은 가장 큰 교훈 중 하나가 바로 유대인 난민들의 수용을 거부한 것에 그 야만적 참상의 뿌리가 있다는 사실이다. 당시 사람들은 전 세계적으로 유대인 수용에 합의하지 못했다. 1938년 유대인들에 대한 탄압이 고조되면서 대량 탈출 사태가 발생했을 때 국경을 열어 유대인들을 무제한으로 받은 나라는 거의 없었다. 국가 사회주의 정권이 1941년 10월에 마침내 외국으로의 이주를 전면 금지하자 독일 제국 내에 남아 있던 유대인들에게는 임박한 말살 정책을 피해 외국으로 피신하는 일이 거의 불가능해졌다. 그래서 제2차 세계 대전이 끝난 뒤에야 난민들을 보호하는 구속력 있는 토대가 마련되었다. 1951년에 체결되어 오늘날까지 시행되고 있는 제네바 난민 협약이 그것이다. 이 협약에 따르면 우리 모두는 보호가 필요한 사람들을 탄압이 예상되는 곳으로 다시 돌려보내서는 안 된다는 의무를 지고 있다.

그 때문에 안전한 국경과 세계화 속에서의 사회 정의에 대한 요구는 민주 사회와 정부가 우익 포퓰리스트들에게 절대 양보해서는 안 되는 요구다. 제네바 협약의 국제법적 토대를 어차피 무시하는 그들의 거칠고 단순한 분석 속에 혹시 일말의 진실이 담겨 있다고 하더라도 말이다. 온갖 방향의 우익 포퓰리스트와 독재자들은 과거든 현재든 문제를 평화적이고 인간적이고 장기적으로 해결할 능력이 있음을 정말 조금도 증명하지 못했다. 그들의 힘은 결국 거의 예외 없이 소수자들의 희생 위에서 자국민들을 혼란과 폭력, 전쟁, 탄압으로 이끈다.

일반적으로 포퓰리스트들은 정말 말도 안 되는 비현실적인 약속을 남발하는 경향을 보인다. 그래서 권력을 잡거나 권력에 참여하게 되면 곧장 약속과 현실 사이의 불균형에 빠진다. 근자의 역사에서는 우익 포퓰리즘 정부와 정부 참여자들이 대체로 다음의 두 경향으로 나아가는 것을 보여주는 예는 충분하다. 즉, 유권자들의 관심을 정반대 방향으로 돌리든지, 아니면 내부 다툼으로 정당이 와해되든지 둘 중 하나다.*

파시즘을 겪은 고령의 시대 증인 가운데 인간이 역사에서 배울 수 있는지에 대해 의문을 제기한 사람은 브룬힐데 폼젤만이 아니다. 현재 105세의 여의사 잉게보르크 라포포르트는 탄압을 받는다는 것이 어떤 것인지 삶에서 여러 번 경험한 사람이다. 브룬힐데 폼젤과 그녀를 하나로 묶을 수 있는 것은 2016년 독일에서 일고 있는 새로운 선동에 대한 공포이다. 102살에 학위 논문을 제출함으로써 세계 최고령으로 박사 학위를 받은 인물로 언론에 소개된 잉게보르크 라포포르트는 1912년 당시 독일 식민지였던 카메룬에서 태

* 참조. Frank Decker/Florian Hartlieb: 지방 권력이었던 실Schill 정당의 좌절. 독일 우익 포퓰리즘의 전형적인 종말일까? In: Susanne Frölich-Steffen/Lars Rensmann(엮음): 권력을 잡은 포퓰리스트들. 서유럽과 동유럽의 포퓰리즘 집권당들, Wien 2005, p. 117.

어나 함부르크에서 자랐고, 1938년에 나치 박해를 피해 유대인 어머니를 따라 미국으로 도주했다. 그런데 여기서도 매카시 광풍이 일면서 공산주의자라는 낙인이 찍혀 다시 동독으로 탈출해야 했고, 나중에 여기서 브란덴부르크 벽이 무너지는 것을 경험했다. 그녀는 한 인터뷰에서 브룬힐데 폼젤과 마찬가지로, 젊은 시절 나치 독일에서 반유대주의가 노골적으로 기승을 부릴 때까지 자신이 취했던 비정치적인 태도에 대해 언급했다.* 또한 어디서나 존재했던 불안의 분위기를 떠올리기도 했다. 그녀가 볼 때 동독에서도 반유대주의는 잠복되어 있을 뿐 사라진 것은 아니었다. 그래서 독일이 통일되자마자 반유대주의는 다시 수면을 뚫고 올라왔다. 이 눈 밝은 부인은 하필 동독 지역에서 페기다 같은 외국인 적대 운동이 일어난 것을 걱정스럽게 바라본다. 그녀는 매일 뉴스를 듣고, 국내에서 일어나는 일들에 활발하게 참여한다. 불타는 난민 숙소, 〈독일을 독일인들에게로!〉라는 구호를 외치며 불안을 퍼뜨리는 시위자들, 이 모든 것은 그녀도 이미 잘 아는 것들이다. 불안은 나치의 가장 효과적인 도구였으니까. 오늘날 난민들에 관한 이야

* 참조. 하이케 포빈켈Heike Vowinkel: 백 세를 넘긴 노인의 공포. 2016, in: Welt24 Online, 4. October 2016, auf: http://hd.welt.de/politik-edition/article158494449/Die-Angst-einer-104-Jaehrigen-vor-der-Hetze.html, Stand 28. December 2016.

기가 유포되는 방식도 잉게보르크 라포포르트에겐 나쁜 기억을 일깨운다. 그녀는 이 시대의 가장 큰 위험을 한편으론 사회적 극단화, 다른 한편으론 정치적 무관심을 꼽는다. 「비정치적인 사람은 외부의 영향을 받기가 쉬워요.」

복잡한 문제에 대해 단순한 해결책을 구하는 사람들은 위험하다. 라포포르트는 여전히 평화를 사랑하고 연대를 추구하는 사람들에 대한 믿음을 갖고 있다. 반면에 오직 나밖에 모르는 자본주의적 시스템은 믿지 않는다. 그녀의 견해에 따르면 이슬람에 대한 폄하적 논쟁과 부르카 착용 금지에 관한 혐오적 토론 같은 것들은 그녀가 국가 사회주의 체제에서 경험했듯이 선동 수단으로 이용될 수 있다.

결국 두 사람의 생애에는 한 가지 공통점이 있어 보인다. 즉 브룬힐데 폼젤과 잉게보르크 라포포르트의 이야기는 파시즘이, 그리고 사람들의 무지와 수동성, 무관심, 기회주의가 독일을 비롯해 세계 곳곳에서 무슨 일을 저지를 수 있는지 직접 경험한 세대의 어쩌면 마지막 경고라는 점이다.

1920년대와 1930년대의 시민들은 아돌프 히틀러를 처음엔 괴짜 얼간이 정도로 무시하면서 침묵했다. 그러다 너무 늦어 버렸다. 브룬힐데 폼젤도 자신만의 행복과 성공, 경제적 안정을 좇느라 시대가 어떻게 바뀌는지 무심했다고 고백한다. 오늘날의 우리도 명백하게 드러난 괴물과 맞서 싸우고, 우리 시스템의 낙오자들이 다시 일어날 수 있도록 도와주는 일에 너무 태만했다. 신자유주의의 물결 속에서 사회적 연대는 자기도취적 개성과 자기중심주의에 밀려 버렸다. 「행복이라는 연장을 만드는 대장장이는 바로 자기 자신이다.」 이 금언이 아메리칸드림의 상징이 된 것은 우연이 아니다. 늦어도 2008년 금융 위기 이후에는 악몽으로 판명되었고, 세계화의 과정에서 많은 낙오자와 마지막엔 도널드 트럼프까지 만들어 낸 그 아메리칸드림 말이다. 사회적 연대의 경험은 인도주의적 민주 사회의 엔진을 돌리는 연료와 같다. 앞서 말한 대로 우리가 다국적기업들의 배만 불리기 위해 연대의 해체를 점점 가속화하는 현재의 불공정한 경제 시스템을 계속 용인한다면 우익 포퓰리스트들에게 또 다른 먹잇감을 던져 주는 것이나 다름없다.

연대의 해체에는 항상 휴머니즘의 해체가 뒤따른다. 공감과 연대 같은 인간적 본능이 배척되는 사회는 더 이상 어떤 민주주의도 필요하지 않을 만큼 추악하다. 아무 생각 없이 오직 자신의 이익만을 좇는 브룬힐데 폼젤의 이기적인 태도는 현재를 살아가는 우리 속에서도 수없이 재발견되고 있다.

우리가 이 세상의 제도에 어떤 영향도 끼칠 수 없는 것은 물론 우리 자신의 이익이 제도에 의해 배신당하고 있다는 느낌이 들 정도로 민주주의가 경제에 굴복한다면 포퓰리스트와 파시스트들은 오래지 않아 큰 어려움 없이 자신들의 목표에 도달할 것이다. 따라서 민주적 법치 국가의 보존을 위해 지금 당장 떨치고 일어날 이유는 충분하다.

우리는 반드시 난민 문제의 해결책을 찾아야 한다. 그렇지 않으면 계속해서 수만 명의 난민이 지중해에 빠져 죽거나, 철벽같은 유럽 국경에서 점점 더 잔인해지는 폭력에 막혀 불행한 운명을 맞는 것을 보고만 있어야 한다.

우리는 난민의 발생 원인을 근본적으로 해결하기 위해 세계화의 구조를 어떻게 바꿀지 이제 진지하게 논의를 시작해야 한다. 그것은 결국 재분배의 형식을 통해, 기후 변화의 극복을 통해, 인간과 환경에 대한 자원 착취의 중단을 통해, 그리고 갈등 당사자들을 협상 테이블로 끌어들이는 평화 운동을 통해서만 성공할 수 있다. 그러기 위해선 어쩌면 지금껏 대개 세계 대전 이후에나 가능했던 것, 즉 〈위에서 아래로의 재분배〉가 필요할지 모른다. 세계화를 위한 일종의 〈뉴딜〉 정책이다. 민주적 정치 엘리트들은 불평등의 사회적 증가가 결국 자신들에게도 좋지 않다는 사실을 깨달아야 하고, 새로운 자극을 주기 위해 지난 수십 년 동안 방향을 잘못 잡은 발전 과정을 수정할 각오를 해야 한다.

또한 과도하게 비대해진 콘체른과 슈퍼리치들의 탐욕에 제한을 가하고, 옛 원리, 즉 〈경제란 소수의 슈퍼리치가 아닌 인간 전체에게 봉사하는 것〉이라는 명제를 다시 우리의 주도적 가치로 요청할 민주적 결정 과정을 만들어 나가야 한다. 전직 미 대통령 버락 오바마가 2016년 고별 여행차 유럽을 돌면서 세상을 향해 강조했던 것도 바로 그런 궤도 수정이었다. 그렇지 않으면 불공정의 감정이 더욱더 악성 종양처럼 퍼지게 될 테니까.

미국의 전직 국무장관 헨리 키신저도 미국의 정치 발전 과정에 대해 입장을 표명하면서 독일의 역사적 경험을 직접적으로 언급했다. 「우리 미국인들은 중산층의 사회적 가치를 지속적으로 침해하면 언젠가 그에 대한 대가를 치를 수밖에 없다는 사실을 분명히 알아야 합니다. 사실 독일만큼 그것을 잘 아는 민족은 없죠.」*

방향을 잘못 잡은 세계화를 다시 좀 더 낫고 공정한 궤도로 이끌고, 우리 사회와 경제 시스템을 병들게 한 원인을 개혁할 시간은 많이 남아 있지 않다. 구체적으로 말하자면 소득 격차, 은행의 우월적 위치, 슈퍼리치와 콘체른의 세금

* 재인용: 바스티안 베르프너Bastian Berbner와 암라이 쿤Amrai Coen: 트럼프가 알아야 할 것. in: Zeit Online, 2016.11.23., auf: http://www.zeit.de/politik/ausland/2016-11/henry-kissinger-intervierw-donald-trump-demokratie-usa-angst/seite-3, Stand 28. December 2016.

도피, 산업 일자리의 상실에 대한 불안을 일으키는 경제 분야의 급속한 디지털화, 그리고 민주주의와 난민들에 대한 우리의 소극적 태도를 불러일으킨 원인들이다. 모두를 그런 개혁 과정에 참여시키는 것은 물론이고, 유럽과 미국의 사회적 소외 계층, 앞이 보이지 않는 미래의 불안으로 시달리는 사람들, 그리고 사회·정치적 환경 때문에 자기 나라를 떠날 수밖에 없는 중동과 아프리카 사람들을 돕는 것은 모든 사회의 책임이다.

과거와 현재를 동일선상에 놓고 공통점을 끌어내는 것은 항상 어렵다. 그럼에도 여기서처럼 거칠게 설명하는 것은 가능하다. 우리가 수많은 피로써 일구어 낸 민주주의의 성취들이 다시 사라질 수도 있다는 사실을 기억하는 것은 중요하다. 한때 히틀러의 부상을 지켜보았던 시민 계층은 지금도 과격한 선동가들을 다시 구경만 하고 있다. 우리는 브룬힐데 폼젤의 예를 타산지석으로 삼아 우익 포퓰리스트들이 침묵하는 다수를 자기편으로 끌어들이기 전에 이들이 마침내 침묵을 깨고 진실과 정의의 편에 동참할 수 있도록 해야 한다.

우리 속에는 한나 아렌트가 〈악의 평범성〉이라고 규정했던 것에 대한 부정할 수 없는 유전자가 숨어 있다. 그것의 사회적 표출 현상이 바로 30년대의 파시즘이다. 오늘날 우리는 집단적 메커니즘이 어떻게 작용하는지 안다. 이제는 변명의 여지가 없다. 자신의 작은 이기주의 때문에 현실을 외면하고 인간의 권리와 존엄을 지키는 일을 등한시하는 것만으로도 이미 나쁜 행동에 동참하는 일이다. 때문에 오늘날 우리는 아주 거센 압박을 받고 있다. 지난 역사를 알고 있고, 우리가 무엇을 해야 할지도 알기 때문이다. 다른 모든 것은 결국 자기기만이다.

브룬힐데 폼젤의 삶을 비롯해 그녀가 괴벨스의 비서로 일했던 시대로부터 뽑아낸 현재와의 유사점은 잠들어 있는 우리를 흔들어 깨운다. 지금이야말로 온건한 시민들이 다시 결집해 민주적 정치인들에게, 더 많은 정의와 연대를 창출하고 서구 사회의 결속을 도모할 개혁 조처들을 하루빨리 시행하라고 압력을 가할 절호의 시간이다. 난민 위기는 탈연대와 경쟁에 기반을 둔 세계적 경제 질서의 한 증상일 뿐이기 때문이다.

우리는 더 이상 외면해서는 안 된다. 극우 선동가들은 민주주의에 해를 끼치는 일이라면 어떤 것도 마다하지 않기 때문이다. 그에 대한 책임은 서구의 신자유주의적 정책에 있다. 시장의 힘을 과도하게 키운 것도 바로 신자유주의적 정책이다. 그로써 사회적 연대를 약속했던 사회 계약은 해지되었다. 때문에 우리는 민주주의적 가치들이 의문시되는 전환점에 서 있다. 만일 남아 있는 민주 정당과 중도 시민들이 이 계약을 어떻게 새로 체결할 수 있을지 깊이 고민하지 않는다면 향후 수년 안에 우익 포퓰리즘의 물결이 온 유럽을 휩쓸면서 민주주의를 말살하는 것을 보게 될 것이다. 이제 온건한 시민층과 모든 사회 엘리트들은 과거에서 무엇을 배웠는지 증명해야 한다.

감사의 말

우선 솔직하게 진술해 준 시대의 산증인 브룬힐데 폼젤에게 감사를 전한다. 그녀의 평범치 않은 삶에서 오늘을 살아가는 우리에게 필요한 교훈을 끄집어낼 수 있었던 것도 모두 솔직한 이야기 덕분이다. 우리는 그녀의 기억과 여러 모순적인 행태들을 통해 자유와 민주주의의 수호에 우리의 적극적인 참여와 관심이 필요하다는 사실을 깨달았다.

다큐멘터리 필름을 제작하는 과정에서 브룬힐데 폼젤과의 방대한 인터뷰를 준비하고, 여러 면에서 긴밀하게 협조를 아끼지 않은 크리스티안 크뢰네스, 올라프 S. 뮐러, 롤란트 슈로트호퍼, 플로리안 바이겐자머에게 감사하다. 또한 그들의 동료인 그벤돌린 할후버와 도로테 보에서에게도 고마움을 전한다.

2016년 8월 이 프로젝트를 내게 맡긴 출판업자 크리스티

안 슈트라서에게도 진심 어린 사의를 표한다.

마지막으로 원고를 꼼꼼히 살펴봐 준 편집자 일카 하이네만에게는 특별한 감사가 돌아가야 마땅하다. 그녀의 도움이 없었다면 이렇게 짧은 시간에 이 만만치 않은 작업을 마무리할 수 없었을 것이다.

2017년 1월, 토레 D. 한젠

옮긴이의 말

탈진실 사회에 대한 경고

어떻게든 남들보다 잘살려고 하고, 어떻게든 자신이 맡은 일에서 최선을 다해 남들에게 인정받으려고 한 것이 그렇게 잘못된 일일까요? 그녀의 항변은 이렇게 시작된다. 그렇다, 사회적으로 인정받으며 자기 행복을 추구하는 것은 탓할 일이 아니다. 모든 사람들이 그러하니까 말이다. 하지만 그게 만일 거악을 돕는 일이라면? 그로 인해 수백만 명이 죽고 삶의 터전이 깡그리 망가졌다면? 그래도 내 행동엔 아무 잘못이 없다고 자신 있게 말할 수 있을까? 물론 그녀는 그런 만행이 진행되고 있음을 몰랐고, 나치가 그런 집단인 줄 꿈에도 몰랐다고 잡아뗀다. 그저 위에서 시키는 대로 서류를 타이핑하고 사무적으로 전화만 걸었을 뿐이라는 것이다. 나치 선전부 장관 괴벨스의 비서로 일한 사람이 정말 유대인 말살 정책을 몰랐을까? 그게 가능할까? 백번 양보

해서 그렇다고 쳐도 그게 자신의 행동에 대한 면죄부가 될까? 그녀의 진술 중간중간에 드러나듯 그녀 역시 어느 순간부터는 그런 만행을 예감하고 있었다. 하지만 그녀는 현실에서 고개를 돌렸다. 애써 악을 외면했다. 왜? 현실을 아는 것 자체가 괴롭고 마음의 짐이었기 때문이다.

개인의 이기심과 공공의 이익이 상충될 때 나는 어떤 선택을 해야 할까? 명확하게 어느 쪽의 손을 들어 주기는 참으로 어려운 문제다. 하지만 다수가 개인적인 행복만을 좇아 야만적인 현실을 외면할 때는 문제가 달라진다. 그건 단순한 동조가 아니라 야만의 조장이다. 80년 전의 독일이 그랬다. 다수의 독일인이 자신의 안녕을 위해 진실에는 귀 닫고 눈감은 채 나치를 지지했다. 그때는 나치의 진면목을 몰랐다고? 그럴 수 있다 치자. 하지만 그런 무지의 대가는 참혹했다. 인류 역사상 가장 끔찍한 전쟁이 일어났으니까.

전쟁이 끝났을 때 사람들은 물었다. 왜 그런 일이 일어났을까? 그때 등장한 것이 〈히틀러 악마론〉이다. 세상을 선과 악으로 나눈 뒤 이 모든 것을 히틀러라는 악마의 소행으로 돌리면 일거에 의문이 풀린다. 게다가 그게 악마의 짓이라면 애초에 막을 도리가 없고 전쟁의 승리와 함께 세상이 더 정의로워졌다는 믿음도 가질 수 있다. 또한 살아남은 사람들의 입장에서는 악의 세력에 모든 걸 뒤집어씌우면 학살을 방조한 책임에서 벗어날 수 있다. 그러나 냉정히 따져서, 과연 히틀러라는 악이 갑자기 세상에 〈오기〉만 한 것일까? 세상 사람들도 그리로 〈가지〉는 않았을까? 시대적 광풍은 결코 나쁜 몇 사람 때문에 일어나지 않는다. 그 시대를 살아가는 사람들이 광기에 동조하거나, 함께 휩쓸리거나, 알면서도 눈을 돌리지 않았다면 결단코 그런 야만적인 사건은 발생할 수 없다. 당시 독일 국민은 위대한 조국과 경제적 번영이라는 구호에 넘어가 극우 포퓰리스트들에게 압도적인 지지를 보냈고, 그 결과 시대적 만행을 조장했다. 바로 여기에 오늘날 우리가 눈여겨보아야 할 교훈이 있다. 지금 세계 곳곳에서 일어나고 있는 일들이 그때와 닮아 있으니까.

현재 미국에는 미국 우선주의와 극단적 인종주의의 기치를 내건 사람이 최고 권좌에 앉아 있다. 유럽의 극우 포퓰리스트들에겐 더할 나위 없이 고무적인 사건이다. 유럽의 현 상황은 심각하다. 세계화의 여파로 대중의 삶은 고통 받고, 부의 편재는 심화되고, 젊은이들에게는 미래가 보이지 않고, 거기다 외부에서 난민들까지 대규모로 유입되어 사회적 혼란은 극심하다. 이런 분위기 속에서 우익 포퓰리스트들은 오래전 나치가 유대인에게 그랬듯 난민들을 사회적 혼란과 고통의 원인으로 지목하며 개인적 이기주의와 민족적 우선주의를 부추긴다. 대중은 그들의 선전 선동에 현혹되고, 극우 포퓰리스트들은 몸집을 불리며 정치화하고, 유럽 일부 국가에서는 민주주의가 후퇴하고 있다. 이런 현상들을 보고 있으면 80여 년 전 나치의 부상 과정이 자연스레 떠오를 수밖에 없다.

극우 포퓰리스트들은 예나 지금이나 인간의 감정에 호소하는 선전 방식을 적극 활용한다. 팩트와는 상관없이 인간의 본능이나 편견을 자극해서 가짜를 진실처럼 믿게 하는 방식이다. 2016년 옥스퍼드 영어 사전은 이런 현상을 〈탈진실post-truth〉이라 칭하며 탈진실화를 현재의 시대적 특성으로 진단했다. 이런 흐름은 우리 사회 곳곳에도 존재한다. 일부 정치 세력에 의해 온갖 가짜 뉴스들이 생산되어 SNS나 인터넷을 통해 〈진실〉이라는 이름으로 유포된다. 현실 세계에서 소외되었다고 느끼는 사람들은 실체적 진실을 외면하고 자신들의 입맛에 맞는 것만 받아들이고 믿는다. 그로 인해 가짜 뉴스는 일부 집단에서 더욱 활개를 친다. 다행인 것은 현재 우리의 상황이 유럽이나 미국과는 다르다는 것이다. 각성한 촛불의 힘으로 그간 잘못된 정치 풍토와 사회 관행을 바로잡아 가고 있을 뿐 아니라 우리 속의 패배주의와 비관주의를 극복하고 새로운 희망으로 나아가고 있다. 하지만 우리가 개인의 이익에 매몰되어 이성의 눈을 닫는 순간 언제 야만이 우리를 다시 집어삼킬지는 모를 일이다. 그런 면에서 폼젤의 삶은 시민으로서의 깨어 있는 의식이 부족할 때 이기주의가 우리를 어디로 데려가는지 보여주는 좋은 보기이자 경고이다.

2018년 8월

박종대

옮긴이 **박종대**

성균관대학교 독어독문학과와 동 대학원을 졸업하고 독일 쾰른에서 문학과 철학을 공부했다. 사람이건 사건이건 겉으로 드러난 것보다 이면에 관심이 많고, 환경을 위해 어디까지 현실적인 욕망을 포기할 수 있는지, 그리고 어떻게 사는 것이 진정 자신을 위하는 길인지 고민하는 제대로 된 이기주의자가 꿈이다. 리하르트 다비트 프레히트의 『세상을 알라』, 『너 자신을 알라』, 『사냥꾼, 목동, 비평가』, 『의무란 무엇인가』를 포함하여 『콘트라바스』, 『승부』, 『어느 독일인의 삶』, 『9990개의 치즈』, 『데미안』, 『수레바퀴 아래서』 등 2백 권이 넘는 책을 번역했다.

어느 독일인의 삶

지은이 브룬힐데 폼젤 **엮은이** 토레 D. 한젠 **옮긴이** 박종대 **발행인** 홍예빈

발행처 사람의집(열린책들) **주소** 경기도 파주시 문발로 253 파주출판도시

대표전화 031-955-4000 **팩스** 031-955-4004

홈페이지 www.openbooks.co.kr **email** webmaster@openbooks.co.kr

ISBN 978-89-329-1925-6 03300

발행일 2018년 8월 15일 초판 1쇄 2024년 11월 10일 초판 13쇄